Kohlhammer

Petra-Angela Ahrens
Gerhard Wegner

Soziokulturelle Milieus und Kirche

Lebensstile – Sozialstrukturen – kirchliche Angebote

Verlag W. Kohlhammer

Alle Rechte vorbehalten
© 2013 W. Kohlhammer GmbH Stuttgart
Umschlag: Gestaltungskonzept Peter Horlacher
Reproduktionsvorlage: Andrea Siebert, Neuendettelsau
Gesamtherstellung:
W. Kohlhammer Druckerei GmbH + Co. KG, Stuttgart
Printed in Germany

ISBN 978-3-17-022153-6

Inhalt

Vorwort zur Neuauflage

Mit diesem Buch liegt eine durchgesehene und ergänzte Neuauflage der Milieustudie vor, die das Sozialwissenschaftliche Institut der Evangelischen Kirche in Deutschland (SI) im Jahr 2008 veröffentlicht hat. Sie ist unter dem Titel: „‚Hier ist nicht Jude, noch Grieche, hier ist nicht Sklave noch Freier …'. Erkundungen der Affinität sozialer Milieus zu Kirche und Religion in der Evangelisch-lutherischen Landeskirche Hannovers" erschienen und war schon seit einiger Zeit vergriffen.

Durch einen Impuls der Landessynode der Evangelisch-lutherischen Landeskirche Hannovers hat in der Zwischenzeit eine Projektgruppe unter Beteiligung des SI eine Handreichung für Kirchengemeinden erarbeitet, die sich als anwendungsbezogene Hilfe zur Wahrnehmung verschiedener Milieus versteht. Sie basiert auf der SI-Studie und bezieht dabei auch Ergebnisse zur milieuspezifischen Verortung der Potenziale für ehrenamtliches Engagement in Kirchengemeinden ein, die für diese Handreichung ausgewertet wurden. Die Broschüre „Das Blickfeld erweitern. Menschen begeistern – Ehrenamtliche gewinnen" ist unter Federführung von Albert Wieblitz vom Haus Kirchlicher Dienste der Evangelisch-lutherischen Landeskirche im Mai 2010 herausgegeben worden, dem wir herzlich für sein Einverständnis danken, diese handlungspraktische Ergänzung zu unserer Studie im Anhang dieses Buches zu dokumentieren.

Hannover, im August 2011 *Petra-Angela Ahrens, Gerhard Wegner*

Vorwort

Am Anfang stand die Verheißung: „Hier ist nicht Jude noch Grieche, hier ist nicht Sklave noch Freier, hier ist nicht Mann noch Frau; denn ihr seid alle einer in Christus." (Gal. 3,28) Durch den Glauben sind sie alle „Kinder Gottes in Jesus Christus". Da gelten die alten trennenden Unterschiede nicht mehr: diejenigen zwischen Sippen und Stämmen, zwischen Reichen und Armen, Kulturen und Rassen. Im Glauben sind sie alle gleich vor Gott. Partikulare Bindungen, an die sich die Identitäten heften, sind gesprengt. Bewusst wurde dieser universelle Charakter des christlichen Glaubens am Streit um die Geltung der Beschneidung: sie konnte keine Heilsbedingung mehr beanspruchen. Zur christlichen Gemeinde konnten nun Beschnittene und Unbeschnittene gleichermaßen gehören. Die Beschneidung war nur noch ein kulturelles, kein religiöses Zeichen. Gott ist ein Gott aller; „in ihm" gibt es keine trennenden Unterschiede oder Grenzen.

So weit – so klar. Kein Christenmensch kann dem grundsätzlich widersprechen. „Grundsätzlich" bedeutet: diese Aufhebung aller Unterschiede gibt es im Glauben – aber nicht im Schauen! Auf Erden bleiben sie bestehen und sie können sogar dadurch, dass man auf die Aufhebung aller Unterschiede eben im Glauben verweist, erst richtig gerechtfertigt werden. Es käme auf sie „grundsätzlich" ja nicht an …

Aber der Stachel bleibt – und zwar im Blick auf die empirische Kirche: Wenn sie sich in ihrer aktiven Mitgliedschaft auf lediglich einige Ethnien, Gruppen, Klassen oder Schichten – oder eben soziokulturelle Milieus – reduziert, dann muss das Anlass sein, das eigene Tun zu überprüfen. Denn dann stellt sich die Frage, ob wirklich das universelle Evangelium – oder nicht vielmehr nur eine begrenzte rassische, klassen- – oder eben milieubezogene – „Ideologie" verkündigt wird. Die Frage ist nicht leicht zu beantworten, denn auch der universelle Glaube kann stets nur in partikularer Verkörperung bezeugt werden – sonst wäre er ein Hirngespinst. Wenn er sich allerdings dauerhaft in Abgrenzung und Distanz zu anderen Menschen und ihren kulturellen und sozialen Formen etabliert und entsprechend isoliert reproduziert, wird mit großer Wahrscheinlichkeit etwas in der Kommunikation des Glaubens nicht stimmen. Nicht immer werden sich derartige Defizite umgehend beheben lassen – es bleibt dann aber ein Leiden an der Gespaltenheit des Christus-Leibes, das den Schmerz der Reduktion der Kirche bewusst bleiben lässt. Und dieser Schmerz treibt über die vorhandenen Gefangenschaften der Kirche hinaus.

In den letzten Jahren ist in Deutschland ein neues Instrument zur besseren Wahrnehmung von Stärken und Schwächen der Kommunikation des Glaubens und der kirchlichen Praxis entwickelt und vielfach eingesetzt worden: Die Analyse soziokultureller

Milieus. Sie bietet so etwas wie eine Lupe, um die Verhaftetheit kirchlicher Praxen in den Erfahrungsformen, Lebensstilen und nicht zuletzt den Geschmäckern der Menschen überhaupt sehen zu können. Mit ihrer Hilfe kann man gut erkennen, das und warum sich in den klassischen sonntäglichen Gottesdiensten diese, in den Kirchenkonzerten jene und auf dem Kirchentag noch wieder andere Gruppen von Menschen tummeln - und weswegen die jeweils anderen dort eben nicht so gerne hingehen. Anders gesagt: die jeweiligen habitus- oder lebensstilbezogenen Attraktoren bzw. Distanzierungsmechanismen werden deutlich und damit auch – jedenfalls prinzipiell – bearbeitbar. Milieus werden damit zu einem wichtigen Thema einer jeden kirchlichen Praxis, die über den Kreis derjenigen, die bisher erreicht werden, hinausgehen will.

Das Ziel unseres Buches besteht darin, zu einem sinnvollen, theologisch und sozialwissenschaftlich reflektierten, aber gleichwohl pragmatisch vernünftigen Umgang mit der Milieuthematik beizutragen. Auf der einen Seite ermutigen wir zu einem pragmatischen Umgang mit der Milieuanalyse – warnen aber auf der anderen Seite auch vor einer Überschätzung dieses Instruments. Ohne gezielte und ernsthafte theologische und kirchenpraktische Reflexion und Steuerung seines Einsatzes ist es bestenfalls für Ersatzhandlungen brauchbar und gaukelt illusionäre Möglichkeiten vor. Wenn man das Instrument jedoch im Sinne authentischer Transformation des Evangeliums nutzt und schärft, zeigt es seine immense Nützlichkeit.

Der vorliegende Band umfasst eine Reihe von Texten und Studien, die aufeinander bezogen sind, aber durchaus auch unabhängig voneinander gelesen werden können. Im Mittelpunkt steht eine große Analyse der Milieubezogenheit der größten deutschen Landeskirche: der Evangelisch-lutherischen Landeskirche Hannovers. Zum ersten Mal wird hier das Verfahren der Korrespondenzanalyse zur Klärung des Verhältnisses Kirche und Milieus angewendet.

In den Band eingeflossen sind insgesamt drei empirische Forschungsprojekte:

- Zunächst eine Studie aus dem Jahr 2005, die sich auf Diskussionsverfahren mit kirchendistanzierten Vertretern aus vier verschiedenen Milieus stützt. Bereits diese Studie hat sehr deutlich die Vorordnung des religiösen Interesses vor jede Milieufrage aufzeigen können (Anhang A).

- Dann die große Analyse zum Milieubezug der Evangelischen im Gebiet der Evangelisch-lutherischen Landeskirche Hannovers. Diese Untersuchung konnte im Rahmen einer groß angelegten Mitgliederbefragung der Evangelisch-lutherischen Landeskirche Hannovers anlässlich der Kirchenvorstandswahlen 2006 durchgeführt werden. Unter anderem belegt sie unsere zentrale These der Vorrangstellung der religiösen Orientierung für die Beteiligung am kirchlichen Leben (Teil 1).

- Schließlich eine Analyse der Milieubezogenheit einer Reihe von Veranstaltungen, die zum Teil ausdrücklich für dieses Projekt durchgeführt worden sind. Zum Teil sind sie unter einem klaren Milieubezug „vermarktet" worden. An dieser Studie wird unsere zentrale These besonders gut belegbar, indem sich zwar eine beträchtliche Milieuerweiterung für kirchliches Handeln erreichen lässt, aber keine grundsätzliche Verschiebung (Teil 2).

Die Darstellung dieser drei Studien, insbesondere der zweiten und dritten, steht im Mittelpunkt dieses Buches. Ihnen nachfolgend werden einige grundlegende theologische Klärungen unter dem Titel „Neuschöpfung durch das Evangelium" vorgenommen (Teil 3).

Am Zustandekommen des gesamten Projektes waren viele engagiert beteiligt. Ihnen allen möchten wir gerne Danke! sagen.

Unser Dank geht an Oliver Krieg von TNS-Emnid, der sich spontan bereit erklärte, eine Frage in eine laufende bundesweite Erhebung aufzunehmen und uns die Daten umgehend zukommen ließ. Dadurch wurden wichtige Vergleiche unserer Ergebnisse für die Evangelischen im Gebiet der Hannoverschen Landeskirche mit der bundesweiten Bevölkerung möglich.

Für sorgfältige Durchsicht der Ergebnisse zur repräsentativen Mitgliederbefragung der Evangelisch-lutherischen Landeskirche Hannovers und wertvolle Hinweise zu ihrer Darstellung gilt unser herzlicher Dank Dr. Ingrid und Dr. Wolfgang Lukatis.

Bei der Konzeption und Durchführung der Veranstaltungen haben seitens des SI Elke Neuhausen und Dr. Heinrich Grosse nicht nur mitgedacht, sondern auch aktiv und mit Engagement mitgemacht bei der Organisation und der Durchführung der Kurzbefragungen vor Ort und sie haben ihre Eindrücke zu Publikum und Atmosphäre der Veranstaltungen in Beobachtungsprotokollen festgehalten. Wiebke von Nathusius hat mit bewährter Umsicht und Akkuratesse die Befragungsteams mit allem Notwendigen ausgestattet, auf den richtigen Weg zum Einsatzort gebracht und danach für die richtige Zuordnung der „Rückläufe" Sorge getragen.

Danken möchten wir auch den Studierenden der Evangelischen Fachhochschule Hannover (jetzt Fakultät 5 – Diakonie, Gesundheit und Soziales der Fachhochschule Hannover), die im jeweiligen Befragungsteam des SI vor Ort mitgewirkt haben.

Unser besonderer Dank gilt Fritz Baltruweit vom Evangelischen Zentrum für Gottesdienst und Kirchenmusik im Michaeliskloster in Hildesheim, der nicht nur die Gestaltung aller vom SI initiierten Veranstaltungen mitgeplant und -organisiert, sondern auch selbst aktiv darin mitgewirkt hat. Dabei hat er es – wie immer – verstanden, das jeweilige Publikum in das Geschehen einzubinden und wie selbstverständlich auch zum Mitmachen (-singen) zu bewegen. Als Beispiel dafür mag die ausnahmslos erfolgreiche Einübung des Kanons „Shalom“ stehen, die in jeder dieser so unterschiedlichen Veranstaltungen auch mental eine „Gemeinde“ entstehen ließ.

Schließlich richtet sich unser herzlicher Dank an die Kirchengemeinden, in denen die Veranstaltungen stattgefunden haben. Die Bereitschaft der Pfarrerinnen und Pfarrer, Küster und der anderen (ehrenamtlich) Mitarbeitenden, sich für dieses Projekt zur Verfügung zu stellen und ihre tätige Mithilfe bei der Durchführung haben das ganze Unternehmen überhaupt erst möglich gemacht: Nicolaikirche in Alfeld, St. Thomaskirche in Hannover, Aegidienkirche (Marktkirchengemeinde) Hannover, St. Ludgeri Ehmen (die auch selbst die Kurzbefragungen einschließlich der zur „1. Langen Nacht der Kirchen in Wolfsburg“ organisiert hat), Bessinger Kirche, St. Marien in Friedland, Dorfkirche Priepert.

Hannover, im Mai 2008 *Petra-Angela Ahrens, Gerhard Wegner*

Einleitung

Die vielfältigen Debatten der vergangenen Jahre über einen Umbau der Kirche, der gleichzeitig den gestiegenen Anforderungen in Sachen Kommunikation des Glaubens und den verringerten Ressourcen der Kirche gerecht werden muss, haben immer wieder das Thema der Reichweite eben dieser Kommunikation hochkommen lassen. Die Frage: Wen erreichen wir eigentlich (noch)? – beschäftigt viele Pfarrkonvente, Kirchenleitungen, kirchliche Einrichtungen und Arbeitsbereiche. Warum kommen immer nur diese Menschen und nicht jene zu unseren Veranstaltungen? Wie könnten wir neue Menschen für die Kirche und den Glauben gewinnen? Wie könnten wir wieder wachsen und mehr Bedeutung gewinnen – statt nur zu schrumpfen? Wer hat Geschmack an der Kirche und am Glauben – und wer nicht?

Die Kirche organisiert sich nicht für sich selbst, sondern hat ihre Existenzberechtigung ausschließlich darin, Menschen mit dem christlichen Glauben in Berührung zu bringen. Nicht die Inklusion in Kirche als solche ist folglich das alleinige Ziel, sondern sie ist lediglich der – allerdings: einzig mögliche – Weg, Menschen mit Erscheinungsformen des Glaubens – was immer das näher hin bedeutet – bekannt zu machen und sie in Formen des Austausches im Glauben hineinzuziehen. Die Beteiligung an der Kommunikation des Glaubens in diesem Sinne ist wiederum der entscheidende Indikator dafür, dass Menschen möglicherweise zum Glauben an Gott gefunden haben. Ohne Beteiligung an der sichtbaren Gestalt der Kirche in ihren vielfältigen Facetten geht es folglich nicht – aber diese sichtbare Gestalt hat nur funktionale Bedeutung und darf sich nicht vor die lebendige Begegnung der Menschen mit dem Evangelium schieben. Selbstkritik an der Verselbständigung ihrer eigenen Formen ist deswegen der Kirche inhärent und treibt sie in ihrer Organisationsentwicklung voran.

Diese Zielbestimmung verdichtet sich in der kirchlichen Arbeit in besonderer Weise neben diakonischen, bildungsbezogenen und anderen Aufgaben in ihrem missionarischen Auftrag. Dieser Auftrag besteht darin, eine Einführung in die Kommunikationsformen des Glaubens für Menschen möglich zu machen, die daran bisher nicht beteiligt bzw. aus irgendwelchen Gründen vielleicht sogar ausgeschlossen sind. Die Gründe für eine Beeinträchtigung der Teilhabe an dieser Kommunikation können verschiedener Art sein. Blickt man auf die Situation in Deutschland, so handelt es sich vielfach um negative Erfahrungen, die mit Gestalten des Glaubens gemacht worden sind und sich in seiner Ablehnung verdichten, ohne eine eigene Beteiligung an dieser Kommunikation überhaupt noch in Erwägung zu ziehen. Wenn sich eine entsprechende Haltung über längere Zeit verdichtet und verstetigt hat, kann dies zu einer betonten Indifferenz gegenüber Formen von Religion und Glauben überhaupt führen, die dann schwer aufzubrechen ist. Es gibt dann keinerlei Nachfrage mehr nach Glauben, an die kirchliche Arbeit anknüpfen könnte: Diese Nachfrage nach den eigenen Angeboten muss vielmehr erst geweckt werden. Wer z. B. nicht mehr weiß oder wenigstens spürt, dass der Glaube an Gott mit der Erlösung von elementarer Schuldverstricktheit zu tun hat, an der jeder und jede Anteil hat und sich selbst für einen tollen Kerl hält – der braucht offensichtlich erst einmal wieder die Einsicht darin, dass er oder sie so toll und so harmlos, wie er es von sich selbst meint, beileibe nicht ist. Einführung in den Glauben ist Einführung in den elementaren Zirkel eigenen Selbst-Verstehens, in dem Schuld, Leid und Erlösung gekoppelt sind; jedenfalls ist das eine nicht ohne das andere zu haben.

Allerdings klingt die Problematik so beschrieben simpler, als sie tatsächlich ist. Denn mit dem Begriff „Glauben" ist nichts wirklich Eindeutiges gesagt. Glauben differenziert sich individuell, gruppen- und milieubezogen aus – ja es ist, abgesehen von bestimmten hochsymbolisch verdichteten Formeln („Gottvertrauen") – schwer die Einheit zu identifizieren, die es überhaupt zuließe, von einer Ausdifferenzierung zu sprechen. Es gibt individuell-erlösungsbezogene, stark rituell ausgerichtete, bildungsmäßig geronnene und sozial oder politisch engagierte Glaubensformen, die untereinander bisweilen um Anerkennung und Geltung im religiösen Feld bzw. in der Kirche ringen. So hat es in den letzten Jahren einen deutlichen Wechsel in der Hegemonie bestimmter Glaubensformen in der Kirche – von einer eher sozial und politisch engagierten Haltung zu einem kulturell-rituellen Stil - gegeben. Die Geltung von Glaubensformen ist mithin umkämpft. Das kann so weit gehen, dass bestimmte Glaubensformen von anderen nicht mehr als solche anerkannt werden („Das ist ja nur Sozialarbeit!" oder: „Was hat der Besuch der Matthäus-Passion mit dem christlichen Glauben zu tun?"). Wenn es aber gut geht, entwickelt sich durch die Konkurrenz der Glaubensformen hindurch ein gelebter pluraler Diskurs, in dem sich der Glaube selbst steigert.

Es ist in keiner Weise eindeutig und übereinstimmend plausibel beschreibbar, welche Kommunikationsformen des Glaubens es überhaupt gibt, wie sie funktionieren und welche Bedeutung Glauben für den Einzelnen haben könnte. Vielmehr ist für religiöse Kommunikation entscheidend, dass in ihr etwas sichtbar und erfahrbar wird, was als solches nicht sichtbar und nicht erfahrbar ist und sich jeder Form von Objektivierung immer wieder entzieht. Dieses nicht Sichtbare, Transzendente, „in" den Menschen Wirkende zeigt sich aber an bestimmten Symbolen und Zeichen auf verschiedenen Ebenen, z. B. an Gesten, Haltungen, Symbolen, Atmosphären, Stimmungen und anderem mehr, die in spezifischen Kontexten als religiöse Kommunikation bzw. explizit als Glauben identifiziert werden und in bestimmten Gruppen bzw. Milieus auf Zustimmung stoßen. Aber der Glaube, das wesentliche, geht nicht in diesen Zeichen auf und kann deswegen immer auch ganz anders wahrgenommen werden. Sobald man hier verfestigt und hypostasiert, geht sein Zeichencharakter verloren.

Glaube ist also immer schon mit bestimmten Assoziationen verbunden, die aus einer spezifischen Prägung resultieren, nicht beliebig sind und denen eine Person, die sich neu für den Glauben interessiert, zunächst einmal als fest gefügten Gestalten des Glaubens begegnet. Ohne entsprechende Verkörperungen des Glaubens in Atmosphären und Stimmungen ist eine Einführung in religiöse Kommunikation gar nicht denkbar. Dass sich z. B. ein Pastor auf eine bestimmte, im Alltag völlig unübliche Weise verhält und entsprechend irgendwie seltsam redet, kann in dieser Sichtweise eine notwendige

Bedingung einer gelingenden Kommunikation über den Glauben darstellen. Würde er es nicht tun, würde nicht deutlich, dass es um Glauben geht. Aber das gilt auch allgemein kulturell. Viele gebildete Zeitgenossen würden spontan wahrscheinlich schnell Friedrich Wilhelm Graf zustimmen, wenn er seine Kritik am Umbau der Universitäten ganz selbstverständlich formuliert: „Ein Theologe darf es in religiöser Sprache formulieren: Geistesgegenwart lässt sich nicht durch Großstrukturen erzwingen. Sie erzeugt sich in Schutzräumen einer Reflexionskultur, die unausweichlich an die Individualität des einzelnen Forschers, seinen je eigenen Denkstil, Bildungshorizont und Interessenkanon gebunden bleibt."[1] Bei näherer Betrachtung kann man allerdings auch fragen: Wie kommt Graf zu solch einer theologischen und zugleich hochpolitischen Identifikation des Wirkens des Geistes mit einem bestimmten elitären Lebensstil? Es könnte doch auch ganz anders – viel banaler sein. Zustimmung findet Graf, weil er auf eine im Bildungsbürgertum breit geteilte Figur der Selbststilisierung abhebt, die in einer langen Tradition protestantisch „getauft" worden ist.

Aber auch über Graf hinaus: Es sind diese und andere geprägte Gestalten bzw. Äußerungsformen des Glaubens, die für viele Menschen wichtig, aber für andere eben auch uninteressant, langweilig oder sogar abstoßend sind und eine Inklusion in solche „seltsamen" Gemeinschaften, in denen solche „komischen" Typen, die „nicht ganz von dieser Welt sind", sogar Leitungsaufgaben haben, nachhaltig verhindern. Um es drastisch zu sagen: Wenn sich an solchem „Gesülze" Glauben zeigt und die Übernahme entsprechender, ähnlicher Verhaltensweisen, ja nur die häufigere Nähe zu ihnen, Bedingung der Teilhabe an ihm ist: Dann ist das Ergebnis klar, nämlich: Nein Danke! Zum Glück gibt es nun hierüber aber immer auch innerhalb des religiösen Feldes bzw. der Kirche z. T. heftige Auseinandersetzungen. Nichts wird lieber kritisiert als religiöses Reden. Insofern wird es so sein, dass das „Gesülze" auch in der Kirche auf die Ablehnung bestimmter Gruppen stößt, die ihren Glauben ebenfalls darin nicht wiedererkennen können.

Das Ziel missionarischer Aktivität kann dementsprechend nicht darin liegen, dass von bisher nicht Beteiligten einfach die längst vorhandenen Formen des Glaubens übernommen werden – zumal diese Formen immer im Plural erfahrbar sind. Vielmehr besteht das Ziel darin, dass jeder und jede für sich selbst individuell und/oder in seinem spezifischen Gruppen- und Lebenszusammenhang eine authentische Verkörperung religiöser Kommunikation findet bzw. gestaltet. Allerdings werden solche Formen innerhalb der Kirche nur dann toleriert werden und insofern Inklusion ermöglichen, wenn sie sich als anschlussfähig innerhalb der bereits in der Kirche vorhandenen Glaubensformen erweisen, was nichts anderes bedeutet, als dass das Spektrum möglicher Glaubensformen auf das innerhalb der christlichen, bzw. näherhin der christlich-protestantischen Traditionslinien Mögliche begrenzt ist – aber andersherum gesagt auch: eben dadurch überhaupt erst erzeugt wird. Es geht nicht um irgendwelche Spiritualität –

1 Graf 2006, S. 57.

sondern um christliche Glaubensmuster, die in bisher fremden Zusammenhängen identifiziert werden können. Der Glaube bleibt das generative Prinzip.

Seit langem ist bekannt, dass das Verhältnis zur Kirche, der Besuch ihrer Veranstaltungen, aber auch Kirchenaustritte und eine Distanz zur kirchlichen Kommunikation zwar individuelle Entscheidungen darstellen, aber auch mit sozialen Bedingungen und Strukturen verbunden sind und sich entsprechend sozialwissenschaftlich erhellen lassen. Hierzu hat sich die Forschung in den letzten Jahren insbesondere eines Instruments bedient: dem der soziologischen Milieuanalyse. Sie ist die Nachfolgerin jener klassen- und schichtenspezifischen Forschungstraditionen, die seit über hundert Jahren den Weg der Kirche in Deutschland und weltweit begleiten. Schon immer konnte man feststellen, dass die evangelische Kirche in Deutschland nicht gleichmäßig und umfassend alle Gruppen der Bevölkerung erreicht und bindet, sondern vielmehr klassen-, schichten- oder milieuspezifisch verengt ist. Anders herum und positiv gesagt: Ihre Stabilität gewinnt die Kirche insbesondere durch die enge Kopplung ihrer Angebote und ihrer Kommunikationsformen mit den Lebensstilelementen spezifischer Klassen, Schichten oder Milieus. Indem sie sich – und mit ihr oft genug der christliche Glaube – in diese unterschiedlichen sozial differenzierten Lebenswelten „eingenistet“ hat – ein Prozess, der sich über Hunderte von Jahren hingezogen haben kann – konnte sie sich reproduzieren und als Organisation in allen Umbrüchen überleben. Soweit wie die Kirche und der Glaube Menschen Halt geben, stabilisieren sie zugleich die Kirche. Ohne Milieubezug geht es nicht. Mitgliederbindung ist stets auch Milieurezeption. Die Zusammenhänge sind zirkulär.

Schon sehr früh ist beobachtet worden, dass es vor allen Dingen auf der einen Seite das gehobene konservative Milieu ist, das nach wie vor einen großen Anteil des alten Adels umfasst, und auf der anderen Seite große Bereiche des kleinbürgerlichen, also des mittleren Milieus der Gesellschaft sind, die den aktiven Kern der Kirche tragen. Berücksichtigt man, dass sich auch diese Milieus in den vergangenen Jahrzehnten erheblich modernisiert und verändert haben, so kann man grobschlächtig davon sprechen, dass sich an dieser Milieubindung der Kirche bis heute nicht allzu viel geändert hat. Im Umkehrschluss bedeutet das, dass die kirchliche Kommunikation große Bereiche der Gesellschaft, die von anderen, auf der einen Seite moderneren, liberaleren und auf der anderen Seite „unteren“ Milieus geprägt sind, nach wie vor weniger gut bis gar nicht erreicht.

In vielen Untersuchungen ist dieser Situation schon immer, aber in den letzten Jahren mit besonderem Nachdruck nachgegangen worden. Während sich die ersten diesbezüglichen Studien noch am Kategorienschema der Erlebnisgesellschaft von Schulze orientierten, ist dann bei weiteren Forschungen das Theoriegebäude von Pierre Bourdieu in den Vordergrund gerückt, das schon vom Sprachgebrauch her – Bourdieu redet nicht von Milieus, sondern von Klassen – einen sehr viel schärferen Blick vor allem auf die Gespaltenheit und die Trennlinien in der Gesellschaft wirft, als es Schulzes Kategorien erlauben. In Deutschland ist diese Konzeption vor allen Dingen von Michael Vester und seinen Kollegen aufgegriffen worden. Entsprechende Theorieansätze sind in die so genannte „Loccumer Studie“ über Kirche und Milieu eingeflossen.[2] Eine eigenständig entwickelte milieuspezifische Typologie der Kirchenmitglieder selbst – also eine Milieusicht „von innen“ – ist in die Untersuchungen zur vierten EKD-Erhebung über Kirchenmitgliedschaft eingeflossen.[3] Sie wird nun dem Buch: „Milieus praktisch. Analyse- und Planungshilfen für Kirche und Gemeinde.“[4] zugrunde gelegt. Hier findet man hervorragende Wahrnehmungshilfen für die kirchengemeindliche Praxis: Die Milieuperspektive wird in dieser Hinsicht gar als „Zauberbrille“ beschrieben.

Den bisherigen Höhepunkt der Erforschung der Zusammenhänge zwischen sozialen Milieus und der Kirche stellt aber eine seit 2005 vorliegende katholische Untersuchung dar.[5] Sie ist in der Präzision vorbildlich und wahrscheinlich auch in dieser Hinsicht in Zukunft uneinholbar. Im Zusammenhang dieser Studie werden zudem auch für Kirchengemeinden abrufbare Hilfestellungen angeboten, um die Situation in ihrem eigenen Stadtteil oder Dorf analysieren zu können. Diese Studie ist vor allen Dingen wegen der Differenziertheit der Milieubezüge und der sehr präzisen Beschreibung der einzelnen Lebensstile sowie der Angabe von Tipps („Do’s and Don’ts“) hervorzuheben. Gearbeitet wird mit den Sinus-Milieus – einer vornehmlich in der Marktforschung angewendeten Kategorisierung der Milieus, die professionell weit entwickelt sind und einen internationalen Vergleich der Milieuentwicklung erlauben.

Die vorliegenden Studien zeichnen sich durch unterschiedliche theoretische und konzeptionelle Zugänge zur Problematik aus. Eine deutliche Differenzierung besteht zum einen darin, ob man die Kirchenmitgliedschaft sozusagen von innen her clustert und entsprechend untersucht oder sie von einem Bild der Gesamtmilieus der Gesellschaft her in den Blick kommt. Zudem unterscheiden sich die Konzepte darin, wie stark die Abgrenzungen zwischen den Milieus in den Mittelpunkt der Analyse gerückt werden – was in der Regel mit einer besonderen Akzentuierung des Aspektes der sozialen Ungleichheit im Verhältnis der Milieus einher geht. Aus der Marktforschung stammende Konzepte stellen diese Frage weniger in den Vordergrund als kritisch soziologische Ansätze in der Tradition der überkommenen Klassen- oder Schichtenforschung, wie sie eben z. B. durch Pierre Bourdieu erneuert worden ist.

Blickt man auf die Rezeptionsgeschichte der vorliegenden Analysen, so zeigt sich eine Tendenz der relativ schlichten, sozusagen analogen, Aufnahme der Ergebnisse der Milieuanalysen für die Ausgestaltung kirchlicher Arbeitsformen. Dies bedeutet, dass Praktiker in der Kirche und ihnen nahe stehende Theoretiker in einem unmittelbar praktischen Zugriff Erkenntnisse über die einzelnen Milieus aufnehmen und dann versuchen, sich an ihnen in der Ausgestaltung von kirchlichen Angeboten zu orientieren. Man

---

2 Vögele/Bremer/Vester (Hg), Würzburg 2002.

3 Huber/Steinacker (Hg.), 2006, vgl. S. 203ff., insbesondere Abschnitt 4.4 von Schulz: Wie Lebensstile die Kirchenmitgliedschaft bestimmen, S. 263ff.

4 Schulz/Hauschildt/Kohler, 2008.

5 Wippermann/de Magalhaes, 2005.

entwickelt folglich mehr oder minder stringent ein milieuspezifisches Programm. Die Erkenntnisse aus den Milieutheorien werden folglich im Sinne von Menschenkenntnis und komplexer im Sinne von Marktforschung und als Marketinginstrument genutzt. Insofern folgt die Nutzung der Milieuanalyse in dieser Hinsicht der Art und Weise, wie sie auch in vielen Bereichen der Wirtschaft anzufinden ist, um eine zielgruppengerechte, absatzorientierte Gestaltung von Produkten und Dienstleistungen zu erreichen.

Sehr viel seltener finden sich aber leider richtiggehende theologische Auseinandersetzungen mit der Milieuproblematik. Diese Einsicht ist einigermaßen enttäuschend, denn es muss doch erstaunen, dass sich über einen Zeitraum von weit über hundert Jahren – und wahrscheinlich ja noch sehr viel länger – der vom Anspruch her sich nur universell verstehen könnende christliche Glaube ganz offensichtlich höchst selbstverständlich in partikulare Interessenlagen – man könnte auch sagen: ethnische Bezüge – eingefügt hat. Zudem muss eine sich missionarisch verstehende Kirche – um die ja heute niemand mehr herumkommt – die Frage stellen, wie es gelingen kann, mit den Ressourcen einer zutiefst milieugebundenen Kirche Menschen aus fernstehenden Milieus anzusprechen und für den Glauben zu gewinnen. Auch in Sachen Milieubindung ist das missionarische Paradox nicht aushebelbar, demgemäß der Glaube nur in Gestalt spezifischer, geprägter Sozialformen, ja körperlicher Haltungen Menschen nahegebracht werden kann – auch denen, denen diese Formen gerade fremd sind, die ihnen fern stehen, sie vielleicht sogar ablehnen. Es gibt in der missionarischen Begegnung keine Nullsituation, aus der man sich sozusagen „rein" den biblischen Texten oder dem Glauben als solchen zuwenden könnte. Immer ist diese Situation mit bestimmten kulturellen und in diesem Sinne eben milieuspezifischen Formen unterlegt bzw. überformt. Deswegen hat der Mitautor dieses Bandes schon vor einiger Zeit in Sachen Milieu formuliert: „Niemand kann aus seiner Haut" bzw. Christus inkarniert sich ins Milieu.[6] Gerade diese Situation fordert aber zu theologischen Überlegungen heraus, denen in diesem Band durch Rückgriff auf kulturtheoretische Überlegungen, und zwar insbesondere der klassischen Studien von H. Richard Niebuhr, Rechnung getragen werden soll.

Im Blick auf eine theologische Reflexion der ganzen Problematik taucht sodann ein zweites Problem auf, das in einer rein technisch-strategischen Nutzung der Milieutheorie untergehen muss. Es geht um die Frage – etwas platt formuliert – ob sich die Milieus ihren Glauben oder ob sich der Glaube seine Milieus schafft. Mithin geht es um nichts Geringeres als um die kulturstiftende und kulturprägende Kraft des Glaubens im Gegenüber zu seiner Abhängigkeit von kulturellen und sozialen Voraussetzungen. Die vorliegenden Konzeptionierungen der Milieutheorien laufen samt und sonders auf einen einlinig kausalen Bezug hinaus, der von den sozialen bzw. kulturellen Voraussetzungen zu den Gestalten des Glaubens läuft. D.h. einfach gesagt: Jedes Milieu hat seinen eigenen Glauben bzw. seine eigene Glaubensform und er kann von daher sozusagen angerufen und aktiviert werden.

---

6 Vgl. Wegner, 2000.

Dass eine solche Sichtweise nicht nur theologisch unbefriedigend ist, liegt auf der Hand. Sie verzichtet auf eine mögliche und in der Geschichte ja auch immer wieder relevant gewesene gegenläufige Bewegung, der gemäß die Potenzen des Glaubens sich ihre ihnen gemäße Glaubensgestalten schaffen und entsprechenden prägenden Einfluss auf die kulturellen und sozialen Grundlagen einer Gesellschaft ausüben. Dass es solchen Einfluss gibt, ist auch in der Geschichte der Kirchen in Deutschland über die letzten hundert Jahre deutlich zu erkennen. Will man die Milieuanalyse theologisch sachgemäß nutzen, dann muss auch diese „Drehung der Sichtweise“ zum Tragen kommen.

Um es an dieser Stelle gleich vorweg zu nehmen: In den hier vorliegenden Studien zum Thema Kirche und Milieu hat sich empirisch-praktisch gezeigt, dass sich ein einliniger, sozusagen abschüssiger Weg von den Milieus zum Glauben ohnehin kaum beschreiten lässt. Der normale Weg in die Beteiligung an kirchlichen Veranstaltungen ist eher umgekehrt, denn der angestrebte Milieubezug in den Veranstaltungen wird fast immer erkennbar durch den Bindegrad an Religion und Kirche überlagert. Der primäre Grund, an kirchlichen Veranstaltungen teilzunehmen ist die Verbundenheit mit Kirche und Religion bzw. die eigene religiöse Einstellung und erst sekundär greifen dann auch bestimmte Milieuorientierungen. So sind sie wichtig – aber letztlich nicht entscheidend. Dies verkompliziert die gesamte Diskussion. Es lassen sich offensichtlich nicht so einfach Milieukennzeichen kirchlich anrufen. Dass es sich um eine kirchliche bzw. religiöse Veranstaltung handelt, wird von der Bevölkerung sehr viel schärfer wahrgenommen als die mit ihr assoziierten Milieukennzeichen. Diese Erkenntnis bremst alle euphorischen Hoffnungen in Sachen Nutzung der Milieutheorie aus. Darum, den christlichen Glauben zunächst plausibel darzustellen, kommt auch das schönste kirchliche Milieuprojekt nicht herum. Dann allerdings hilft der milieugeschulte Blick, sich den Menschen nähern und sie für die Kirche und den Glauben gewinnen zu können.

Diese Situation setzt – neben ganz praktischen ressourcenorientierten Überlegungen – der Möglichkeit, aber auch der Notwendigkeit deutliche Grenzen, spezifisch auf kleinste und feinste Milieudifferenzen in der Gesellschaft eingehen zu können bzw. eingehen zu müssen. Zugleich entlastet dies auch die Akteure. Eine allzu strikte Milieudifferenzierung der kirchlichen Angebote ist nicht nötig, weil das religiöse und kirchliche Interesse primär ist und nicht so breit streut wie die Milieus. Dies gilt zumindest für den kirchlichen „Normalbetrieb“: Hier sollte es stets darum gehen, gut besuchte Veranstaltungen zu erreichen – und sie deswegen so zu gestalten, dass hauptsächlich ganz einfach „viele“ Menschen angesprochen werden. Spezifische Kampagnen und zielgruppengerechte Angebote müssen aber natürlich anders verfahren.

Hier liegt auch der Grund, warum die Milieustudie des SI anders verfährt als die große katholische Sinus-Studie. Unsere These ist, dass die Chancen kirchlicher Kommunikation nicht so sehr im Nachverfolgen feinster Milieudifferenzen und auch nicht darin bestehen, die Milieus am Rande der gesellschaftlichen Skala – egal in welche Richtung – zu erreichen und zu bedienen – sei es in höchst moderner, sei es in eher überkommener Richtung. Die Chancen des kirchlichen Bezuges auf Milieus liegen vielmehr erkennbar sozusagen in der „Mitte der Gesellschaft“. Dabei ist allerdings deutlich zu sehen, dass der vorfindliche Milieubezug von Kirche gewisse Verschiebungen weg von der Mitte der Gesellschaft in etwas „gehobenere“ Bereich der Bevölkerung aufweist. Er lässt sich aber durchaus in einer vorsichtigen Weise durch sekundäre Milieuassoziationen in der kirchlichen Praxis beträchtlich erweitern. Demgegenüber sind jedoch die Chancen modernste und andere Milieus zu erreichen, ausgesprochen gering und würden einen erheblichen Aufwand erfordern.

Das bedeutet in der Konsequenz – und das sei hier gleich deutlich formuliert – Abschied zu nehmen von einem pointierten Zielgruppenansatz in der Arbeit, der sich in der eigentlich notwendigen Differenziertheit ohnehin im Normalbetrieb nicht durchhalten lässt. Worum es geht, wäre ganz praktisch in gewisser Differenziertheit schlicht das Ziel zu verfolgen, möglichst viele Menschen mit den eigenen Angeboten zu erreichen und dafür die entsprechenden, möglichst weit greifenden, milieumäßigen Stilelemente (z. B. Pop- und Musicalmusik) zu nutzen. Die Linie wäre schlicht formuliert: Weg von der Zielgruppe – hin zu vollen Gottesdiensten! Das bedeutet nicht das Ende der Milieuanalyse – vielmehr ist es der Beginn ihrer realistischen Nutzung. Sie kann eine Hilfe sein, zu wachsen – oder wenigstens nicht zu schrumpfen. Sie hilft, Menschen in ihrem persönlich-sozialen Gefüge wahr- und ernst zu nehmen. Insofern ist sie ein Instrument der Menschenkenntnis – wie es auch andere gibt. Sie kann auch helfen – in ihrer kritischen Fassung – soziale Ungleichheit in der Gesellschaft und der Kirche erkennen zu können. Aber sie ist kein Zauberstab. Zaubern im eigentlichen Sinne der wundersamen Veränderung kann nur der Geist Gottes, der den Glauben bewirkt. Dann verändern sich auch Milieus – nicht umgekehrt.

Theologisch ist damit aber das Problem der Milieubindung selbstverständlich nicht gelöst, denn auch bei einer solch kontrollierten Erweiterung der kirchlichen Handlungsfelder in die Mitte der Gesellschaft hinein bliebe der Eindruck bestehen, dass christlicher Glaube sich auf Lebensstilelemente bestimmter und zwar die Gesellschaft eher tragender Milieus reduziert und gerade die Ärmeren, aber auch viele aus dem Bereich moderner Leistungsträger gerade nicht erreichen würde. Insofern müssen auch an dieser Stelle deutliche theologische Markierungen gesetzt werden. Rein nüchtern gesehen sind aber die Chancen, in einem Bereich außerhalb der gesellschaftlichen Mitte wirklich etwas zu bewegen, ausgesprochen gering. Der Milieubezug der evangelischen Kirche ist folglich unter bestimmten Voraussetzungen zwar durchaus erheblich erweiterbar, und zwar auch mit den vorhandenen Ressourcen; aber er ist nicht grundsätzlich zu verändern. Weder eine Kirche der Armen – noch eine Kirche der Show- und Eventkultur ist im großen Stil denkbar(was bestimmte Gemeinden, die in diese Richtung gehen, natürlich nicht ausschließt). In dieser Situation spiegelt sich eine Jahrhunderte lang geprägte Geschichte der Erfahrungen gesellschaftlicher Gruppen, Schichten und Klassen mit der evangelischen Kirche wider. Dass insbesondere die Frage nach der Integration der Armen in die Kirchengemeinde deswegen aber natürlich nicht zur Ruhe kommen darf, liegt auch auf der Hand – und dies in einer Zeit der zunehmenden Armutsentwicklung in unserem Land erst recht. Es wird sich allerdings – wenn überhaupt – nur dadurch angehen lassen, dass sich einzelne Christen und Gruppen in der Kirche, angetrieben durch ihren Glauben, auf den Weg zu den Armen machen und dabei Milieugrenzen überwinden.[7]

Bestimmend im Verhältnis von Kirche und Milieu ist das Interesse der Menschen an kirchlicher und religiöser Kommunikation. Dieses Interesse findet sich in bestimmten Milieus stärker als in anderen. Aber auch die jeweiligen anderen Milieus, auch jene, die mit Kirche und Religion relativ wenig zu tun haben, lassen sich für die Kirche nur dann gewinnen, wenn überhaupt ein Interesse geweckt werden kann. Insofern ist die Einstellung zu Religion und Kirche einer milieubezogenen Arbeit deutlich vorgeordnet. Man kann nicht erst eine milieuspezifische Arbeit machen und sie dann christlich taufen; der Weg ist nur umgekehrt möglich. Was es vor allen Dingen braucht, ist glaubwürdige, religiöse bzw. kirchliche Kommunikation, die sich dann spezifischer Milieukennzeichen und spezifischen Milieumaterials in ihrer Ausgestaltung bedienen kann und bedienen sollte. Im Vordergrund steht aber eben jene Glaubwürdigkeit als solche. Sie kann eine durchaus milieutranszendierende Kraft haben.

Worum es in einer theologisch reflektierten und verantwortbaren Nutzung der Milieutheorie geht, ist folglich nichts Geringeres als die Frage nach den authentischen Transformationsmöglichkeiten von christlichen Glaubensgestalten zu stellen. Es ist nicht das Ziel, sich irgendwie instrumentell auf Lebensstile und Milieus zu beziehen, was als rein taktische Bezugnahme überhaupt nicht gelingen könnte, sondern es kann aus kirchlicher Sicht nur darum gehen, bestimmte Gestalten des christlichen Glaubens in einer glaubwürdigen Weise in andere Umwelten hinein zu transformieren. Allein diese, am Eigenwert und am Eigenanspruch des christlichen Glaubens orientierte Perspektive kann der Problematik gerecht werden. Sie lässt aber ganz neu die Fragen nach entsprechenden transformativen Impulsen im christlichen Glauben an die Oberfläche kommen. Und sie lässt neu das Problem formulieren, wie eine missionarische Kirche heute realistisch denkbar ist.

---

[7] Vgl. zu dieser Problematik: Gerechte Teilhabe, 2006, S. 75ff. Zur Frage der Integration Armer in die Kirchengemeinden: Grosse, 2007; Schulz, 2007.

Teil 1
Kirchenmitglieder und Milieudifferenzierung: Ergebnisse der Repräsentativbefragung Evangelischer im Gebiet der Evangelisch-lutherischen Landeskirche Hannovers

1 Einleitung

Eine wichtige empirische Basis für die Konzeption und Evaluation milieuspezifischer kirchlicher Veranstaltungen sollte die im Frühjahr 2006 durchgeführte Repräsentativbefragung Evangelischer im Gebiet der Hannoverschen Landeskirche liefern.

Das Ziel dieser Befragung war, mit möglichst sparsamem Mitteleinsatz Milieudifferenzierungen herauszuarbeiten und anschließend die Anknüpfungspunkte der gängigen kirchlichen Angebote einzutragen: Inwieweit bevorzugen diese Angebote bestimmte Milieus und kennzeichnen darüber eine kirchliche „Milieuverengung"?

Damit sollte den bisherigen kirchensoziologischen Untersuchungen im deutschen Raum, die mit Ansätzen aus der Milieu- bzw. Lebensstilforschung arbeiten[8], keine neuerliche Variante der Typenbildung zur Seite gestellt werden. Im Vordergrund des Interesses stand vielmehr, die soziokulturellen Andockstellen der bestehenden kirchlichen Angebote auszumachen und darüber mögliche und bedienbare (!) ‚Schalthebel' für die Gestaltung von Veranstaltungen zu finden, über die jene Menschen erreicht werden können, die im kirchlichen Gemeindeleben kaum anzutreffen sind.

2 Erhebungskonzeption und Durchführung

Der standardisierte Fragekatalog befasste sich zu einem erheblichen Teil mit der Bekanntheit, Einschätzung und Nutzung der Angebote im kirchengemeindlichen Leben.[9] Darüber hinaus wurde in Listenfragen die Bekanntheit unterschiedlicher übergemeindlicher Dienste, Einrichtungen und Aktionen sowie die Zustimmung zu verschiedenen Pastorenbildern[10] abgefragt.

---

8 Vgl. Vögele/Bremer/Vester, 2002; Wippermann/Magalhaes, 2005; Huber/Friedrich/Steinacker, 2006.

9 Anlass und Ausgangspunkt für die Repräsentativbefragung war die schriftliche Totalerhebung der Evangelisch-lutherischen Landeskirche Hannovers bei den Wahlberechtigten für die Kirchenvorstandswahlen im März 2006. Für sie wurde vermutet (und bestätigt), dass sich überwiegend enger mit der Kirche Verbundene daran beteiligen – mit einem entsprechenden Niederschlag in den Antworten. Die Ergebnisse der Repräsentativbefragung wurden dem vergleichend gegenübergestellt. Vgl. hierzu Ahrens/Wegner, 2006.

10 In Anlehnung an die im Herbst 2004 durchgeführte „Pastorinnen- und Pastorenbefragung" der Hannoverschen Landeskirche; vgl. hierzu Anhang B Fragekatalog.

Für die Milieudifferenzierung wurden die von Otte auf Basis verschiedenster Lebensstiltypologien[11] entwickelten Indikatoren zur Lebensführung (vgl. Anhang B, Fragekatalog Repräsentativbefragung) aufgenommen, die den sonst üblichen langen Katalog von Verhaltensorientierungen und Wertvorstellungen auf zehn Antwortvorgaben reduzieren.

Vor allem – aber nicht nur! – im Blick auf die zu konzipierenden Veranstaltungen fanden außerdem die Vorlieben für Musikrichtungen Berücksichtigung: Sie werden in Befragungen zur Milieu- bzw. Lebensstilforschung[12] häufig und mit ähnlichen Antwortvorgaben verwendet und ordnen sich jeweils unterschiedlichen Milieus bzw. Typen zu. So wird man z. B. eine Vorliebe für die Oper vor allem im Bereich eines gehobenen und eher konservativen Milieus finden, während Volksmusik und Schlager deutlich von älteren, früher so genannten kleinbürgerlichen Hörern bevorzugt werden. In entsprechender Weise differenziert sich auch die Mediennutzung nach Milieuzugehörigkeiten. Für das besonders weit verbreitete Medium Fernsehen ist das Interesse an unterschiedlichen Sendungen[13] in den Fragekatalog eingegangen.

Die repräsentative Befragung führte das Befragungsinstitut TNS-Emnid im Auftrag des SI-EKD durch. Im März 2006 wurden 1751 Evangelische ab 16 Jahren im Gebiet der Hannoverschen Landeskirche in telefonischen Interviews befragt.

3 Ergebnisse zur Milieudifferenzierung

Im Vergleich zu den meisten anderen Untersuchungen in diesem mittlerweile breiten Forschungsfeld stand mit den zehn Indikatoren zur Lebensführung, den Vorlieben für Musikrichtungen und dem Interesse an Fernsehsendungen ein ausgesprochen schmales Instrumentarium zur Ermittlung von Milieudifferenzen zu Verfügung. Es war auch nicht das Ziel, einmal mehr die vielfältigen Bereiche der Lebensgestaltung möglichst breit und detailreich zu erheben, um anschließend zu entsprechend differenzierten Beschreibungen von Milieus oder Typen zu gelangen. Gleichwohl war nicht sicher, ob es mit solch geringem Aufwand gelingen würde, den „üblichen" zweidimensionalen Raum abzubilden, in dem sonst die per Cluster- oder Korrespondenzanalyse ermittelten Typen bzw. Milieus in der deutschen Gesellschaft verortet werden (vgl. Anhang C: Abbildungen der „Milieulandschaften" aus bisherigen Untersuchungen).

Zudem stellte sich die Frage, ob und in wieweit die von Klaus von Bismarck bereits 1957 für den Kern der Parochialgemeinde (Kirchgänger) konstatierte Milieuverengung heute möglicherweise schon über die Zugehörigkeit zur evangelischen Kirche zu veran-

---

11 Vgl. Otte, 2005(b), S. 448.

12 Vgl. z. B. Schulze (1993), S. 596 oder Huber/Friedrich/Steinacker, a.a.O., S. 478

13 Übernommen aus ALLBUS (2004); Befragte: Bevölkerung in Deutschland ab 18 Jahren; außerdem: Interesse an religiösen Sendungen.

schlagen ist, die Gesamtheit der befragten Evangelischen also nur noch einen Teilbereich dieses zweidimensionalen Raumes der Gesellschaft abdecken würde.

Einige Hinweise auf eine solche Entwicklung kann bereits die Betrachtung der sozialen Struktur der Evangelischen in der Hannoverschen Landeskirche im Vergleich zum Bevölkerungsdurchschnitt liefern. Dem wird im Folgenden anhand einiger soziodemografischer Merkmale nachgegangen.

Anschließend werden die Ergebnisse zu den Fragen betrachtet, die für die Milieudifferenzierung herangezogen werden, um dann zur Darstellung der über eine multiple Korrespondenzanalyse ermittelten Dimensionen des ‚sozialen Raumes' zur Milieudifferenzierung zu gelangen.

3.1 *Sozialstruktur der Evangelischen in der Evangelisch-lutherischen Landeskirche Hannovers*

Für den Vergleich der Geschlechts- und der Alterszugehörigkeit konnte auf statistische Daten für das Land Niedersachsen[14] zurückgegriffen werden. Im Blick auf Bildungs- und Familienstand wurde als Referenz die im Jahr 2005 durchgeführte bundesweite Bevölkerungsumfrage zum Deutschen Evangelischen Kirchentag in Hannover[15] verwendet, die repräsentativ für die – allerdings bundesweite – deutschsprachige Gesamtbevölkerung ist. Für den Vergleich sind hier die Daten für Westdeutschland ausgewertet worden.

Es zeigt sich, dass unter den Evangelischen im Gebiet der Hannoverschen Landeskirche Frauen etwas stärker vertreten sind als Männer. Dies hat damit zu tun, dass den 53 % Evangelischen in diesem protestantisch geprägten Gebiet vornehmlich Konfessionslose (etwa 24 %, Katholiken: 19 %)[16] gegenüberstehen, unter denen noch immer Männer den größeren Anteil[17] stellen.

Die Evangelischen sind im Durchschnitt 3 Jahre älter als die Bevölkerung in Niedersachsen. Auch dies korrespondiert zum einen der konfessionellen Struktur; denn die Konfessionslosen sind – jedenfalls in Westdeutschland – mit einem Durchschnittsalter von 43 Jahren deutlich jünger.[18] Zum anderen wird zu Buche schlagen, dass in der Statistik für Niedersachsen auch die (jüngere) ausländische Bevölkerung berücksichtigt ist.

---

14 Als Download vom Niedersächsischen Landesamt für Statistik zu Verfügung gestellt: http://www1.nls.niedersachsen.de/statistik/html/mustertabelle.asp?DT=K1000151&LN=DBP&DA=8; eigene Berechnungen.

15 Vgl. Ahrens, 2006(b).

16 Berechnet aus der Statistik der Konföderation evangelischer Kirchen in Niedersachsen (http://www.evangelische-konfoederation.de/) und Informationen der Informations- und Pressestelle der Ev.-luth Landeskirche Hannovers.

17 Die bundesweite Befragung zum DEKT 2005 weist für Westdeutschland ein Verhältnis von 44 % Männern unter den Evangelischen zu 65 % unter den Konfessionslosen aus.

18 Aus der Bevölkerungsumfrage zum DEKT 2005 ergibt sich für die Evangelischen in Westdeutschland ab 16 Jahren ein Durchschnittsalter von 48 Jahren.

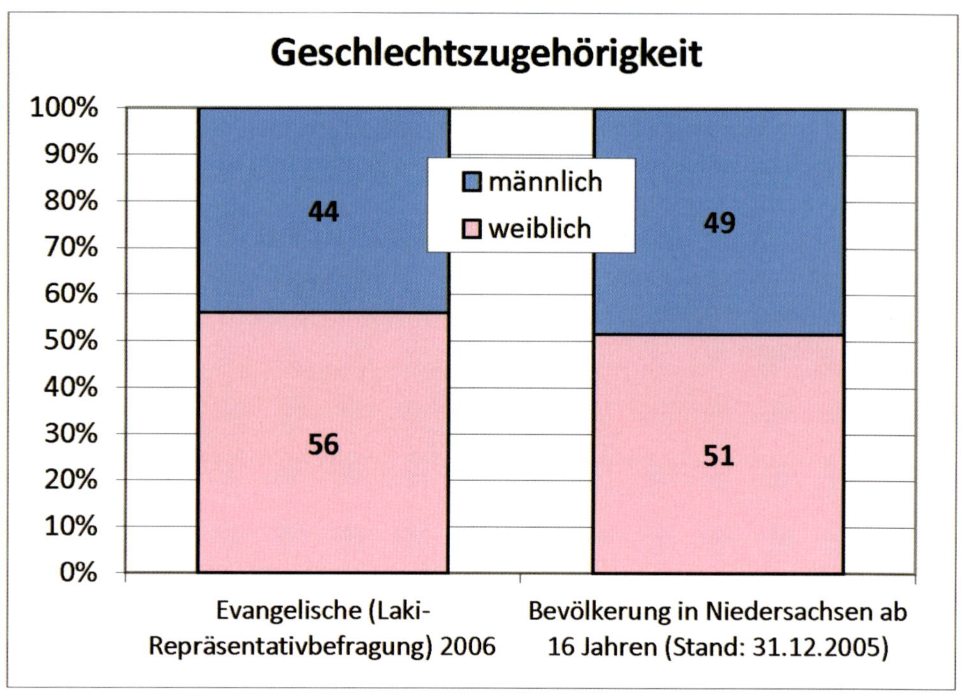

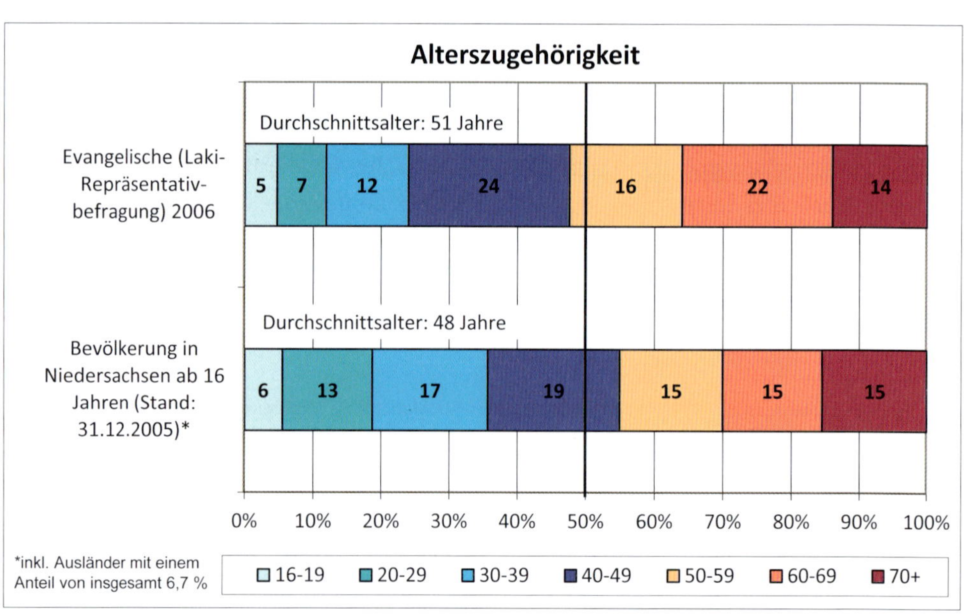

*inkl. Ausländer mit einem Anteil von insgesamt 6,7 %

Bei den Bildungsabschlüssen sind nur sehr geringfügige Unterschiede zwischen Evangelischen und der Gesamtbevölkerung in Westdeutschland auszumachen.

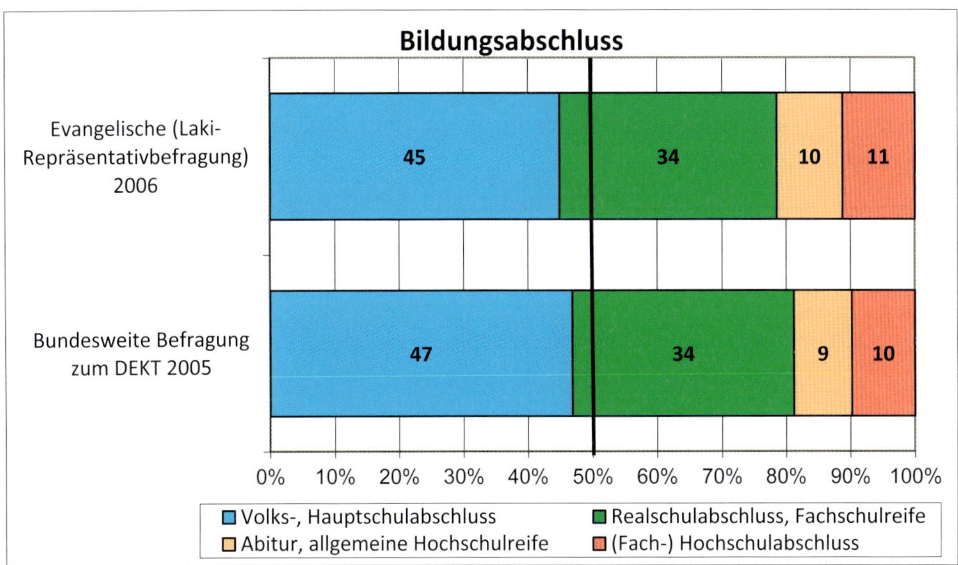

Schließlich lassen die Ergebnisse zum Familienstand durchaus einen Niederschlag des höheren Altersdurchschnitts der Evangelischen erkennen: Der Anteil der Ledigen fällt bei ihnen etwas geringer aus. Gleichzeitig ist aber die modernere Lebensform des partnerschaftlichen Zusammenlebens unter Evangelischen nicht weniger verbreitet als im westdeutschen Durchschnitt.

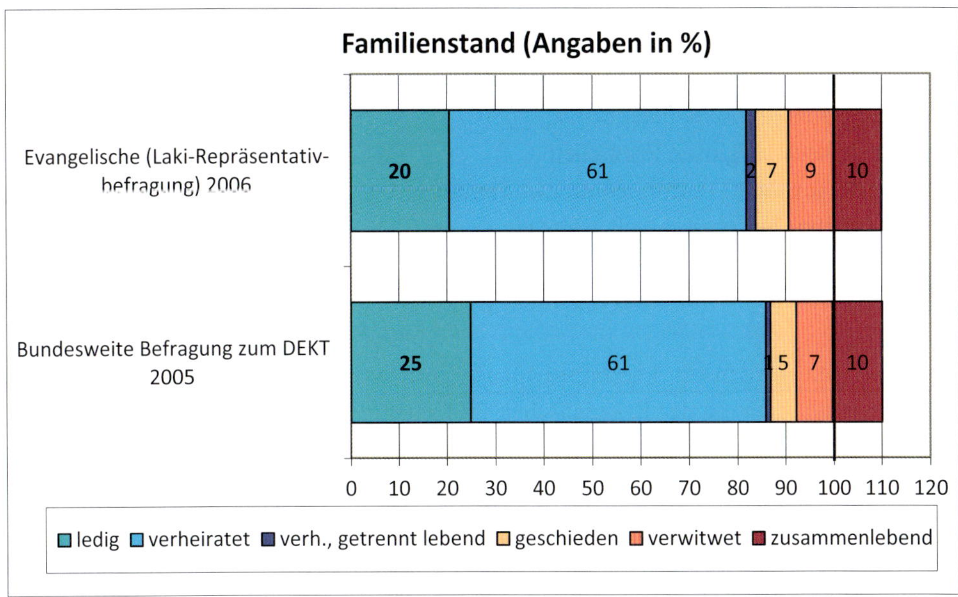

Die hier betrachteten Aspekte zur Sozialstruktur zusammenfassend kann festgehalten werden, dass die Evangelischen im Gebiet der Hannoverschen Landeskirche erkennbar älter sind als der Durchschnitt der niedersächsischen Bevölkerung und einen überproportionalen Frauenanteil aufweisen. Dies lässt sich durchaus als Verengung in der sozialstrukturellen Zusammensetzung der Evangelischen verstehen: Alter und Geschlechtszugehörigkeit spielen bei der Frage, ob man Kirchenmitglied ist oder nicht, offensichtlich eine Rolle.

Die Ergebnisse zu Bildungs- und Familienstand, die erste wichtige Hinweise auf sozialen Status und Lebensformen liefern, geben aber keinen Anlass zu vermuten, dass allein die Zugehörigkeit zur evangelischen Kirche schon einen Effekt in Richtung „Milieuverengung" beinhaltet.

3.2 Indikatoren zur Lebensführung

Die bereits oben angesprochenen zehn Indikatoren zur Lebensführung nach Otte gliedern sich auf in je fünf Aussagen, mit denen die von ihm so bezeichneten Dimensionen „Ausstattungsniveau" und „Modernität bzw. biografische Perspektive" erfasst werden sollen:

Ausstattungsniveau:
- Ich pflege einen gehobenen Lebensstandard
- maximale Ausgabenhöhe pro Person im Restaurant
- Bücher lesen
- Überregionale Tagezeitung lesen

Modernität / biografische Perspektive:
- Ich lebe nach religiösen Prinzipien
- Ich halte an alten Traditionen meiner Familie fest
- Ich genieße das Leben in vollen Zügen
- Ich gehe viel aus
- Mein Leben gefällt mir dann besonders gut, wenn ständig etwas los ist

Im Folgenden werden die Ergebnisse für die Indikatoren zur Lebensführung aus der Repräsentativbefragung der Evangelischen im Gebiet der Hannoverschen Landeskirche mit denen von Otte verglichen.

Otte führte seine Untersuchung 1999 in Mannheim, einer Großstadt mit etwa 320 Tsd. Einwohnern durch, in der neben 57 % Zugehörigen der beiden großen Konfessionen 33 % Konfessionslose leben.[19] Das Gebiet der Hannoverschen Landeskirche ist demgegenüber in weiten Teilen eher ländlich geprägt.

---

[19] Auskunft der Pressstelle der Evangelischen Kirche in Mannheim im Jahr 2006.

Um mögliche Effekte durch die soziokulturellen Lebensbedingungen in einer Großstadt zu berücksichtigen, sind ergänzend die Antwortverteilungen für die in einer Großstadt lebenden Evangelischen aus der Mitgliederbefragung dargestellt.

3.2.1 Ausstattungsniveau

Betrachtet man sich das Gesamtbild der Antwortverteilungen[20] zum Ausstattungsniveau, so sticht die in beiden Befragungen überaus große Resonanz auf das Stichwort „Bücherlesen" als Freizeittätigkeit heraus: Etwa die Hälfte der jeweils Befragten gibt an, dies sogar oft zu tun. Unter den Evangelischen, die in einer Großstadt leben, sind es sogar 62 %.

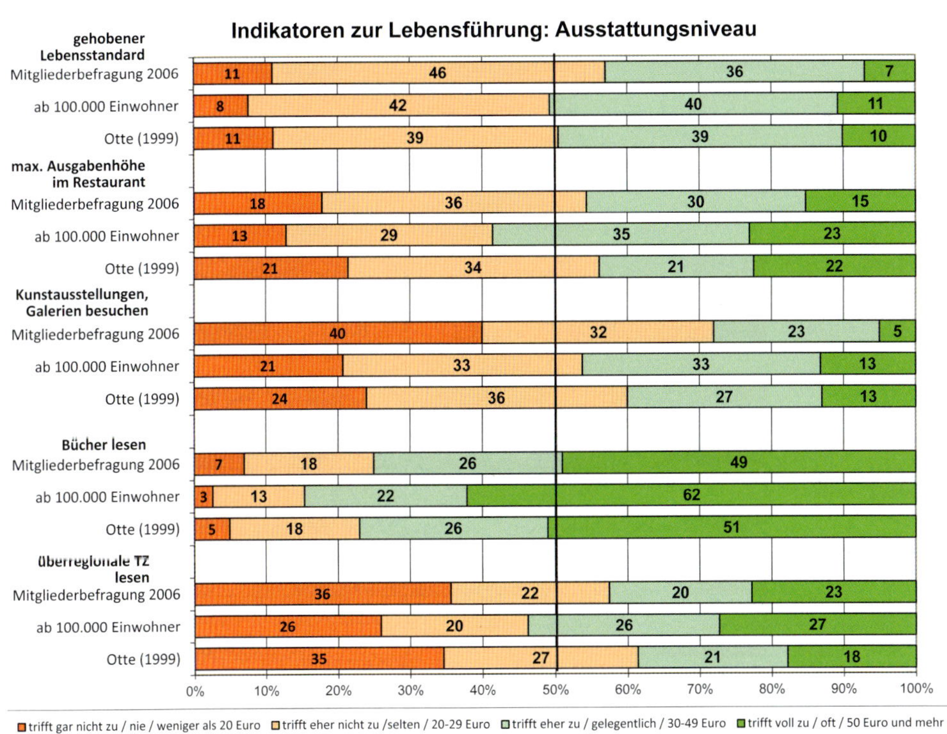

Auch für das insgesamt erheblich geringere Interesse an Kunstausstellungen und Galeriebesuchen zeigt sich ein deutlicher „Großstadteffekt": Während in der Gesamtheit der Evangelischen 28 % antworten, gelegentlich oder oft diesem hoch-kulturellen Interesse nachzugehen, und damit etwas unter den Werten der Mannheimer Befragung (30 %) liegen, votieren 46 % der Evangelischen in Großstädten entsprechend.

[20] Für die Mannheimer Befragung übernommen von Otte (2005(b)), S. 456.

Ähnliche Muster in den Antwortverteilungen finden sich auch für die anderen Vorgaben zum Ausstattungsniveau. Besonders eindrücklich zeigt sich dies bei den maximalen Ausgaben, die für einen Restaurantbesuch pro Person veranschlagt werden. Weit mehr als die Hälfte, nämlich 58 % der Evangelischen in Großstädten würden zumindest 30 Euro bis hin zu mehr als 50 Euro bezahlen im Vergleich zu 43 % in der Mannheimer Untersuchung. Zwar ist hier die Umstellung auf den Euro im Jahr 2002 mit den nachfolgenden Preisanstiegen insbesondere in der Gastronomie zu bedenken. Dennoch kann dieses Ergebnis nicht gerade als Ausweis der schon sprichwörtlichen protestantischen Sparsamkeit verstanden werden.

Diese – noch etwas groben – Vergleiche deuten auf zweierlei hin: In ihren Lebensgewohnheiten unterscheiden sich die Evangelischen im ländlichen oder kleinstädtischen „Milieu“ offensichtlich doch noch von denen in der Großstadt – trotz der gewachsenen Mobilität. Zum anderen scheinen Letztere ein eher gehobenes Ausstattungsniveau zu pflegen (vgl. auch 3.3.5).

3.2.2 Modernität bzw. biografische Perspektive

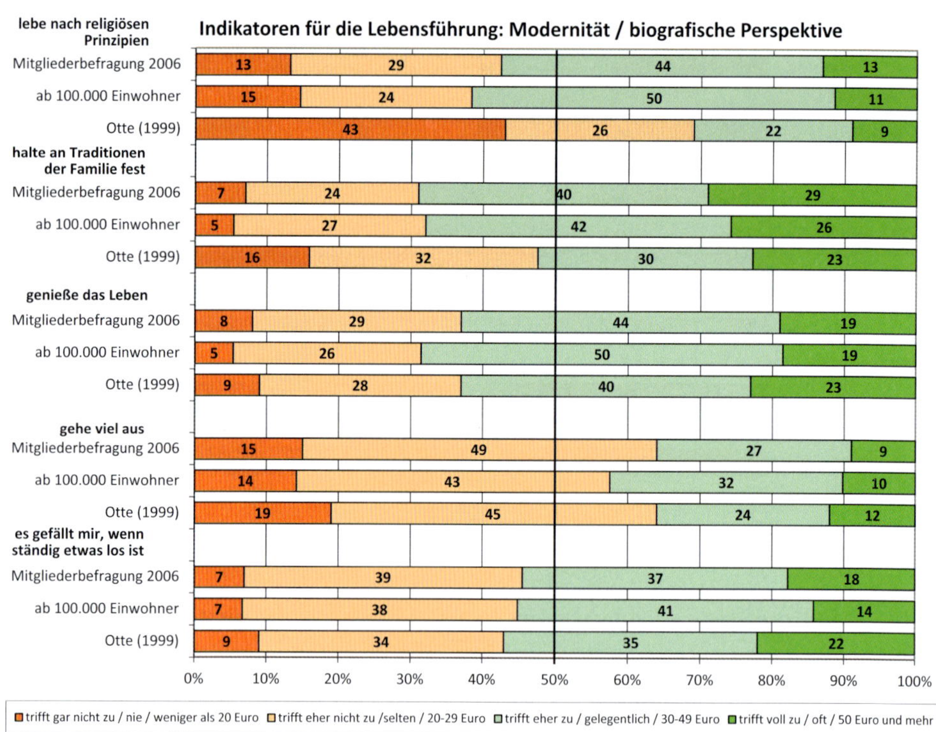

Die Ergebnisse zu den Indikatoren für Modernität bzw. die biografische Perspektive zeigen vor allem in einer – und zwar aus kirchlicher Sicht zentralen – Hinsicht eine im

Vergleich zur Mannheimer Untersuchung andere Haltung der Evangelischen: Sie orientieren sich in einer klaren Mehrheit an religiösen Prinzipien (57 % / 61 %), während die Befragten in Mannheim nur zu 31 % bestätigen, dieser religiösen Orientierung zu folgen. In den Antwortverteilungen wird geradezu ein Kontrast sichtbar.

Auch alte Traditionen der Familie treffen bei den Evangelischen auf erheblich größere Zustimmung (69 % / 68 %; Mannheim: 53 %). Jedoch sind die Unterschiede bei weitem nicht so stark ausgeprägt.

Gleichzeitig sind die Evangelischen aber auch bei den Vorgaben, die eine eher hedonistische Orientierung kennzeichnen, keineswegs zurückhaltender als die Befragten der Mannheimer Untersuchung.

Nach Otte[21] sind Religion und Familie Indikatoren zur Erfassung der Traditionalität der Lebensführung, die im Kontrast zu Selbstentfaltung, Hedonismus und Actionorientierung als Ausdruck für Modernität bzw. eine biografisch offene Perspektive stehen. Für die Evangelischen in ihrer Gesamtheit scheint sich diese Relation jedoch nicht zu bestätigen. Prüft man die Zusammenhänge zwischen den Indikatoren zur Lebensführung, so zeigt sich keineswegs, dass die traditionalen Orientierungen den modernen entgegenstehen. Sie haben schlicht nichts miteinander zu tun (vgl. Anhang C: Korrelationen zwischen den Indikatoren zur Lebensführung): Wenn also jemand bejaht, sein Leben in vollen Zügen zu genießen, so erlaubt dies – entgegen gängiger Zuschreibungsmuster – keine Schlussfolgerung darüber, ob er oder sie sich nach religiösen Prinzipien ausrichtet oder nicht.

Insbesondere für die religiöse Orientierung ergeben sich außerdem positive Beziehungen zum Ausstattungsniveau. Das gilt für die Pflege eines gehobenen Lebensstandards sowie für die hochkulturellen Tätigkeiten „Kunstausstellungen, Galerien besuchen“ und „Bücher lesen“: Menschen mit positiver Orientierung an religiösen Prinzipien pflegen eher als andere einen gehobenen Lebensstandard und gehen häufiger den genannten hochkulturellen Tätigkeiten nach.

Diese Zusammenhänge scheinen sich gut in das verbreitete (Selbst-)Zuschreibungsmuster der Protestanten als gehoben bürgerlich zu fügen. Allerdings darf dabei nicht vergessen werden, dass diese Zusammenhänge auch in der umgekehrten Richtung gelten: Wer eine Orientierung an religiösen Prinzipien für sich eher verneint, geht auch nur selten oder gar nicht diesen hochkulturellen Tätigkeiten nach. Und es sind immerhin 25 % der befragten evangelischen Kirchenmitglieder, die angeben, nur selten oder nie ein Buch zur Hand zu nehmen, und sogar 72 %, die selten oder nie eine Kunstausstellung bzw. Galerie besuchen.

21 Vgl. Otte (2005 (b)), S. 456f.

3.3 Lebensführung und Sozialstruktur

In der Milieu- bzw. Lebensstilforschung wird häufig eine im Vergleich zu objektiven Strukturmerkmalen wie Alter, Bildungsstand, Einkommen und Geschlecht größere Relevanz der subjektiv gelebten Lebensstile für die Erklärung soziokultureller Unterschiede in der Gesellschaft postuliert. Gleichwohl finden insbesondere die Merkmale Alter und Bildung (und Einkommen) Eingang in die empirischen Analysen (bei Schulze werden sie sogar zum operationalen Gerüst für den zweidimensionalen Raum zur Milieudifferenzierung der Gesellschaft), ohne dass ihrem Erklärungsbeitrag genauer nachgegangen würde.[22]

Genau dieser Weg soll hier beschritten werden: Zunächst werden die Ergebnisse für die Indikatoren zur Lebensführung nach soziodemografischen Merkmalen aufgegliedert. Schon darüber lässt sich erkennen, dass die objektiven Strukturmerkmale – jedenfalls zum Teil – in ganz erheblichem Maß zu veranschlagen sind, wenn es um die hier berücksichtigten Aspekte zur Lebensführung geht. Anschließend wird der Frage nachgegangen, ob und in welchem Maß diese Merkmale für die Lebensführung relevant sind.

3.3.1 Alterszugehörigkeit

Beim Ausstattungsniveau weisen die Antwortvorgaben „Ich pflege einen gehobenen Lebensstandard" und „überregionale Tageszeitung lesen" noch die geringsten Unterschiede zwischen den Altersgruppen auf. Hier sind es jeweils ausschließlich die Jüngsten (16 bis 19 Jahre), die sich signifikant vom Durchschnitt abheben, und zwar in positiver Richtung: Erstaunlicherweise attestieren sie sich eher einen gehobenen Lebensstandard und lesen häufiger eine überregionale Tageszeitung als alle anderen Altersgruppen.

Für den Besuch von Kunstausstellungen bzw. Galerien und auch für das Bücherlesen erkennt man hingegen schon eine deutliche Spreizung der Mittelwerte. Hier sind es die Altersgruppen der 50- bis 69-Jährigen, die am häufigsten diesen (hoch-)kulturellen Betätigungen nachgehen. Möglicherweise hängt dies mit größeren Freiräumen in diesem Lebensabschnitt zusammen, da in der Regel Aufbau der beruflichen Existenz und Familienphase abgeschlossen sind, ohne dass bereits altersbedingte Einschränkungen diese Aktivitäten behindern. Für einen Restaurantbesuch geben die mittleren Altersgruppen – die so genannten Kinder der Wirtschaftswunderjahre und danach die der ‚Wohlstandsgesellschaft' – den höchsten Betrag pro Person aus, während die mindestens 70-Jährigen weit unter dem Gesamtdurchschnitt liegen.

[22] Vgl. hierzu die kritische Zusammenschau von Otte (2005(a)), S. 1–31.

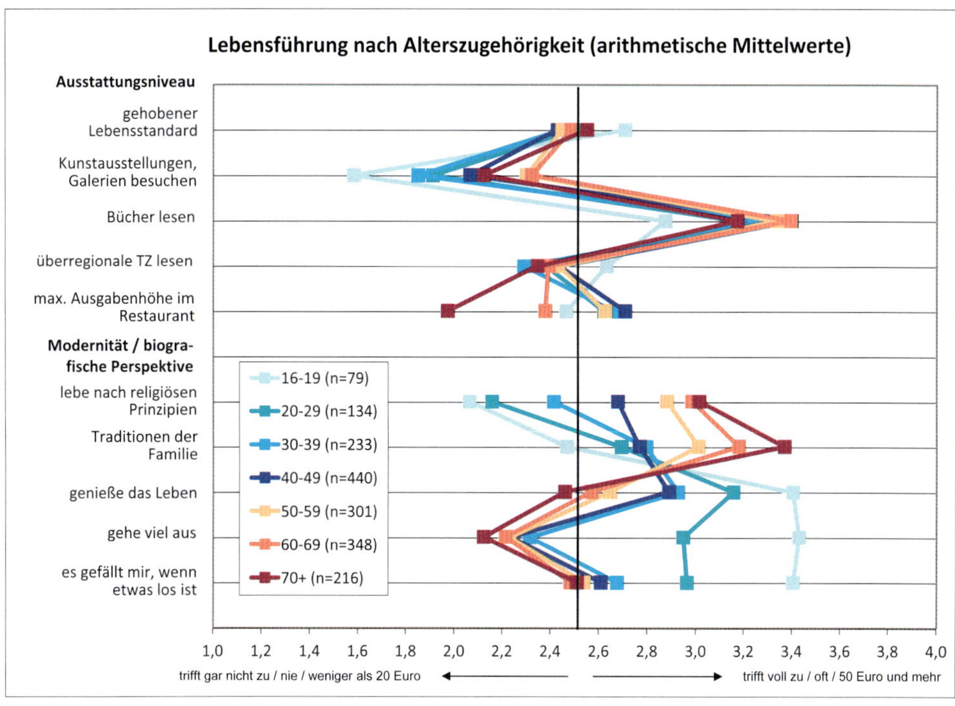

Bei den Ergebnissen für die Indikatoren zur Modernität bzw. biografischen Perspektive fällt auf, dass ein Kontrast zwischen Traditionalität der Lebensführung und Selbstentfaltung, Hedonismus und Actionorientierung unter den Evangelischen sichtbar wird, wenn das Lebensalter Berücksichtigung findet. Man kann sogar weitergehend sagen, dass mit höherem Lebensalter die Orientierung an religiösen Prinzipien und alten Familientraditionen stärker ausfällt, während vor allem das Ausgehen, aber auch der Lebensgenuss weniger Zuspruch finden.

Besondere Beachtung verdient die Verteilung der Werte zu den traditionalen Orientierungen: Insbesondere die 16 bis 19-Jährigen mögen sich (eher) nicht danach ausrichten. Doch liegt der Mittelwert ihrer Voten zur Familientradition nur knapp unterhalb der Skalenmitte, während bei der religiösen Orientierung ihre klar überwiegende Ablehnung zu erkennen ist: In der prozentualen Antwortverteilung zeigt sich, dass diese Altersgruppe mit 48 % zu immerhin fast der Hälfte eher bzw. völlig positiv zu Familientraditionen steht, während sie nur zu 25 % religiöse Prinzipien im eigenen Leben entsprechend verankert sieht. Die 40- bis 49-Jährigen sind dann die ‚jüngste' Altersgruppe, in der die Zustimmung bei beiden dieser traditionalen Orientierungen überwiegt.

Dies könnte ein Hinweis auf erste Risse in der vielfach nachgewiesenen Kopplung dieser traditionalen Orientierungen sein. Bisher galt, dass eine traditionale Familienorientierung auch kirchlich-religiöse (Verhaltens-)Normen umfasste. Zudem war mit der Phase der Familiengründung (30- bis 39-Jährige) ein (Wieder-)Erstarken kirchlich-religiöser Bindungen festzustellen.[23] Es ist nicht auszuschließen, dass die Jüngeren zunehmend ein neues, positives Verständnis von „Familientradition“ entwickeln und an die nächste Generation weitergeben, das ohne den Bezug auf die kirchlich-religiöse Dimension auskommt. Dies hätte erhebliche Folgen für diesen nach wie vor wichtigsten kirchlichen Anknüpfungspunkt. Für eine Klärung müsste längerfristig beobachtet werden, ob das Zustimmungsniveau zu diesen traditionalen Orientierungen unter Berücksichtigung der Alterszugehörigkeit weiter auseinanderdriftet oder nicht.

3.3.2 Bildungsstand

Die Grafik zur Aufgliederung der Ergebnisse nach dem Bildungsstand der Befragten zeichnet für Ausstattungsniveau und Modernität bzw. biografische Perspektive völlig unterschiedliche Figuren:

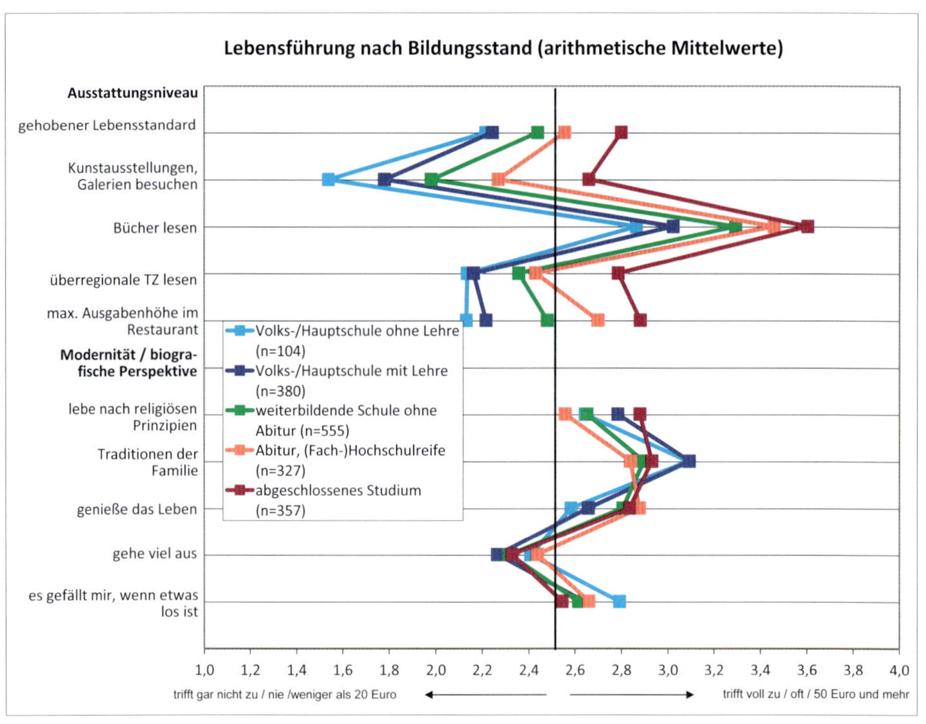

Beim Ausstattungsniveau lässt sich eine breite Spreizung der Mittelwerte erkennen, wobei durchgehend mit höherem formalem Bildungstand auch die Werte für die entsprechenden Indikatoren steigen. Für den Besuch von Kunstausstellungen bzw. Gale-

[23] Vgl. hierzu u. a. Engelhardt/von Loewenich/Steinacker (1997), S. 67ff.; zusammenfassend S. 145.

rien, das Lesen überregionaler Tageszeitungen und auch die Pflege eines gehobenen Lebensstandards liegen die Durchschnittswerte der akademisch Gebildeten besonders weit über denen der anderen Bildungsgruppen im positiven Bereich der Skala. Dies unterstreicht ihre im Vergleich außerordentlich enge Bindung an hochkulturelle Gepflogenheiten. Insgesamt scheint dem formalen Bildungsstand auch gegenwärtig eine erhebliche Bedeutung im Blick auf Statusunterschiede, also die vertikale Gliederung der Gesellschaft zuzukommen (vgl. auch Kap. 3.4).

Für die Modernität bzw. biografische Perspektive hingegen liegen die Mittelwerte vergleichsweise eng beieinander. Außerdem befinden sie sich – abgesehen von der Vorgabe „Ich gehe viel aus" – durchgehend im positiven Bereich der Skala. Im Durchschnitt treffen diese Antwortvorgaben also in allen Bildungsgruppen (eher) auf Zustimmung. Das gilt für die traditionalen wie die ‚hedonistischen' Orientierungen.

Gleichwohl unterscheiden sich die formal höher Gebildeten von den anderen in ihrer positiven Sicht zu alten Familientraditionen und zum Lebensgenuss – jedenfalls graduell: Sie liegen mit ihrer Orientierung an alten Familientraditionen deutlich unter den Werten der Volks- bzw. Hauptschulabsolventen, während sie beim Lebensgenuss höher votieren als letztere. Sicherlich wird zu diesem Ergebnis beitragen, dass die jüngeren Altersgruppen unter den höher Gebildeten stärker vertreten sind – ein Effekt des im letzten Jahrhundert stark gestiegenen Bildungsniveaus unserer Gesellschaft. Es verweist aber auch auf die in anderen Untersuchungen immer wieder herausgearbeitete stärkere Orientierung der geringer Gebildeten an so genannten Ordnungsstrukturen.

Dies gilt jedoch nicht (mehr) so eindeutig für die religiöse Orientierung unter den Evangelischen: Hier fällt nämlich der Durchschnittswert der akademisch Gebildeten am höchsten aus, ‚obwohl' in der Aussage „Ich lebe nach religiösen Prinzipien" der Ordnungsaspekt stark hervorgehoben ist. Nun könnte man an dieser Stelle darüber spekulieren, dass diese Bildungsgruppe eben als Trendsetter für die viel zitierte „Wiederkehr des Religiösen" anzusehen sei. Allerdings setzt die Feststellung eines Trends die längerfristige Beobachtung einer Entwicklung voraus, die erst noch zu leisten wäre.

Schließlich sei an dieser Stelle noch darauf hingewiesen, dass der Bildungsstand sehr hoch mit dem Einkommen korreliert[24], weshalb auf eine eigene Darstellung der nach dem Einkommen aufgegliederten Ergebnisse verzichtet wird. Erwähnung bedarf jedoch der einzig auffällige und dabei sehr markante Unterschied zu den eben behandelten Ergebnissen: Für die Orientierung an religiösen Prinzipien, die insgesamt den eher positiven Durchschnittswert von 2,7 ergibt, lässt sich keine Differenz der Voten zwischen den Einkommensgruppen nachweisen: Die materiellen Ressourcen als Bestimmungsfaktor der sozialen Lage spielen offensichtlich keine Rolle dafür, ob man sich selbst als religiös orientiert einstuft oder nicht (vgl. hierzu Kap. 3.4).

[24] Es ergibt sich ein hoch signifikanter Korrelationskoeffizient (nach Pearson) von 0,421 bei sehr ähnlichem Zustimmungsniveau.

3.3.3 Geschlechtszugehörigkeit

Verglichen mit den bisher behandelten Ergebnissen fallen die geschlechtspezifischen Unterschiede zu den Indikatoren für das Ausstattungsniveau recht moderat aus – abgesehen vom Bücherlesen: Hier sind Frauen die auffallend Aktiveren. Dies gilt zwar auch für Kunstausstellungs- und Galeriebesuche, allerdings in weitaus geringerem Maß.

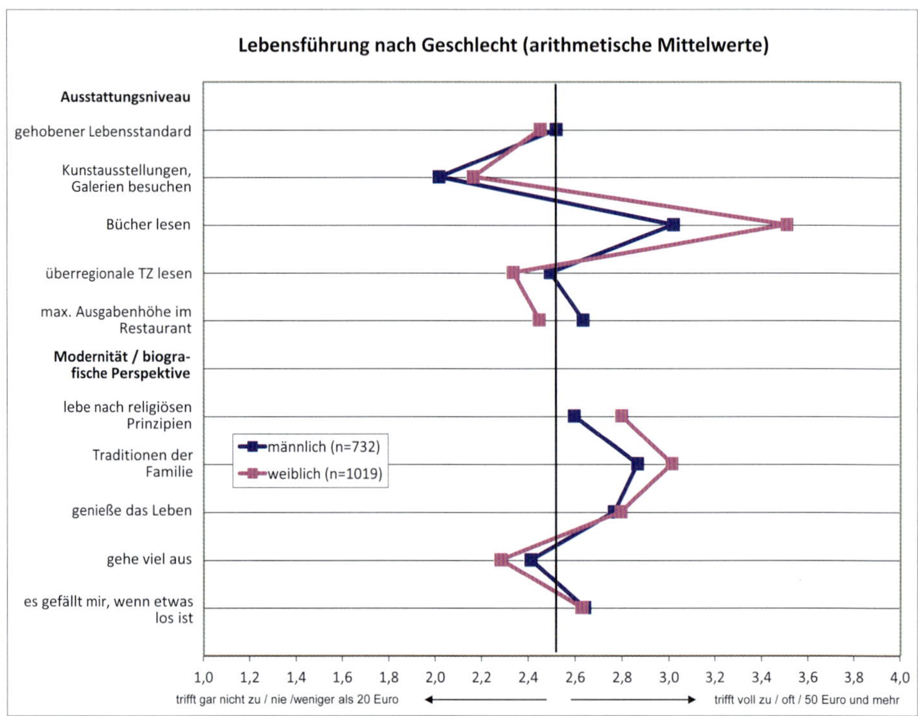

Insgesamt sind Frauen im Vergleich zu Männern die an (hoch-)kulturellen Betätigungen Interessierteren.[25] Umgekehrt sind Männer aktiver, wenn es um die Lektüre überregionaler Tageszeitungen geht, und sie veranschlagen höhere Ausgaben für einen Restaurantbesuch. Diese Ergebnisse erinnern durchaus an alte Geschlechtsrollenklischees.

Diese Assoziation stellt sich ebenfalls ein, wenn man die Ergebnisse zu den Orientierungen an Religion und Familie betrachtet, bei denen Frauen positiver votieren als Männer.

Nur beim Lebensgenuss und der Actionorientierung („Es gefällt mir, wenn ständig etwas los ist") sind die durchschnittlichen Antworten praktisch deckungsgleich.

---

[25] Ein sehr ähnliches Ergebnis erbrachte auch die Bevölkerungsumfrage zum DEKT 2005 in Hannover, vgl. Ahrens (2006 (b)), S. 26 und dortiger Anhang, S. 15.

3.3.4 Elternschaft

Für das Ausstattungsniveau scheint die Erfahrung eigener Elternschaft kaum eine Rolle zu spielen. Jedenfalls weichen die Befragten mit Kind(ern) in ihren Werten nur wenig von denen ab, die keine Eltern sind. Allenfalls bei den Ausgaben im Restaurant lässt sich ein Unterschied erkennen: Hier veranschlagen Befragte ohne Kinder etwas höhere Beträge.

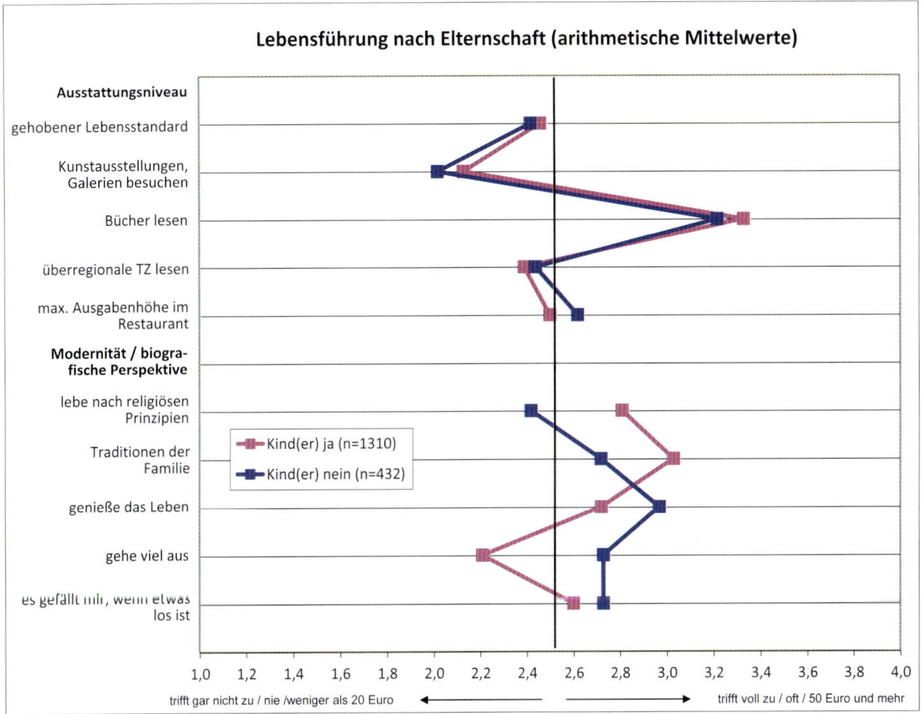

Allerdings gilt es zu bedenken, dass nicht die konkrete Lebenssituation (z. B. im Haushalt lebende Kinder unter 18 Jahren) nachgefragt wurde. Und es ist davon auszugehen, dass diese, schon wegen der zeitlichen Ressourcen, von erheblicher Bedeutung allein für die Umsetzungsmöglichkeit der hier aufgeführten Aktivitäten ist: Wenn Kinder zu versorgen sind, bleibt für anderes schlichtweg weniger Raum. Auf der gegebenen Datenbasis kann diesem Zusammenhang jedoch nicht nachgegangen werden.

Bei den Indikatoren für Modernität bzw. die biografische Perspektive hingegen sind beachtliche Abweichungen zu erkennen. Für die Orientierung an religiösen Prinzipien und das Ausgehen kann man sogar von Kontrasten sprechen, d. h, was die einen als zutreffend einstufen, lehnen die anderen (eher) ab. Insgesamt lässt die Differenzierung nach Erfahrung von Elternschaft klare Unterschiede zwischen Traditionalität der Lebensführung auf der einen und Selbstentfaltung, Hedonismus und Actionorientierung auf der anderen Seite hervortreten: Eltern orientieren sich erheblich stärker an religiösen Prinzipien und alten Familientraditionen als die Befragten ohne Kinder, während sie den anderen Vorgaben weniger zustimmen. Für diese Orientierungen in der Lebensführung scheint der Erfahrungshintergrund eigener Elternschaft auch ohne die Berücksichtigung der konkreten Lebenssituation eine wichtige Rolle zu spielen (vgl. dazu Kap. 3.4).

3.3.5 Ortsgröße

Die Evangelischen unterscheiden sich in ihrem Ausstattungsniveau danach, ob sie in kleineren oder größeren Orten bzw. Städten leben. Einzige Ausnahme ist die Pflege eines gehobenen Lebensstandards.

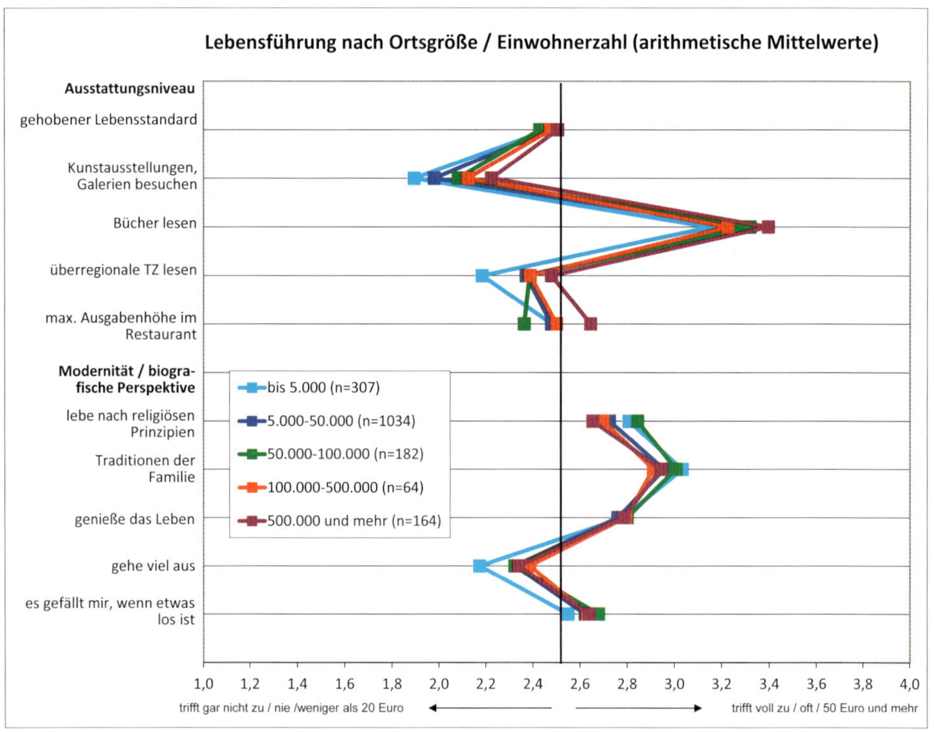

Mit der Größe des Wohnortes wächst – zumindest tendenziell – auch das Ausstattungsniveau. Damit bestätigt sich in der genaueren Differenzierung, dass insbesondere die (hoch-)kulturellen Betätigungen in größeren Orten eher bzw. noch deutlicher auf Zuspruch treffen. Und dies gilt eben nicht nur beim Kunstausstellungs- und Galeriebesuch, für dessen Häufigkeit nicht zuletzt das breitere Angebot in größeren Orten eine Rolle spielen kann, sondern auch bei den anderen hier genannten Aktivitäten. In den

Ergebnissen scheinen sich also tatsächlich die ‚gehobeneren' (kulturellen) Ansprüche der Evangelischen, die in größeren Städten leben, niederzuschlagen.

Bei den Indikatoren zur Modernität bzw. biografischen Perspektive lassen sich indessen nur wenig Anhaltspunkte für die geläufige Gegenüberstellung des so genannten Landlebens mit enger Bindung an traditionale Orientierungen zum modernen Leben in der (Groß-)Stadt finden. Zwar fallen die Voten der evangelischen Großstadtbewohner (ab 100 000 Einwohner) zur Orientierung an religiösen Prinzipien etwas verhaltener aus, als dies bei den anderen Befragtengruppen der Fall ist. Jedoch ist der Abstand der Werte sehr gering. Die Werte zur Familientradition liegen noch enger beieinander.

Bei der Actionorientierung und noch viel auffälliger beim „Ausgehen" zeigt sich allerdings eine nachweisbare Differenz: Dorfbewohner (in Orten bis zu 5.000 Einwohnern) votieren hier zurückhaltender als alle anderen.

Im Gesamtblick gewinnt man den Eindruck, dass sich Stadt-Land-Unterschiede vor allem bei jenen Indikatoren zur Lebensführung bemerkbar machen, die auf konkrete Aktivitäten ausgerichtet sind, während die subjektiven Bewertungen der eigenen Lebensführung, wie gehobener Lebensstandard, Lebensgenuss, sowie die traditionalen Orientierungen nicht bzw. deutlich weniger voneinander abweichen.

3.4 *Die Bedeutung sozialstruktureller Aspekte für die Lebensführung*

Mit den bisherigen Ergebnissen konnte gezeigt werden, dass die Berücksichtigung verschiedener einzelner Aspekte der Sozialstruktur zum Teil ganz erhebliche Unterschiede in der Einstufung der Indikatoren zur Lebensführung sichtbar werden lässt. In ganz besonderer Weise gilt dies insgesamt für das Lebensalter sowie beim Ausstattungsniveau für den formalen Bildungsstand. Zum Teil werden aber auch kaum oder keine Differenzen in der Lebensführung sichtbar, wie es z. B. bei den nach Elternschaft aufgegliederten Ergebnissen zum Ausstattungsniveau der Fall ist.

Nun erlauben solchermaßen herausgearbeitete Unterschiede kein Urteil darüber, ob sie auch tatsächlich auf den jeweils berücksichtigten Aspekt zurückzuführen sind. So könnte z. B. die größere Zurückhaltung von Dorfbewohnern bei den abgefragten Aktivitäten darin begründet sein, dass sie überwiegend der älteren Generation angehören und (schon deshalb) über einen geringeren formalen Bildungsstand verfügen. Die geschlechtspezifischen Unterschiede bei den traditionalen Orientierungen könnten sich gewissermaßen in Luft auflösen, wenn berücksichtigt wird, dass Frauen in den jüngeren Generationen höhere Bildungsabschlüsse und seltener Kinder haben als in den älteren.

Im Folgenden wird deshalb der Frage nachgegangen, welche Relevanz den verschiedenen soziodemografischen Merkmalen für die jeweiligen Indikatoren zur Lebensführung zukommt. Für jeden Indikator wird getestet, welches relative Gewicht (BETA-Werte) jedem einzelnen dieser Merkmale beizumessen ist, und zwar unter gleichzeitiger Kontrolle der anderen. Der gesamte Erklärungswert (R^2) aller berücksichtigten Merkmale für den jeweiligen Indikator kann wie ein prozentualer Anteil (z. B.: 0,3 = 30 %) interpretiert werden.

Multiple Regressionsanalysen (BETA-Werte) **für die Indikatoren zur Lebensführung** (n ≥ 1.436)										
	Ausstattungsniveau					Modernität/biografische Perspektive				
	gehobener Lebens-standard	Kunstaus-stellungen, Galerien	Bücher lesen	überregio-nale TZ	Restaurant-ausgaben	religiöse Prinzipien	Familien-tradition	Lebens-genuss	Ausgehen	Action
Alter	0,065	**0,253****	**0,095****	0,026	**-0,116****	**0,335****	**0,267****	**-0,272****	**-0,205****	**-0,234****
Bildung	**0,123****	**0,326****	**0,258****	**0,138****	**0,092***	**0,121****	-0,029	0,020	**-0,073***	**-0,098***
Geschlecht	0,002	**0,096****	**0,293****	-0,048	-0,039	**0,091****	0,052	0,052	-0,024	-0,004
Kind	**-0,108****	-0,065	-0,031	-0,033	-0,038	0,047	0,042	-0,018	**-0,193****	0,027
Einkommen	**0,317****	**0,103****	0,055	**0,118****	**0,312****	-0,014	0,004	**0,091**	**0,129****	0,020
Ortsgröße	0,035	**0,080***	0,034	0,037	**0,079***	**-0,084****	-0,039	0,022	0,003	0,035
R^2	0,151	0,199	0,159	0,055	0,167	0,150	0,093	0,091	0,124	0,054

**p ≤ 0,0001; *p ≤ 0,001; Dummy-Variablen: Geschlecht: 0=männlich, 1=weiblich; Kind(er): 0=nein, 1=ja

Für die Mehrzahl der Indikatoren leisten die soziodemografischen Merkmale einen beachtlichen Erklärungsbeitrag (R^2)[26], insbesondere für den Besuch von Kunstausstellungen bzw. Galerien. Für die Orientierung an alten Familientraditionen, Lebensgenuss, Actionorientierung und das Lesen überregionaler Tageszeitungen spielen sie jedoch kaum eine Rolle.

Die Ergebnisse zum Ausstattungsniveau im Einzelnen:

1. *Gehobener Lebensstandard*
   Tatsächlich leisten altbekannte Kriterien der Sozialstrukturanalyse für die vertikale Gliederung der Gesellschaft einen wichtigen Erklärungsbeitrag für diese subjektive Selbsteinstufung: Die Befragten beurteilen ihren eigenen Lebensstandard eher als gehoben, wenn sie selbst einen höheren formalen Bildungsabschluss erreicht, keine Kinder haben und, allem voran, über ein höheres Einkommen (Haushalts-Nettoeinkommen) verfügen. Lebensalter, Geschlecht und die Größe des eigenen Wohnortes hingegen spielen keine Rolle dafür, ob man sich selbst einen gehobenen Lebensstandard zuschreibt oder nicht.

2. *Kunstausstellungen, Galerien besuchen*
   Abgesehen von der Elternschaft sind alle soziodemografischen Merkmale zu veranschlagen, wenn es um die Häufigkeit dieser hochkulturellen Betätigung geht – dies allerdings in sehr unterschiedlichem Maß. Die mit Abstand größte Bedeutung kommt dem Bildungsabschluss als Statuskennzeichen zu. Das Einkommen als des-

[26] Dabei ist zu beachten, dass die Relevanz soziodemografischer, also so genannter harter Merkmale in solchen Befragungen insgesamt eher niedrig veranschlagt werden muss, wenn es um die Erklärung von Einstellungsfragen und Verhaltensorientierungen, also so genannter weicher Merkmale geht.

sen materieller Aspekt ist im Vergleich dazu zwar deutlich weniger wichtig, bleibt jedoch als eigenständiger Faktor erhalten. Auffallend ist der ausgesprochen hohe Wert beim Alter: Offensichtlich kommt für die Frage, ob bzw. wie häufig man dem Interesse für bildende Kunst nachgeht, nicht nur dem Status, sondern auch dem Lebensalter eine erhebliche Relevanz zu. Auch die bereits oben dargestellten, nach Geschlechtszugehörigkeit und Ortsgröße differenzierten Ergebnisse lassen sich hier wieder erkennen: Frauen und Einwohner in größeren Orten besuchen etwas häufiger Kunstausstellungen bzw. Galerien.

3. *Bücher lesen*
Es ist schon erstaunlich, dass unter allen berücksichtigten soziodemografischen Merkmalen tatsächlich die Geschlechtszugehörigkeit, noch vor dem Bildungsabschluss, den größten Effekt hat: Frauen lesen häufiger Bücher als Männer, und dies gilt unabhängig von ihrer Bildung und ihrem Alter. Insgesamt befördert zwar beides – das Alter deutlich weniger – die Lesehäufigkeit. Auch Männer greifen häufiger zum Buch, wenn sie höher gebildet und etwas älter sind. Doch selbst dann sind sie weniger aktive Leser als Frauen.

4. *Überregionale Tageszeitungen lesen*
Erwartungsgemäß leisten auch hier Bildung und Einkommen einen Erklärungsbeitrag. Jedoch ist der Gesamteffekt zu gering, um den soziodemografischen Merkmalen überhaupt ein nennenswertes Gewicht bei der Lesehäufigkeit von überregionalen Tageszeitungen zusprechen zu können.

5. *Restaurantausgaben*
Es ist kaum verwunderlich, dass vor allem das Einkommen eine wichtige Größe ist, wenn es um die Höhe der maximalen Ausgaben beim Restaurantbesuch geht. Höhere Bildung spielt demgegenüber eine eher geringe Rolle.
Der negative Effekt des Alters lässt klar erkennen: Jüngere geben höhere Beträge pro Person im Restaurant aus als Ältere. Dies war schon in der durchschnittlichen Einstufung der Indikatoren nach Altersgruppen sichtbar. Hier zeigt sich nun darüber hinaus, dass die Wertschätzung des Restaurantbesuchs nicht nur als Frage des dafür nötigen materiellen Kapitals zu betrachten ist, sondern auch eine eigenständige sozial-kulturelle Komponente hat. Die jüngeren Altersgruppen veranschlagen – unabhängig von der Höhe des verfügbaren Einkommens – mehr Geld, um „einmal richtig gut essen (zu) gehen", im Zweifel also auch auf Kosten anderer ‚Vergnügungen'.
Schließlich bleibt, wie schon beim Besuch von Kunstausstellungen bzw. Galerien, eine – wenn auch nur geringe – Bedeutung der Ortsgröße sichtbar: Evangelische, die in größeren Orten leben, veranschlagen auch etwas mehr Geld für den Restaurantbesuch.

Im Gesamtblick zeigt sich, dass für die Einstufung der Indikatoren zum Ausstattungsniveau nahezu durchgehend der formale Bildungsabschluss und/oder die Einkommenshöhe als äußere Statuskennzeichen besonders hohe Erklärungsbeiträge leisten. Allerdings kommt darüber hinaus zum Teil das Lebensalter ins Spiel, das als soziodemografische Variable eigentlich der Dimension Modernität bzw. biografische Perspektive zuzuordnen ist.

Die dort erreichten Werte weisen dem Alter die tragende Rolle für die Einstufung der Indikatoren dieser Dimension zu. Allerdings ist der Erklärungsbeitrag, den die berücksichtigten soziodemografischen Merkmale insgesamt für die Einstufung dieser Indikatoren leisten, nur bei der Orientierung an religiösen Prinzipien und dem „Ausgehen" bemerkenswert, auf deren Ergebnisse nun eingegangen wird.

1. *Religiöse Prinzipien*

   Zu den gemeinhin bekannten Ergebnissen der Kirchensoziologie zählen der so genannte Alters- und der Bildungseffekt: Je höher die Altersgruppe, desto enger die kirchlich-religiöse Bindung, je höher der formale Bildungsabschluss, desto geringer die kirchlich-religiöse Bindung. Diese Ergebnisse waren in den siebziger Jahren wesentliche Aspekte für das Erkennen eines „Bildungsdilemmas"[27] der Kirche: Eine bewusst angeeignete und bejahte, nicht nur über Tradition gewissermaßen vererbte Kirchenzugehörigkeit bedarf der (individuellen) Bildung. Gleichzeitig aber war gerade das Gegenteil, eine mit höherer Bildung wachsende, bewusste Distanzierung von der Kirche festzustellen. Angesichts der Bildungsexpansion in der zweiten Hälfte des letzten Jahrhunderts musste mit einer Verschärfung dieses Problems in den nachfolgenden Generationen gerechnet werden: Auch heute noch gilt für Westdeutschland, dass Konfessionslose deutlich jünger und höher gebildet sind (mindestens Abitur: 51 %) als Evangelische (mindestens Abitur: 44 %).[28]

   Die hier durchgeführte Analyse bestätigt einmal mehr, dass die Alterszugehörigkeit als bedeutende Größe für die religiöse Orientierung zu betrachten ist. Der durchaus bemerkenswerte Erklärungsbeitrag des formalen Bildungsabschlusses zeigt jedoch einen im Vergleich zu früheren Untersuchungen genau umgekehrten Effekt: Höhere Bildung geht mit einer stärkeren Orientierung an religiösen Prinzipien einher. Darüber hinaus ist diese Orientierung auch bei den formal hoch Gebildeten eng an die Verbundenheit mit der eigenen Kirchengemeinde gekoppelt.[29]

   Zeichnet sich hier also eine „Wiederkehr des Religiösen" ab, von der auch die Kirche profitiert? Diese Frage kann anhand vorliegender Daten nicht geklärt werden. Denn man könnte auch argumentieren, dass heute verstärkt diejenigen unter den hoch gebildeten Kirchenmitgliedern zu finden sind, die sich bewusst für ihre Mitgliedschaft

[27] Vgl. hierzu auch Schloz (1990).

[28] Eigene Berechnungen aus der Bevölkerungsumfrage zum DEKT 2005.

[29] Korrelationskoeffizient (nach Pearson) für Befragte, mit (Fach-)Hochschulreife bzw. -abschluss = 0,420**.

entschieden haben[30], während die Distanzierteren nur noch unterproportional vertreten sind. Damit wären die negativen Folgen des Bildungsdilemmas zum Tragen gekommen.
Schließlich tragen die Merkmale Geschlechtszugehörigkeit und Ortsgröße – jedoch deutlich weniger als Alterszugehörigkeit und Bildungsabschluss – zur Einstufung dieses Indikators bei: Unter Kontrolle der anderen soziodemografischen Merkmale zeigt sich, dass sich Frauen sowie Befragte in kleineren Wohnorten auch heute noch etwas stärker an religiösen Prinzipien orientieren.

2. *Ausgehen*
Das Ausgehen genießt in den jüngeren Altersgruppen – wie auch der Lebensgenuss und die Actionorientierung – eine weitaus größere Attraktivität als in den älteren. Damit bestätigt sich die aus anderen Untersuchungen bekannte stärker auf Selbstentfaltung ausgerichtete und eher hedonistisch geprägte Lebensauffassung der jüngeren Menschen für die Evangelischen.
Interessanterweise ist das Ausgehen der einzige unter den Indikatoren zur Lebensführung, bei dem Bildungsabschluss und Einkommen als Statuskennzeichen eher gegenteilige Wirkungen haben: Geringer Gebildete gehen nach eigener Einschätzung etwas häufiger aus als höher Gebildete. Gleichzeitig steigt die Häufigkeit des Ausgehens mit wachsendem Einkommen.
Nahe liegend ist, dass für die Elternschaft hier ein negativer Effekt angezeigt wird: Befragte ohne Kinder gehen häufiger aus als Eltern. Gleichwohl bleibt das relativ hohe Gewicht, das der Elternschaft dabei zukommt, bemerkenswert, zumal ja nicht die konkrete Lebenssituation, wie z. B. die Betreuung kleiner Kinder abgefragt war.

3.5 *Vorlieben für Musikrichtungen*

Könnte es sein, dass Evangelische sich in ihren musikalischen Präferenzen von der Gesamtheit der Bevölkerung unterscheiden? Diese zunächst etwas eigenwillig anmutende Frage hat durchaus ihren realen Hintergrund, wenn man bedenkt, dass Vorlieben für Musikrichtungen milieuspezifisch variieren. Hinzu kommt die besondere Bindung, die Protestantismus und Musik über die musikalischen Entwicklungen nach der Reformation eingegangen sind – man denke nur an den breiten Raum, den Werke von Bach in der Kirchenmusik einnehmen.

---

[30] In der Bevölkerungsumfrage zum DEKT 2005 zeigt sich für Westdeutschland ein leicht negativer Effekt für die religiöse Selbsteinschätzung. Das heißt, wenn Konfessionslose in die Analyse einbezogen werden, ergibt sich mit zunehmendem Bildungsstand eine leicht abnehmende religiöse Selbsteinstufung. Unter den evangelischen Befragten spielt dort der Bildungsstand keine Rolle für die religiöse Selbsteinstufung.

Der im Folgenden dargestellte Vergleich der Musikvorlieben zwischen Evangelischen im Gebiet der Hannoverschen Landeskirche und der deutschsprachigen Bevölkerung in Westdeutschland[31] bringt denn auch einige Auffälligkeiten zum Vorschein.

In der Grafik ist die ‚Sortierung' der verschiedenen Musikvorlieben aus einer Faktorenanalyse (vgl. Anhang C: Faktorenanalyse Musikvorlieben) für die Mitgliederbefragung 2006 wiedergegeben, an der man erkennen kann, welche musikalischen Richtungen aus Sicht der Befragten gewissermaßen zusammengehören. Dabei zeigt sich im ersten und im zweiten Block der Vorgaben (Faktoren) jeweils eine Gegenläufigkeit: Diejenigen, die Rock- und Popmusik mögen, hören keine Volkslieder bzw. Volksmusik – in umgekehrter Richtung mögen die Liebhaber von Volksliedern bzw. Volksmusik keine Rock- oder Popmusik (in der Grafik ist dieser Effekt durch den Zusatz „negativ" markiert). Entsprechendes gilt auch im zweiten Block (Faktor) der Musikvorlieben in Bezug auf „Techno, House, Lounge" und die anderen dort vertretenen Vorgaben.

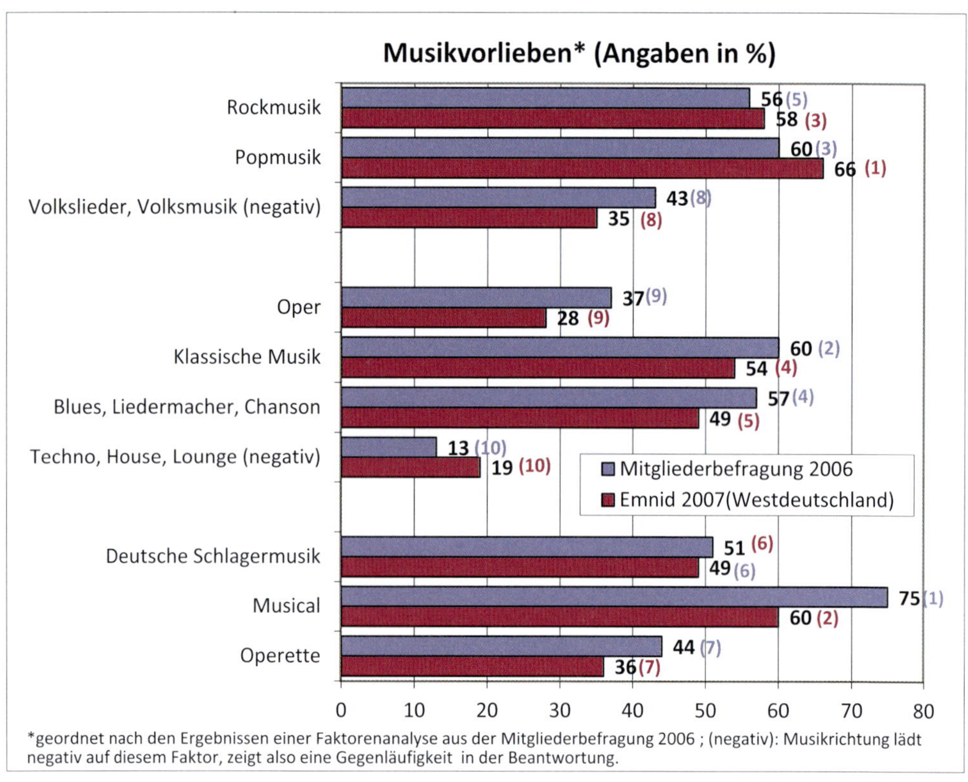

*geordnet nach den Ergebnissen einer Faktorenanalyse aus der Mitgliederbefragung 2006 ; (negativ): Musikrichtung lädt negativ auf diesem Faktor, zeigt also eine Gegenläufigkeit in der Beantwortung.

31 An dieser Stelle gilt unser herzlicher Dank Herrn Oliver Krieg (TNS-Emnid), der uns die Daten aus einer Mehrthemenumfrage vom Februar 2007 zur Verfügung gestellt hat. Die hier verwendete Basis sind 801 deutschsprachige Befragte in Westdeutschland ab 16 Jahren.

Das Musical genießt unter den Evangelischen mit Abstand den breitesten Zuspruch und zählt auch in der westdeutschen Bevölkerung zu den am meisten geschätzten Genres.

Eine etwas geringere Attraktivität als in der Bevölkerung scheinen gerade jene Musikrichtungen auf auszustrahlen, die den ‚moderneren' Genres zuzurechnen sind: Pop, Rock und vor allem Techno, House, Lounge. Umgekehrt liegen die Anteile der Evangelischen speziell bei Oper, aber auch bei klassischer Musik, Blues, Liedermacher, Chanson sowie bei Volksliedern bzw. Volksmusik und Operette über denen der Bevölkerung.

Auch im Vergleich der Rangfolgen (in Klammern gesetzte Ziffern) schlägt sich dieses Ergebnis nieder: Bei den Evangelischen rangiert die klassische Musik bereits auf dem zweiten Rang, in der westdeutschen Bevölkerung erst auf dem vierten. Pop- und Rockmusik belegen in der westdeutschen Bevölkerung die Plätze Eins und Drei, während sie bei den Evangelischen erst an dritter bzw. fünfter Stelle liegen.

Hier drängt sich die Schlussfolgerung, dass diese Unterschiede auf das höhere Durchschnittsalter der Evangelischen zurückzuführen sind, geradezu auf.

Die Gegenüberstellung der jeweiligen Altersdurchschnitte zeigt denn auch, dass die Musikrichtungen Rock, Pop und insbesondere Techno, House, Lounge eher von den Jüngeren genannt werden, während die Hörer der so genannten E-Musik, von Schlagern und noch deutlicher die Liebhaber von Volksliedern bzw. Volksmusik und Operetten vor allem unter den Älteren zu finden sind. Und dies gilt sowohl für die Evangelischen als auch in der westdeutschen Bevölkerung.

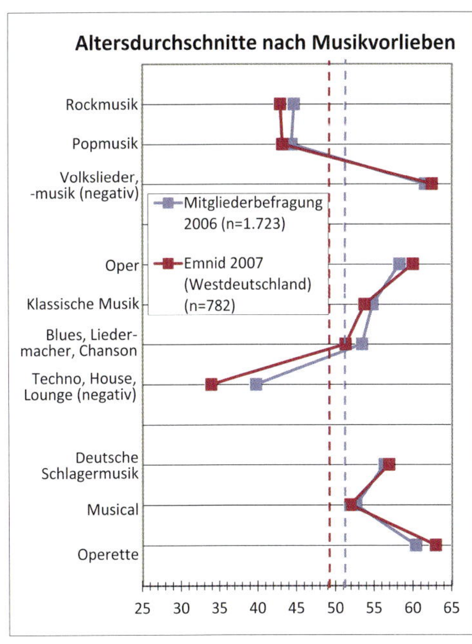

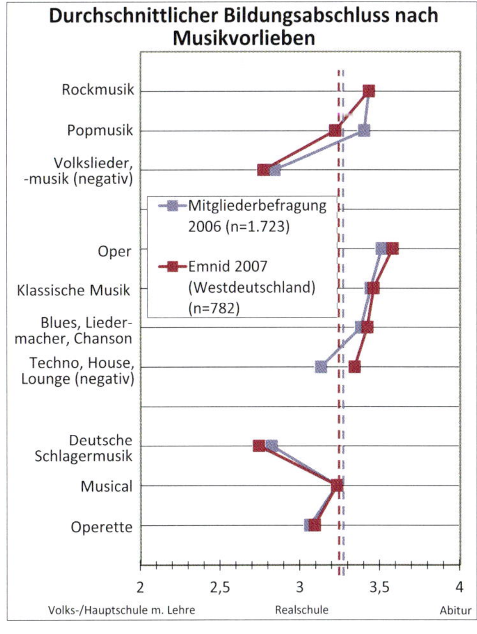

Bereits hier werden Assoziationen zur besonders anschaulichen Milieudifferenzierung nach Schulze wach: Die Oper ist leicht dem Niveaumilieu (älter) zuzuordnen, Blues und Liedermacher gehören zum Selbstverwirklichungsmilieu (jünger), Schlager und Volksmusik werden im Harmoniemilieu (älter) gehört, während Techno leicht mit dem Unterhaltungsmilieu (jünger) – als Gegenüber zum Niveaumilieu – kombiniert werden kann.

Der Vergleich der durchschnittlichen Bildungsabschlüsse für die jeweiligen Musikvorlieben untermauert dieses Bild weitgehend: Die Hörer von Blues und Liedermachern sowie Oper verfügen über einen überdurchschnittlichen Bildungsstand (Selbstverwirklichungs- und Niveaumilieu), während Schlager und Volkslieder bzw. Volksmusik (Harmoniemilieu) eine unterdurchschnittlich gebildete Hörerschaft haben. Lediglich die Vorgabe „Techno, House, Lounge" passt nicht so eindeutig zum geringer gebildeten Unterhaltungsmilieu: In der westdeutschen Bevölkerung ist hierfür sogar ein überdurchschnittlicher Bildungsstand zu verzeichnen.

Die im Gesamtblick durchaus von der Bevölkerung abweichende Sortierung der Musikvorlieben bei den Evangelischen scheint also tatsächlich mit ihrem höheren Durchschnittsalter zusammenzuhängen. Differenziert man die Ergebnisse nach Lebensalter, lässt sich nämlich eine weitgehende Übereinstimmung in der Präferenz für die jeweilige Musikrichtung mit der westdeutschen Bevölkerung beobachten. Letzteres gilt auch für den formalen Bildungsstand.

3.6 *Interesse an Fernsehsendungen*

Für den Vergleich der Fernsehinteressen wurden Daten der Allgemeinen Bevölkerungsumfrage der Sozialwissenschaften (ALLBUS) aus dem Jahr 2004 als Referenz verwendet. Wegen der voneinander abweichenden Skalen ist ein direkter Vergleich der Prozentwerte nur sehr eingeschränkt möglich. Deshalb werden im Folgenden vornehmlich die Rangfolgen betrachtet.

Und darin unterscheiden sich Evangelische und westdeutsche Bevölkerung bis auf wenige Ausnahmen kaum: Die höchsten Zustimmungswerte erreichen in beiden Befragungen Nachrichten, Spielfilm und politische Magazine; auf den hinteren Plätzen liegen Actionfilme, religiöse Sendungen (nur Evangelische) und Heimatfilme.

Augenfällige Ausnahme sind Kunst- und Kultursendungen: Sie rangieren bei den Evangelischen an fünfter Position und mit einer um 20 Prozentpunkte (!) höheren Zustimmung deutlich weiter oben als in der westdeutschen Bevölkerung (achte Position). Damit zeigt sich auch hier der Effekt, der schon für die Indikatoren zum Ausstattungsniveau beobachtet werden konnte: In der Gesamtheit der Evangelischen sind die so genannten hochkulturellen Vorlieben deutlich stärker ausgeprägt als in der Bevölkerung.

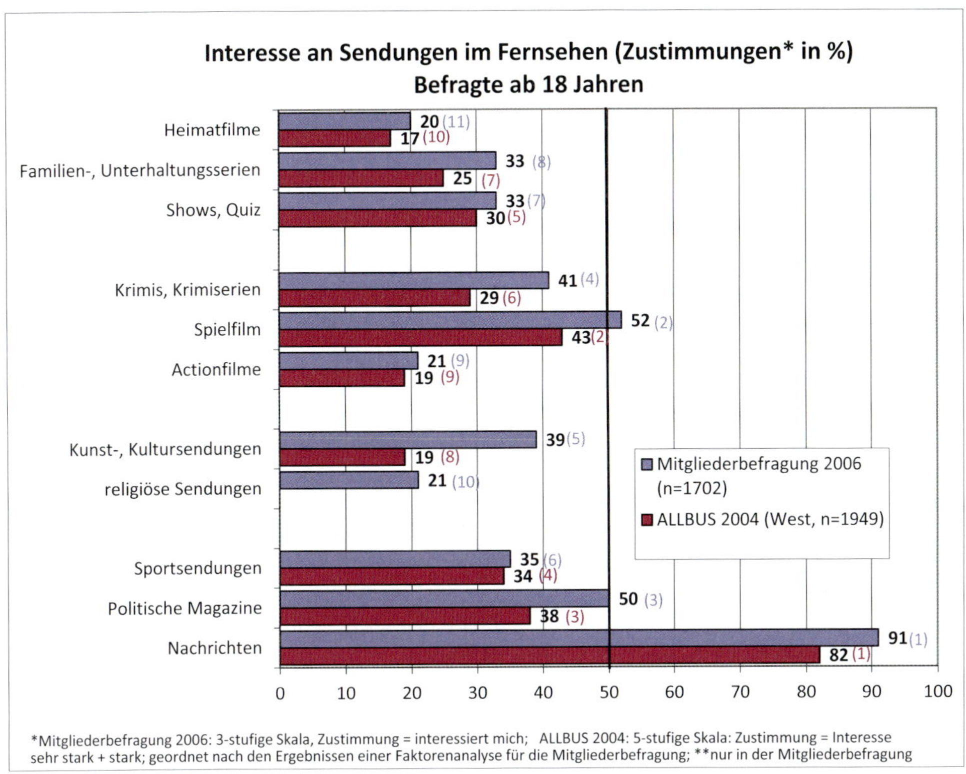

Die in der Grafik dargestellte Sortierung der Fernsehinteressen nach einer Faktorenanalyse für die Mitgliederbefragung lässt unmittelbar einleuchtende Kombinationen erkennen: Heimatfilme, Familien- und Unterhaltungsserien sowie Shows bzw. Quiz bilden das erste zusammengehörige Muster von Fernsehinteressen. Die zweite Kombination besteht aus Krimis, Spielfilmen und Actionfilmen. Im letzten Block der Kombinationen sind mit Sportsendungen, politischen Magazinen und Nachrichtensendungen Sparten vertreten, in denen die aktuelle Information im Vordergrund steht

Bemerkenswert ist die im dritten Block der Kombinationen ausgewiesene Zusammengehörigkeit von Kunst-, Kultursendungen und religiösen Sendungen: Evangelische, die sich für Kunst- und Kultursendungen interessieren, finden auch religiöse Sendungen sehenswert – entsprechendes gilt in umgekehrter Richtung. Auch in Bezug auf die Fernsehinteressen schlägt sich also der Zusammenhang zwischen hochkultureller und religiöser Orientierung nieder.

Außerdem ermittelt die Faktorenanalyse (vgl. Anhang C: Faktorenanalyse Interesse für Fernsehsendungen) interessante Nebeneffekte: Darin zeigt sich erstens eine negative Beziehung zwischen dem Interesse an Actionfilmen und an dieser kulturell-religiösen Kombination. Verkürzt gesagt: Wer Actionfilme mag, sieht in der Regel keine kulturelle oder religiöse Sendung, wer sich für letztere interessiert, wird sich keine Actionfilme ansehen. Auch hier liegt der Vergleich zu den Milieus nach Schulze nah, nämlich die wechselseitige Distinktion zwischen Niveaumilieu (anti-barbarisch, Hochkulturschema) und Unterhaltungsmilieu (antikonventionell, Spannungsschema).

Ein weiterer Nebeneffekt ergibt sich für den ersten Block der Fernsehinteressen: Auch diejenigen, die sich für Heimatfilme, Familien- und Unterhaltungssendungen sowie für Shows und Quiz interessieren (Harmoniemilieu: antiexzentrisch, Trivialschema), mögen religiöse Sendungen.

Auch wenn man das Durchschnittsalter und den durchschnittlichen formalen Bildungsstand der an den unterschiedlichen Sendungen Interessierten betrachtet, erkennt man die große Nähe zu den Milieus nach Schulze: Die an Heimatfilmen, Familien-/Unterhaltungsserien und Shows Interessierten sind älter sowie formal deutlich weniger gebildet als der jeweilige Durchschnitt der Befragten. In besonderer Weise gilt dies für Heimatfilme. Unter den Sendungen im zweiten Block sticht vor allem das weit unterdurchschnittliche Alter derjenigen heraus, die sich für Actionfilme interessieren. Kunst- und Kultursendungen sowie – in noch weit stärkerem Maß – religiöse Sendungen haben ein älteres Publikum. Und schließlich sind es die höher Gebildeten, die sich für Kunst- und Kultursendungen sowie für politische Magazine interessieren.

Das Interesse an religiösen Sendungen aber ist, wie oben schon angedeutet – trotz seiner engen Verknüpfung mit dem an Kunst- und Kultursendungen – keineswegs auf höher Gebildete begrenzt. Im Gegenteil: Das gute Fünftel der befragten Evangelischen, das sich dafür interessiert, liegt im formalen Bildungsstand sogar unter dem Durchschnitt der Mitgliederbefragung.

Wenn man das höhere Durchschnittsalter der Evangelischen und ihren im Vergleich zum ALLBUS 2004 höheren Bildungsstand bedenkt, ergibt sich bei der Differenzierung der Ergebnisse nach Alter und formalem Bildungsstand ein für beide Befragungen nahezu deckungsgleiches Bild: Dann zeigt sich in Bezug auf die Präferenzen bei Fernsehsendungen – wie schon bei den Musikvorlieben – eine weitgehende Übereinstimmung der Evangelischen mit der (westdeutschen) Bevölkerung.

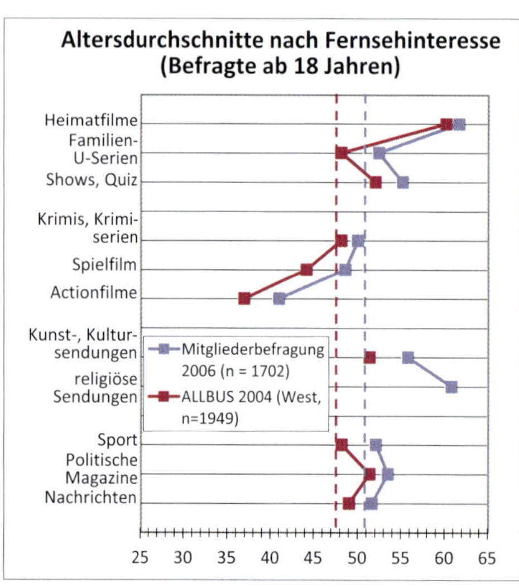

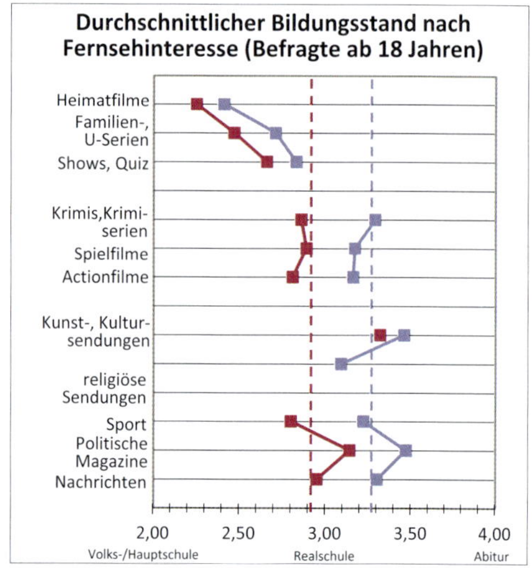

3.7 *Die Bedeutung von Musikvorlieben und dem Interesse an Fernsehsendungen für die Lebensführung*

Bisher konnte gezeigt werden, dass sozialstrukturellen Aspekten, darunter vor allem Alter und formaler Bildungsstand, ein erhebliches Gewicht bei der Einstufung der Indikatoren zur Lebensführung beizumessen ist. Auch bei den Musikvorlieben sowie den Fernsehinteressen wurde die Differenzierungskraft von Alterszugehörigkeit und formalem Bildungsstand deutlich.

Aber kommt den Musikvorlieben und Fernsehinteressen, die als sozial-kulturelle ‚Praktiken' zugleich Ausdruck ästhetischer Präferenzen sind, eine eigene Relevanz für die Ausrichtung der Lebensorientierungen – also unabhängig von Alter und formalem Bildungsstand – zu? Spricht z. B. die Vorliebe für Rockmusik eher für eine Ablehnung der traditionalen Orientierungen? Gehen die Zuschauer von Heimatfilmen eher selten aus?

3.7.1 Vorlieben für Musikrichtungen

Bei den Musikvorlieben[32] fallen die Antworten auf die Frage nach ihrer eigenständigen Bedeutung für die Lebensorientierung sehr unterschiedlich aus, je nachdem, welcher Aspekt der Lebensführung betrachtet wird. Fast durchgehend gilt jedoch, dass die Berücksichtigung der Musikvorlieben die Effekte der jeweiligen soziodemografischen Merkmale nur geringfügig verändert: Deren Relevanz für die Lebensführung bleibt weitgehend erhalten.

Eine erkennbare Steigerung für den Erklärungswert (R^2) der Indikatoren zur Lebensführung durch die Einbeziehung der Musikvorlieben zeigt sich eher bei den Indikatoren zum Ausstattungsniveau, an vorderster Stelle bei der Häufigkeit von Kunstausstellungs- bzw. Galeriebesuchen: Bezeichnenderweise schlägt hier vor allem die Vorliebe für Oper, gewissermaßen als Statthalter für E-Musik, zu Buche; aber auch die Präferenz für Rockmusik hat einen signifikant positiven Effekt. Demgegenüber sind Liebhaber von Schlagern bei einer Ausstellung bildender Kunst kaum zu erwarten.

Ähnliche, dabei aber weitaus geringere Wirkungen lassen sich beim Bücherlesen ausmachen: Die Hörer von Opern lesen etwas häufiger, die von Schlagern eher seltener. In diesem Zusammenhang sei noch einmal daran erinnert, dass hier die eigenständige Bedeutung der jeweiligen Musikvorlieben für die Lebensführung, unabhängig von den anderen Merkmalen wie etwa dem formalen Bildungsstand, ermittelt wurde.

---

32 Berücksichtigt wurden die Musikvorlieben Rockmusik, Oper und Schlager, die in der Faktorenanalyse der Mitgliederbefragung die jeweils höchste Ladung in den ermittelten Faktoren aufweisen (vgl. Anhang C: Faktorenanalyse Musikvorlieben).

Für den Lebensstandard und die Höhe der Restaurantausgaben sind nur geringfügige Steigerungen der Gesamteffekte (jeweils ein Prozentpunkt) durch die Musikvorlieben zu verbuchen. Die Lesehäufigkeit überregionaler Tageszeitungen wird durch die hier berücksichtigten Aspekte – nach wie vor – kaum berührt.

Multiple Regressionsanalysen (BETA-Werte) **für die Indikatoren zur Lebensführung unter Berücksichtigung der Vorlieben für Musikrichtungen** (n ≥ 1.420)

	Ausstattungsniveau					Modernität/biografische Perspektive				
	gehobener Lebensstandard	Kunstausstellungen, Galerien	Bücher lesen	überregionale TZ	Restaurantausgaben	religiöse Prinzipien	Familientradition	Lebensgenuss	Ausgehen	Action
Alter	0,020	0,221**	0,110**	0,031	-0,105*	0,313**	0,164**	-0,278**	-0,216**	-0,266**
Bildung	0,095*	0,226**	0,198**	0,119**	0,061	0,104**	-0,007	-0,007	-0,082*	-0,088*
Geschlecht	-0,009	0,074*	0,284**	-0,051	-0,044	0,085*	0,044	0,046	-0,027	-0,006
Kind	-0,092*	-0,043	-0,022	-0,032	-0,037	0,052	0,055	-0,015	-0,192**	0,029
Einkommen	0,311**	0,080*	0,040	0,113**	0,304**	-0,017	0,013	0,085*	0,127**	0,024
Ortsgröße	0,026	0,049	0,017	0,031	0,069	-0,090**	-0,037	0,013	0,000	0,036
Rock	-0,018	0,110**	0,077	0,037	0,069	0,019	-0,088*	0,049	0,023	-0,018
Oper	0,109**	0,271**	0,109**	0,042	0,073	0,076*	0,096**	0,083*	0,046	0,031
Schlager	-0,028	-0,125**	-0,114**	-0,027	-0,038	0,001	0,122**	-0,022	0,011	0,055
R^2 (ohne Musikvorlieben	0,151	0,199	0,159	0,055	0,167	0,150	0,093	0,091	0,124	0,054
R^2 (mit Musikvorlieben	0,162	0,284	0,186	0,058	0,176	0,155	0,120	0,099	0,126	0,058

**p ≤ 0,0001; *p ≤ 0,001

Bei den Indikatoren, die der Dimension Modernität bzw. biografische Perspektive zugeordnet sind, hat die Berücksichtigung der Musikvorlieben zumeist keine Steigerung des Erklärungswertes (R^2) zur Folge. Die Alterszugehörigkeit bleibt durchgehend die wichtigste Einflussgröße.

Nur bei der Orientierung an alten Familientraditionen stellt sich das Ergebnis anders dar: Vor allem die Hörer von Schlagern, aber auch die Opernliebhaber, orientieren sich stärker an alten Familientraditionen, während die Vorliebe von Rockmusik dieser Orientierung eher entgegensteht. Zwar bleibt der Gesamteffekt trotz seiner deutlichen Steigerung noch immer eher bescheiden. Dennoch ist bemerkenswert, mit welcher Übereinstimmung die statistisch ermittelte Effektrichtung die gängigen, nahezu stereotyp anmutenden Zuordnungsmuster bestätigt: E-Musik und Schlager ‚passen' zu dieser traditionalen Orientierung, ganz im Unterschied zur Rockmusik.

Für die Einstufung der religiösen Prinzipien trägt die Berücksichtigung der Musikvorlieben, auch wenn die Vorliebe für Opern ein immerhin noch nachweisbares Gewicht hat, jedoch nichts aus. Intuitiv hätte man hier zumindest ein negatives Vorzeichen bei der Vorliebe für Rockmusik als moderneres Genre erwartet, das seinen Siegeszug in den sechziger Jahren angetreten hat und für eine ganze Generation an die Abkehr von ‚überkommenen Normen' gekoppelt war.

Nach den Ergebnissen der Repräsentativbefragung spielt es für die Orientierung der Evangelischen an religiösen Prinzipien aber überhaupt keine Rolle, ob sie eher Rock (als Statthalter für die modernen Musikrichtungen) oder eher Schlager (als Statthalter für ‚eingängige' U-Musik) hören.

3.7.2 Interesse an Fernsehsendungen

Ganz ähnlich wie schon bei den Musikvorlieben verbessert die Berücksichtigung der Fernsehinteressen[33] den Erklärungswert (R^2) eher bei den Indikatoren zum Ausstattungsniveau: Auch hier ist der stärkste Effekt für den Besuch von Kunstausstellungen bzw. Galerien zu verzeichnen, mit deutlichem Abstand folgt das Bücherlesen. Dabei überrascht es nicht, dass es vor allem die an Kunst- bzw. Kultursendungen Interessier-

Multiple Regressionsanalysen (BETA-Werte)
für die Indikatoren zur Lebensführung unter Berücksichtigung der Fernsehinteressen ($n \geq 1.432$)

	Ausstattungsniveau					Modernität/biografische Perspektive				
	gehobener Lebensstandard	Kunstausstellungen, Galerien	Bücher lesen	überregionale TZ	Restaurantausgaben	religiöse Prinzipien	Familientradition	Lebensgenuss	Ausgehen	Action
Alter	0,057	**0,183****	0,066	-0,016	**-0,091***	**0,292****	**0,228****	**-0,281****	**-0,219****	**-0,246****
Bildung	**0,118****	**0,248****	**0,204****	**0,115****	0,071	**0,121****	-0,002	0,012	-0,067	-0,072
Geschlecht	0,003	**0,073***	**0,265****	-0,045	-0,041	**0,085***	0,059	0,058	-0,003	0,016
Kind	**-0,111****	-0,048	-0,018	-0,031	-0,044	0,064	0,041	-0,021	**-0,194****	0,017
Einkommen	**0,314****	**0,087***	0,039	**0,119****	**0,291****	-0,004	0,025	**0,088***	**0,135****	0,032
Ortsgröße	-0,012	0,058	0,025	0,038	0,028	-0,053	-0,008	0,002	0,023	0,024
Heimatfilme	-0,014	**-0,113****	**-0,102****	-0,005	**-0,115****	**0,077***	**0,151****	-0,015	0,041	**0,088***
Krimis	-0,002	-0,028	0,014	-0,061	**0,099****	-0,025	-0,005	0,022	-0,022	-0,024
Kunst/Kultur	0,042	**0,295****	**0,164****	**0,134****	0,025	0,054	0,006	0,043	0,010	-0,019
Sport	0,012	-0,001	-0,037	0,039	0,014	0,005	0,020	0,037	0,070	0,040
R^2 (ohne Fernsehinteressen	0,151	0,199	0,159	0,055	0,167	0,150	0,093	0,091	0,124	0,054
R^2 (mit Fernsehinteressen	0,152	**0,280**	**0,193**	0,076	0,184	0,156	0,111	0,094	0,129	0,063

33 Berücksichtigt wurden die Fernsehinteressen Heimatfilme, Kunst-/Kultursendungen, Krimis und Sport, die in der Faktorenanalyse der Mitgliederbefragung die jeweils höchste Ladung in den ermittelten Faktoren aufweisen (vg. Anhang C: Faktorenanalyse Fernsehinteressen).

ten sind, die diesen (hochkulturellen) Aktivitäten häufiger nachgehen, während die Zuschauer von Heimatfilmen sie eher meiden.

Im Unterschied zu den Musikvorlieben haben Fernsehinteressen durchaus ein eigenes Gewicht für die Lesehäufigkeit überregionaler Tageszeitungen – hier wirkt sich das Interesse an Kunst- und Kultursendungen positiv aus – sowie für die Höhe der Restaurantausgaben – die Zuschauer von Heimatfilmen veranschlagen hier geringere, die an Krimis Interessierten eher höhere Beträge.

Für die Einstufung der Indikatoren zur Dimension Modernität bzw. biografische Perspektive spielen die Fernsehinteressen praktisch keine Rolle. Die Alterszugehörigkeit bleibt durchgehend das wichtigste der berücksichtigten Merkmale; der gesamte Erklärungswert für die jeweiligen Indikatoren nach wie vor eher bescheiden.

Einzig das Interesse an Heimatfilmen bedarf eigener Erwähnung, da es positiv an die traditionalen Orientierungen, insbesondere im Hinblick auf die Familie, erstaunlicherweise auch an die Actionorientierung („Es gefällt mir, wenn ständig etwas los ist.") gekoppelt ist.

3.7.3 Zwischenbilanz

Die Einbeziehung von Musikvorlieben bzw. Fernsehinteressen als Ausdruck ästhetischer Präferenzen bewirkt vor allem für die Häufigkeit des Kunstausstellungs- bzw. Galeriebesuchs eine wirklich beachtenswerte Steigerung des Erklärungswertes (R^2), wobei die Richtung der jeweiligen Effekte weitgehend gängige Assoziationen bestätigt: In Kunstausstellungen und Galerien wird man eher auf Hörer von E-Musik und von Rockmusik treffen sowie auf die Zuschauer von Kunst- und Kultursendungen – in letzterem ist allerdings unabweisbar eine Selbstbezüglichkeit zu erkennen. Die Präferenz von Schlagern sowie von Heimatfilmen hingegen steht dieser hochkulturellen Betätigung eher entgegen.

Insgesamt schlägt sich die Einbeziehung von Musikvorlieben und von Fernsehinteressen eher bei den Indikatoren zum Ausstattungsniveau nieder. Mit Ausnahme der Orientierung an alten Familientraditionen spielen die jeweiligen Präferenzen keine Rolle dafür, wie man sich bei den Indikatoren zur Dimension der Modernität bzw. biografischen Perspektive einstuft.

Damit tragen Musikvorlieben und Fernsehinteressen für sich genommen letztlich nichts für die Orientierung an religiösen Prinzipien aus: Auch unter Menschen mit religiösen Prinzipien finden sich Liebhaber von Rockmusik, von Krimis oder Actionfilmen.

Und schließlich bleibt die Bedeutung der sozialstrukturellen Aspekte für die Einstufung der Indikatoren zur Lebensführung auch dann erhalten, wenn Musikvorlieben bzw. Fernsehinteressen ein eigenes Gewicht für die Erklärung von Indikatoren zur Lebensführung einbringen.

3.8 *Grafische Darstellung zur Milieudifferenzierung im zweidimensionalen sozialen Raum*

Das hier verwendete Verfahren der multiplen Korrespondenzanalyse dient vornehmlich der veranschaulichenden grafischen Darstellung der empirisch ermittelten relativen Nähen und Distanzen der berücksichtigten Merkmale zueinander, hat selbst also eher deskriptiven Charakter.

Für die Berechnung der Dimensionen des sozialen Raumes wurden in Anlehnung an Otte[34] die Indikatoren zur Lebensführung, die Vorlieben für Musikrichtungen sowie die Fernsehinteressen herangezogen und zusätzlich die sozialstrukturellen Aspekte Alter, Geschlecht und formaler Bildungsstand eingebracht.

Im Ergebnis bildet sich die gleiche dimensionale Struktur ab, die Otte für seine Mannheimer Untersuchung ermittelt hat. Bis auf wenige Ausnahmen entspricht auch die Lage der Merkmale in diesem sozialen Raum weitgehend den Ergebnissen von Otte.[35]

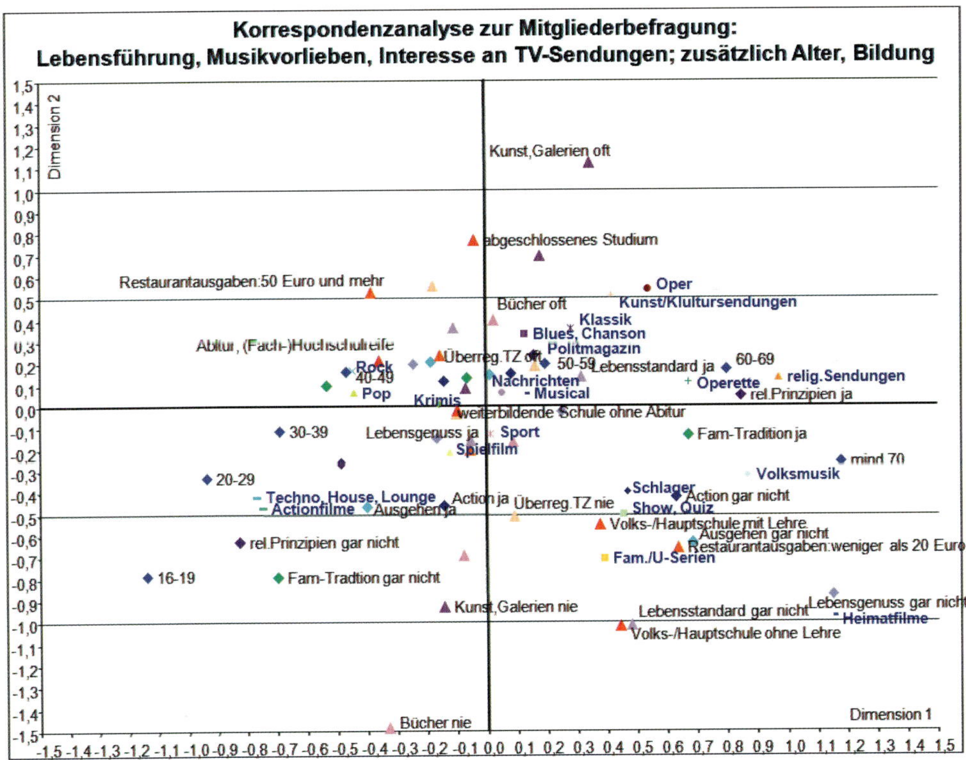

---

34 Vgl. Otte (2005(b)), S. 459f.

35 Dabei ist zu beachten, dass die Dimension 1 in der Mitgliederbefragung im Vergleich zu Ottes Ergebnissen gespiegelt ist.

Damit bestätigt die Mitgliederbefragung die Eignung des verwendeten sehr sparsamen Instrumentariums zur Ermittlung der Dimensionen des sozialen Raumes. Darüber hinaus zeigt diese weitgehende Entsprechung der Ergebnisse, dass sich die Grundstruktur dieses Raumes bei Evangelischen nicht von der in der Bevölkerung unterscheidet.[36]

Der Übersichtlichkeit wegen sind für die Indikatoren zur Lebensführung nur die Skalenendpunkte bezeichnet, bei den Musikvorlieben und den Fernsehinteressen nur die Zustimmungen eingetragen.

3.8.1 Musikvorlieben und Fernsehinteressen

Die bisherigen Analysen haben gezeigt, dass Musikvorlieben und Fernsehinteressen vornehmlich an die Alterszugehörigkeit und den formalen Bildungsstand ankoppeln. Dies gilt es zu bedenken, wenn ihre Lage im sozialen Raum beurteilt wird:

Im ersten Quadranten (rechts oben) sind „Oper", „Kunst- und Kultursendungen", „Klassik", Blues, Chanson" und „Politmagazin", etwas weiter unten rechts „Operette" und „religiöse Sendungen" angesiedelt. Die beiden letzteren befinden sich zudem in großer Nähe zur Altersgruppe der 60- bis 69-Jährigen.

Im zweiten Quadranten (links oben) sind „Pop", und noch deutlicher „Rock" positioniert, und zwar mit recht großer Nähe zur Altersgruppe der 40- bis 49-Jährigen und dem gehobenen Bildungsabschluss „Abitur".

Im dritten Quadranten (links unten) finden sich „Techno, House, Lounge" und „Actionfilme". Diese Vorlieben werden bekanntermaßen den jüngeren Leuten zugeschrieben. Auch in unseren Ergebnissen ist die relative Nähe zu den jüngeren Altersgruppen sehr deutlich.

Im vierten Quadranten (rechts unten) schließlich sind „Schlager", „Volksmusik", „Show, Quiz" „Familien-, Unterhaltungssendungen" und auch „Heimatfilme" angesiedelt. Hier sind auch die unteren Bildungsabschlüsse und die höchste Altersgruppe vertreten.

Die restlichen Musik- und Fernsehpräferenzen liegen in der Mitte des sozialen Raumes. Es sind jene Vorlieben, die besonders stark verbreitet sind (Musical, Nachrichten, Krimis und auch Sport sowie Spielfilm) und damit wenig zur Milieudifferenzierung beitragen.

36 Vgl. a.a.O., S. 459.

3.8.2 Dimension 1: Modernität bzw. biografische Perspektive

Betrachtet man sich den Verlauf der Linien für die Indikatoren zur Modernität bzw. biografischen Perspektive – sie dienen der besseren Erkennbarkeit der jeweils dazugehörigen Einstufungen –, so wird ihre eher horizontale Ausrichtung sichtbar:

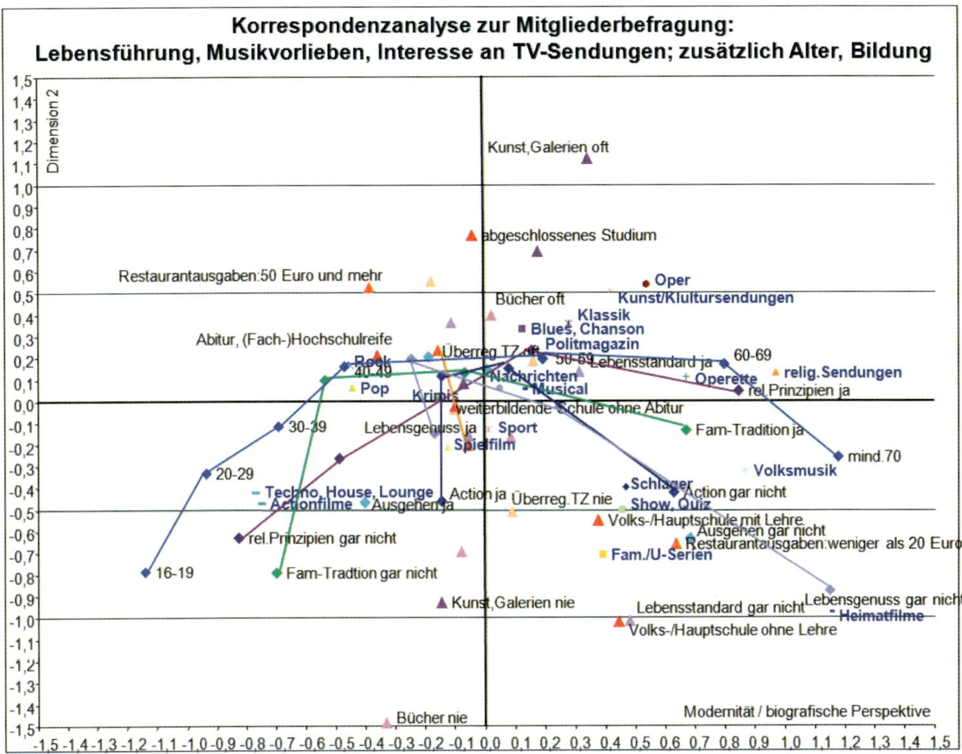

Die Ablehnung einer Orientierung an religiösen Prinzipien und alten Familientraditionen ist im III. Quadranten positioniert, die Zustimmung findet sich auf der rechten Seite des Achsenkreuzes etwas ober- bzw. unterhalb der Mittellinie. Die Einstufungen der eher hedonistisch ausgerichteten Indikatoren erfolgen in umgekehrter Richtung.

Der Kontrast zwischen traditionaler bzw. biografisch geschlossener (rechte Seite) und moderner, biografisch offener Orientierung (linke Seite) wird durch die Gegenläufigkeit der Linien sichtbar: Hier bildet sich die Dimension „Modernität bzw. biografische Perspektive“ ab.

Zieht man nun Verbindungslinien zwischen den Alterszugehörigkeiten, so erkennt man auch hier einen eher horizontalen Verlauf. Die Regressionsanalysen haben bereits deutlich gemacht, dass die Alterszugehörigkeit darüber hinaus bei der Einstufung der Indikatoren zur Modernität bzw. biografischen Perspektive zu Buche schlägt: Ältere orientieren sich eher an religiösen Prinzipien und an alten Familientraditionen, während Jüngere diese Orientierungen eher ablehnen. Jüngere favorisieren ihrerseits die modernen, eher hedonistischen Antwortvorgaben, während die Älteren diesen eher ablehnend gegenüberstehen.

3.8.3 Dimension 2: Ausstattungsniveau

Bei den Indikatoren zum Ausstattungsniveau erkennt man einen eher vertikalen Verlauf der Verbindungslinien zwischen den jeweiligen Einstufungen: „Kunstausstellungen/Galeriebesuche, nie" liegt im unteren Bereich, „Kunstausstellungen/Galeriebesuche, oft" oben. Entsprechendes gilt für das Lesen von Büchern und von überregionalen Tageszeitungen sowie für die maximalen Restaurantausgaben und den Lebensstandard als materielle Aspekte des Ausstattungsniveaus.

Auch die Linie für den zusätzlich berücksichtigten formalen Bildungsstand verläuft in der Vertikalen. Er hat sich zudem bereits in den Regressionsanalysen als bedeutender Faktor für die Indikatoren des Ausstattungsniveaus erwiesen: Höhere Bildung begünstigt hochkulturelle Aktivitäten und die Pflege eines gehobenen Lebensstandards.

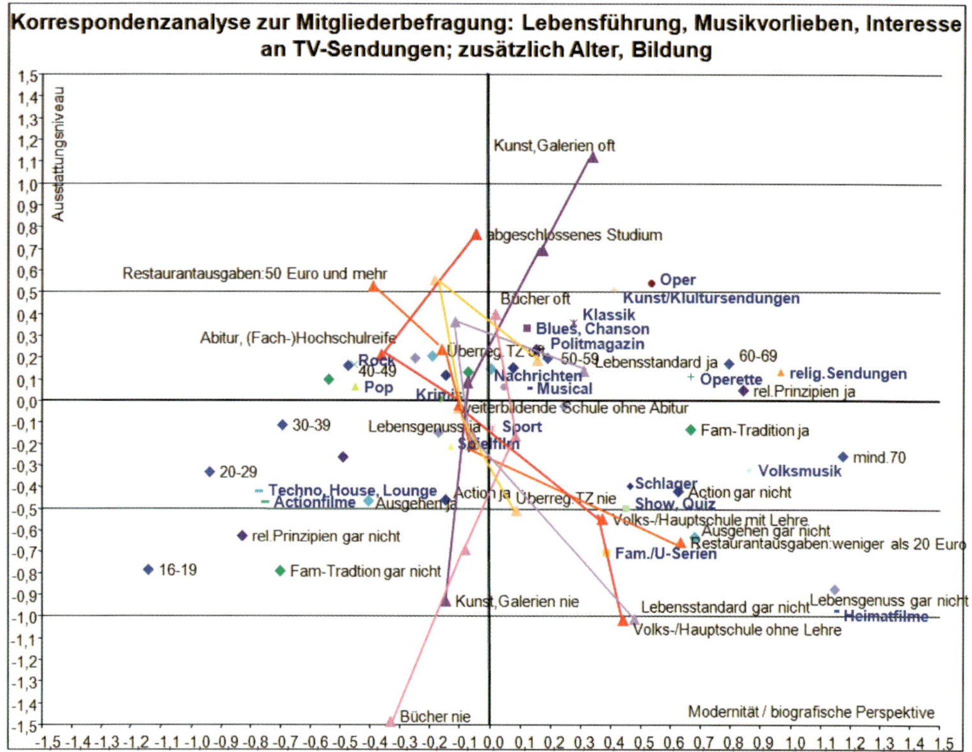

3.8.4 Das Gesamtbild des zweidimensionalen sozialen Raumes

Zur Strukturierung des Gesamtbildes lassen sich die Quadranten des sozialen Raumes entsprechend der Ausrichtung der darin vertretenen Orientierungen bezeichnen als[37]:

I. traditional/biografisch geschlossen, hohes Ausstattungsniveau (älter, hoch gebildet)
II. modern/biografisch offen, hohes Ausstattungsniveau (jünger, hoch gebildet)
III. modern/biografisch offen, niedriges Ausstattungsniveau (jünger, gering gebildet)
IV. traditional/biografisch geschlossen, niedriges Ausstattungsniveau (älter, gering gebildet).

Vergleicht man diesen empirisch ermittelten zweidimensionalen sozialen Raum mit anderen Untersuchungen aus der Lebensstil- bzw. Milieuforschung wie z. B. den Milieus nach Schulze oder den Sinus-Milieus, so entdeckt man – unbeschadet abweichender Begrifflichkeiten, Differenzierungen und Vorgehensweisen – eine große Ähnlichkeit in der Positionierung der Merkmale (oder auch daraus entwickelter Typologien): Dies bedeutet, dass es sich – jedenfalls im groben Raster des Koordinatensystems – um recht stabile Zuordnungen handelt, die sich in gleicher Weise in der westdeutschen Bevölkerung und bei den Evangelischen im Gebiet der Hannoverschen Landeskirche abbilden.

Übersehen werden darf dabei nicht, dass die altbekannten sozialstrukturellen Merkmale, insbesondere Alterszugehörigkeit und formaler Bildungsstand erheblich zur Gestaltung des Gesamtbildes beitragen, denn sie sind sowohl für die Ausrichtung der Musikvorlieben und Fernsehinteressen als auch für die Einstufung der Indikatoren zur Lebensführung in zum Teil beträchtlichem Maß zu veranschlagen. Und das wird nicht nur für die hier vorgestellten Analysen zur Milieudifferenzierung gelten.

4 Lebensführung und Anknüpfungspunkte der kirchlichen Angebote

Im Folgenden steht die Frage im Mittelpunkt, ob und in welcher Weise die kirchliche Beteiligung an bestimmte Formen der Lebensführung geknüpft ist. Dies soll anhand der Teilnahme am kirchlichen Gemeindeleben sowie der Nutzung übergemeindlicher Angebote geschehen.

[37] Sie sind in Anlehnung an Otte formuliert, stellen aber zugleich eine stark vereinfachte Version dar: Die jeweiligen Mittelpositionen sind nicht berücksichtigt. Darauf wurde hier verzichtet, da keine Replikation seiner darauf aufbauenden Lebensstiltypen beabsichtigt war.

4.1 *Die Teilnahme an gemeindlichen Angeboten*

Wirft man zunächst einen Blick auf den Zuspruch, den die verschiedenen gemeindlichen Angebote im Durchschnitt aller befragten Evangelischen finden, so fällt auf, dass sich viele offenbar gar nicht zu dem einen oder anderen Angebot äußern konnten. Bei den von vornherein zielgruppenspezifisch ausgerichteten Angeboten für Jugendliche und Senioren ist das nicht weiter verwunderlich. Doch finden sich auch bei anderen Vorgaben erhebliche Anteile von Befragten mit fehlender Angabe – bei „Vorträge, Seminare" stellen sie mit 52 % sogar die Mehrheit: Diese Befragten hatten zumeist schon zur Frage nach der Bekanntheit des jeweiligen Angebots[38] geäußert, überhaupt „noch nie davon gehört" zu haben.

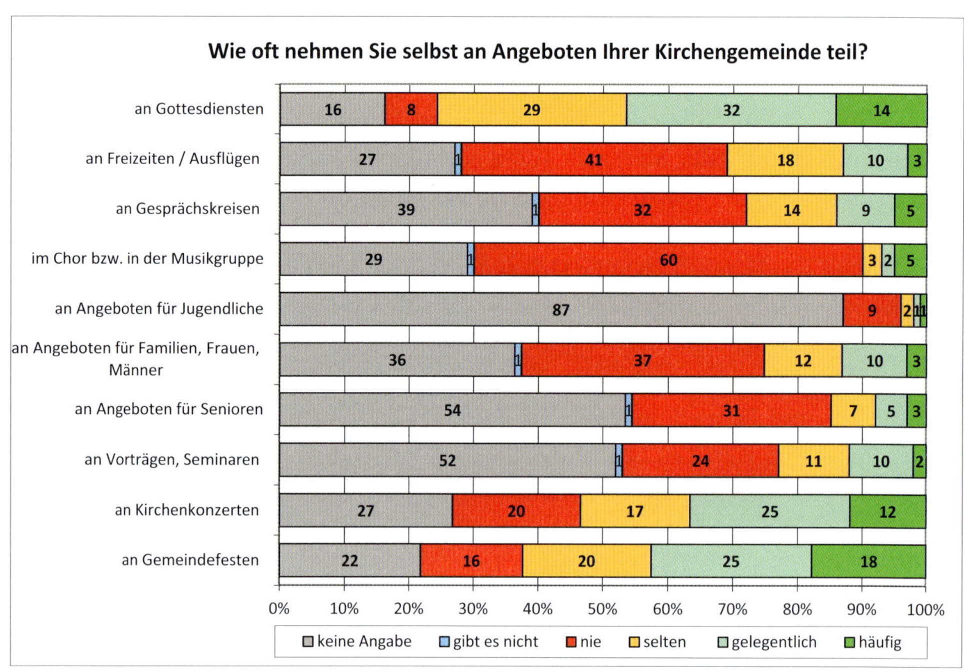

An erster Stelle in der Rangfolge der Beteiligung liegt der Gottesdienst. 46 % der Evangelischen geben an, ihn gelegentlich bzw. häufig zu besuchen. Auch Gemeindefeste (43 %) und Kirchenkonzerte (37 %) haben eine große Anziehungskraft. Alle anderen vorgegebenen Angebote des Gemeindelebens treffen bei den Kirchenmitgliedern auf eine sehr zurückhaltende Resonanz. Damit bestätigen die Ergebnisse der Repräsentativbefragung in der Hannoverschen Landeskirche einmal mehr die bekannten Relationen für die Reichweite der kirchlichen Angebote.[39]

[38] Listenfrage: „Was hören Sie über die Veranstaltungen in Ihrer Kirchengemeinde?"

[39] Vgl. z. B. Huber/Friedrich/Steinacker (2006), S. 453 und S. 456.

4.1.1 Anknüpfungspunkte

Welche Faktoren spielen eine Rolle dafür, ob gemeindliche Angebote angenommen werden? Gibt es auf Seiten der Evangelischen Aspekte in der eigenen Lebenssituation bzw. Orientierungen oder Präferenzen, die eine Teilnahme am kirchlichen Leben begünstigen oder dem entgegenstehen?

Das Ergebnis der statistischen Analysen hält für diese Frage eine Antwort parat, die für die meisten gemeindlichen Angebote sehr eindeutig ausfällt: An erster Stelle kommt es darauf an, wie stark sich die Evangelischen selbst an religiösen Prinzipien orientieren.

Multiple Regressionsanalysen (BETA-Werte) für die Beteiligung am kirchlichen Gemeindeleben

	Angebote									
	Gottes-dienste (n=1.185)	Freizeiten Ausflüge (n=1.041)	Gesprä.-kreise (n=858)	Chor/Mu-sikgruppe (n=1.022)	für Ju-gendliche (n=206)	Familien, Frauen, Männer (n=918)	für Senioren (n=603)	Vorträge, Seminare (n=723)	Kirchen-konzerte (n=1.056)	Gemeinde-feste (n=1.109)
Alter	0,019	-0,103	0,010	-0,026	-0,256*	-0,089	0,308**	0,108	0,132*	-0,150**
Bildung	-0,081	-0,141**	-0,085	-0,006	-0,072	-0,046	-0,045	0,032	0,075	-0,031
Geschlecht	-0,002	-0,036	-0,028	0,045	-0,090	-0,002	0,053	0,000	0,054	-0,022
Kind	0,086*	0,021	0,091	0,061	-0,024	0,253**	0,056	-0,007	-0,007	0,153**
einkommen	-0,001	-0,042	-0,032	-0,005	0,080	-0,092	-0,100	0,037	0,055	0,006
Ortsgröße	-0,041	0,001	-0,001	-0,094*	-0,007	-0,029	-0,072	-0,037	-0,104*	-0,033
religiöse Prinzipien	0,370**	0,242**	0,289**	0,161**	0,242**	0,196**	0,101	0,279**	0,179**	0,231**
Familientradition	0,039	-0,025	-0,044	-0,015	-0,031	0,020	0,028	-0,056	0,028	0,020
Lebensgenuss	-0,080	0,011	-0,002	-0,007	0,081	0,070	0,003	0,020	0,003	-0,005
Ausgehen	0,068	0,044	0,001	0,054	0,026	0,017	-0,055	0,068	0,070	0,024
Action	0,043	0,051	0,001	-0,004	0,082	-0,025	0,134*	0,031	0,018	0,020
gehob. Lebensstandard	-0,040	0,004	0,05	0,020	-0,005	0,026	0,058	-0,009	0,006	0,057
Kunstausstellungen	0,081	0,159**	0,180**	-0,054	0,074	0,089	0,097	0,118*	0,147**	0,045
Bücher lesen	0,124**	0,094*	0,067	-0,005	0,070	0,034	0,069	0,117*	0,120**	0,132**
überregionale TZ	0,007	-0,011	0,019	-0,011	0,046	0,002	0,009	-0,009	0,013	-0,023
Restaurantausgaben	-0,016	-0,018	-0,009	-0,009	-0,125	0,032	-0,045	-0,041	-0,014	-0,066
Oper	0,043	-0,023	-0,039	0,097*	-0,032	0,038	-0,051	-0,058	0,095*	-0,018
Rock	-0,085*	-0,137**	-0,108**	-0,011	-0,017	-0,017	-0,057	-0,013	0,014	0,032
Schlager	-0,004	0,036	0,007	-0,095*	-0,030	0,007	0,036	-0,043	-0,003	0,013
R^2	0,243	0,125	0,173	0,056	0,221	0,133	0,216	0,163	0,217	0,114

**p ≤ 0,0001; *p ≤ 0,001

Es darf natürlich nicht übersehen werden, dass der Erklärungswert, den die berücksichtigten Aspekte für die Teilnahme insgesamt haben (R^2), sehr unterschiedlich ausfällt. Insbesondere beim Gottesdienst, bei den Angeboten für Jugendliche, für Senioren und bei Kirchenkonzerten ist er beachtlich, für die Beteiligung im Chor bzw. in einer Musikgruppe hingegen praktisch zu vernachlässigen. Doch weist das eigenständige Gewicht, das der Orientierung an religiösen Prinzipien bei fast allen Angeboten zukommt, diese als wichtigsten Anknüpfungspunkt für die Beteiligung am kirchlichen Gemeindeleben aus.

Ausgenommen davon sind die Angebote für Senioren, was aber nur auf den ersten Blick erstaunen mag: Mehr als drei Viertel der älteren Evangelischen ab 60 Jahren orientieren sich nämlich ohnehin an religiösen Prinzipien. Deshalb kann diese Frage für die Teilnahme an Seniorenangeboten auch keine wichtige Rolle mehr spielen.

Ein weiteres Ergebnis fällt wegen seiner – wiederum – fast durchgängigen Geltung ins Auge. Die weiteren Indikatoren zur Lebensführung, die der Dimension Modernität bzw. biografische Perspektive zugeordnet sind, haben keinerlei Effekt für die Beteiligung am kirchlichen Gemeindeleben. Man hätte durchaus erwarten können, dass sich auch die Orientierung an alten Familientraditionen als wichtiger positiver Anknüpfungspunkt erweist; doch bestätigen die Analysen dies nicht. Zwar korreliert sie als zweiter Indikator für eine traditionale Lebensführung eng mit der Orientierung an religiösen Prinzipien (vgl. Anhang C: Korrelationen zwischen den Indikatoren zur Lebensführung). Sie hat aber keine eigenständige Bedeutung, wenn es um die Aktivität in der Kirchengemeinde geht.

Auch die Indikatoren, die eine eher hedonistische Lebensführung beschreiben, leisten – bei einer Ausnahme – keinen Erklärungsbeitrag für die Teilnahme an gemeindlichen Angeboten. Ausgehend von gängigen Zuschreibungsmustern, aber auch von bisherigen Untersuchungsergebnissen[40] würde man doch annehmen, dass eine Orientierung an Lebensgenuss, „Action" und häufigem Ausgehen einer Einbindung in das Kirchenleben eher entgegensteht. Wer würde beispielsweise die Vertreter des Schulzeschen Unterhaltungsmilieus in einem Gesprächskreis erwarten? Die Analysen zeigen aber, dass solche Raster, so anschaulich sie auch sein mögen, leicht zu kurz greifen.

Geradezu als Gegenbeispiel für solche Zuordnungen lassen sich denn auch die Ergebnisse für die Teilnahme an Seniorenangeboten verstehen: Nach dem Lebensalter hat hier nämlich nur die ‚Actionorientierung' („Es gefällt mir, wenn ständig etwas los ist") eigene Relevanz, und zwar in positiver Richtung. Zwar mögen ältere Leute im Konkreten andere Assoziationen damit verbinden als Jugendliche. Gleichwohl können sie dieser Formulierung zustimmen, und das begünstigt ihre Teilnahme an Seniorenangeboten.

Von den Indikatoren zum Ausstattungsniveau spielen ausschließlich der Kunstausstellungs- bzw. Galeriebesuch und das Bücherlesen eine Rolle für die Beteiligung. Dabei korreliert das Interesse an diesen (hoch-)kulturellen Aktivitäten mit der Teilnahme nicht nur an Vorträgen, Seminaren und Kirchenkonzerten sondern auch an Freizeiten bzw. Ausflügen. Die Freude am Bücherlesen knüpft positiv an den Gottesdienstbesuch und die Beteiligung bei Gemeindefesten an.

Aus diesen Ergebnissen kristallisiert sich – über die Orientierung an religiösen Prinzipien hinaus – ein wirksames Kriterium für die Anziehungskraft der Mehrheit der gemeindlichen Angebote heraus: Die Teilnahme verbindet sich mit dem Interesse an (hoch-)kultureller Bildung, selbst dann, wenn es sich um Freizeiten oder Gemeindefeste handelt.

---

[40] Vgl. u. a. Huber/Friedrich/Steinacker (2006), S. 218.

Die in der Analyse außerdem berücksichtigten Musikvorlieben erweisen sich für mehrere der gemeindlichen Angebote als wichtiger Anzeiger für die Erwartungshaltung zu deren atmosphärischer Gestaltung: So steht die Vorliebe für Rockmusik vor allem einer Beteiligung an Freizeiten bzw. Ausflügen, Gesprächskreisen, aber auch dem Besuch von Gottesdiensten entgegen. Wer Schlager mag, wird sich kaum im Chor oder der Musikgruppe der Gemeinde engagieren. Dort, wie auch im Kirchenkonzert erwartet man eher E-Musik. So koppelt sich denn auch die Vorliebe für Opern an die Teilnahme bei diesen Angeboten.

In Bezug auf die Erwartungshaltung an kirchliche Angebote bzw. – umgekehrt – deren Ausstrahlung rückt der negative Effekt der Vorliebe für Rockmusik in den Blickpunkt, der sich unter anderem bei dem Kernangebot Gottesdienst zeigt[41]: Es scheint tatsächlich so zu sein, dass allein die Anmutung, die erwartete atmosphärische Gestaltung dazu beiträgt, die Liebhaber dieser Musikrichtung von einem Besuch abzuhalten. Jedenfalls ist nicht etwa deren ablehnende Haltung zu religiösen Prinzipien dafür zu veranschlagen; denn für die Orientierung an religiösen Prinzipien hat die Vorliebe zu Rockmusik ja keinerlei Bedeutung, weder in negativer noch in positiver Richtung (vgl. Kap 3.7.1).

4.1.2 Teilnahme an gemeindlichen Angeboten im zweidimensionalen sozialen Raum

Nach den bisherigen Ergebnissen kann man sich schon vorstellen, in welchem Bereich des zweidimensionalen sozialen Raumes diejenigen zu finden sind, die sich aktiv in das gemeindliche Leben einbinden. Die Grafik zum Gottesdienst (Seite 64 oben) zeigt bereits an, wo die Einstufungen (von nie bis häufig) zur Teilnahme an praktisch allen gemeindlichen Angeboten in etwa angesiedelt sind: Der gelegentliche und der häufige Gottesdienstbesuch sind im ersten Quadranten positioniert, die Einstufungen „selten" und „nie" liegen im dritten Quadranten.

Die einzigen Angebote, bei denen die gelegentliche bzw. häufige Beteiligung außerhalb des ersten Quadranten liegt, sind die für Jugendliche und Senioren. Auf Grundlage der Regressionsanalysen lässt sich nun auch sagen, dass dies der Alterszugehörigkeit des jeweiligen Adressatenkreises geschuldet ist und nicht etwa auf die hedonistische Orientierung der Jugendlichen bzw. die Absage der Älteren an den Lebensgenuss zurückgeführt werden darf.

Die Lage der anderen Angebote spiegelt deutlich die Relevanz der Orientierung an religiösen Prinzipien (horizontal) und der Aktivitäten zur (hoch-)kulturellen Bildung (vertikal) wider.

---

41 Vgl. hierzu auch Lukatis (2003), S. 263, die – dem entsprechend – bei Gottesdienstbesuchern eine überwiegend negative Bewertung von Rockmusik ermittelt.

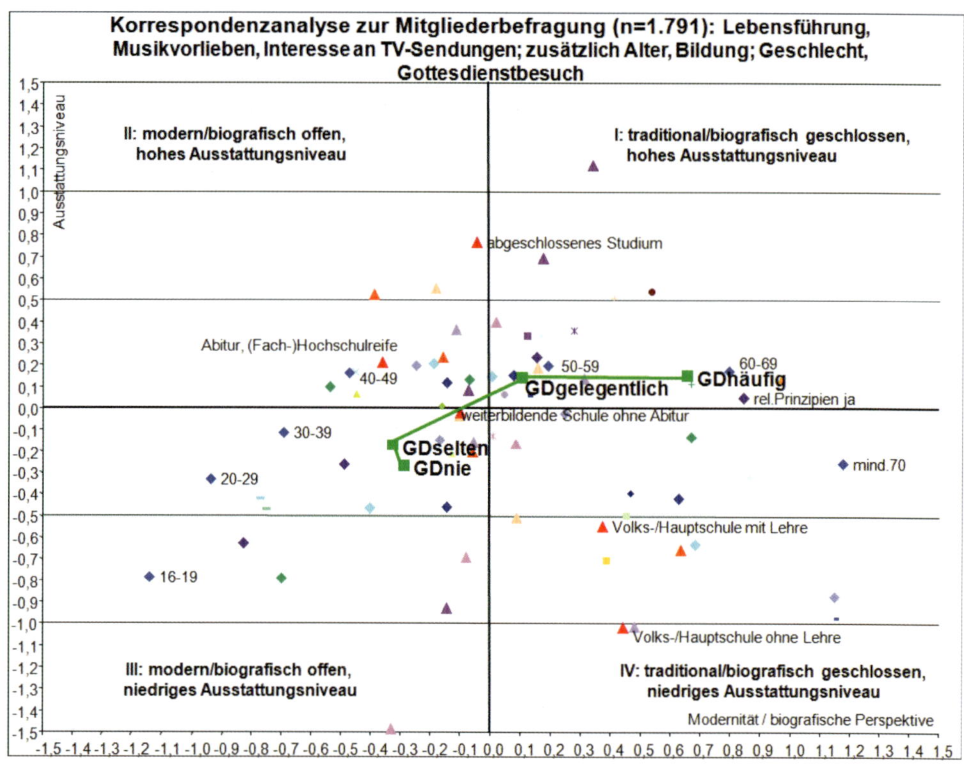
Korrespondenzanalyse zur Mitgliederbefragung (n=1.791): Lebensführung, Musikvorlieben, Interesse an TV-Sendungen; zusätzlich Alter, Bildung; Geschlecht, Gottesdienstbesuch
Ausstattungsniveau
II: modern/biografisch offen, hohes Ausstattungsniveau
I: traditional/biografisch geschlossen, hohes Ausstattungsniveau
III: modern/biografisch offen, niedriges Ausstattungsniveau
IV: traditional/biografisch geschlossen, niedriges Ausstattungsniveau
abgeschlossenes Studium
Abitur, (Fach-)Hochschulreife
weiterbildende Schule ohne Abitur
Volks-/Hauptschule mit Lehre
Volks-/Hauptschule ohne Lehre
rel.Prinzipien ja
GDhäufig
GDgelegentlich
GDselten
GDnie
16-19
20-29
30-39
40-49
50-59
60-69
mind.70
Modernität / biografische Perspektive

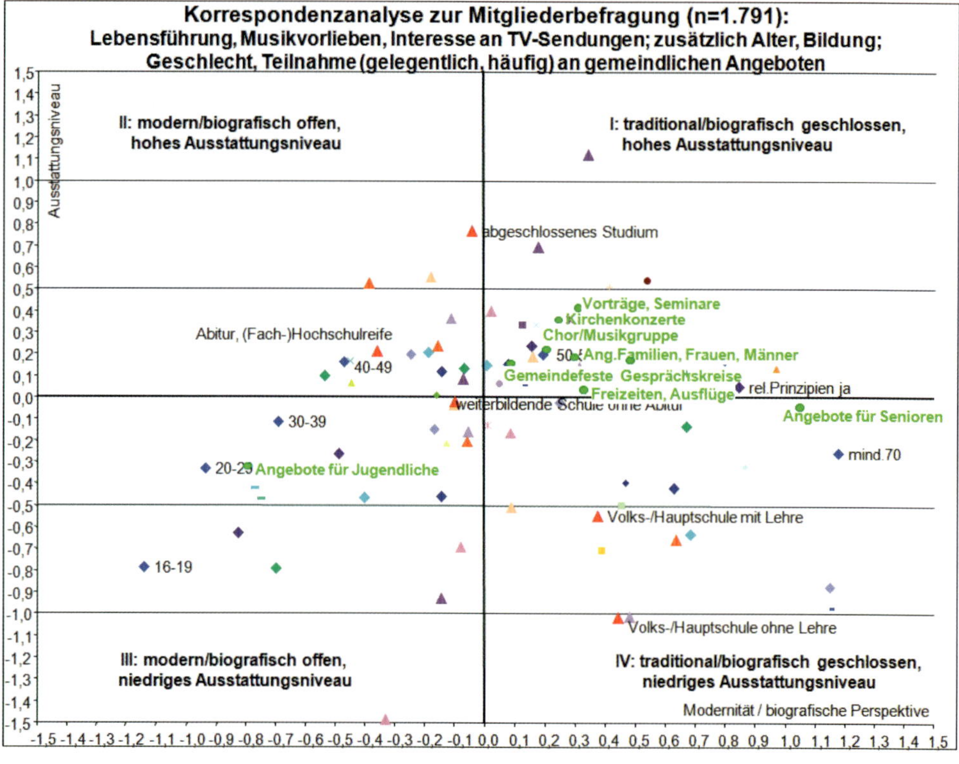
Korrespondenzanalyse zur Mitgliederbefragung (n=1.791): Lebensführung, Musikvorlieben, Interesse an TV-Sendungen; zusätzlich Alter, Bildung; Geschlecht, Teilnahme (gelegentlich, häufig) an gemeindlichen Angeboten
Ausstattungsniveau
II: modern/biografisch offen, hohes Ausstattungsniveau
I: traditional/biografisch geschlossen, hohes Ausstattungsniveau
III: modern/biografisch offen, niedriges Ausstattungsniveau
IV: traditional/biografisch geschlossen, niedriges Ausstattungsniveau
abgeschlossenes Studium
Abitur, (Fach-)Hochschulreife
Vorträge, Seminare
Kirchenkonzerte
Chor/Musikgruppe
Ang.Familien, Frauen, Männer
Gemeindefeste Gesprächskreise
Freizeiten, Ausflüge
rel.Prinzipien ja
Angebote für Senioren
Angebote für Jugendliche
Volks-/Hauptschule mit Lehre
Volks-/Hauptschule ohne Lehre
16-19
30-39
40-49
mind.70
Modernität / biografische Perspektive

4.1.3 Bewertung

Was lässt sich nun aus diesen Ergebnissen folgern? Welche Wege könnten beschritten werden, um den bei den meisten Angeboten recht eingeschränkten Adressatenkreis zu erweitern?

Ein wichtiger Schalthebel ist sicherlich die atmosphärische Gestaltung. Dies wurde in dem negativen Effekt der Vorliebe von Rockmusik bei der Teilnahme am Gottesdienst, an Freizeiten und Ausflügen sowie Gesprächskreisen klar. Ebenso kann man sich vorstellen, dass Chöre bzw. Musikgruppen oder Kirchenkonzerte sich auch anderen Musikrichtungen als der E-Musik öffnen.

Doch braucht es dafür nicht nur eine entsprechende Ausrichtung der Angebote – dies geschieht ja mitunter schon – sondern auch viel Engagement für eine Veränderung des Images dieser Angebote, um an den Zuschreibungsmustern derjenigen zu rütteln, die diese Angebote zumeist kaum aus eigener Anschauung kennen.

In ganz ähnlicher Weise lässt sich auch in Bezug auf das Interesse an (hoch-)kultureller Bildung argumentieren. Natürlich wird dieses immer eine große Rolle spielen, wenn es um Vorträge, Seminare oder auch Gesprächskreise geht. Solche Angebote setzen von vornherein darauf. Doch ist es schon erstaunlich, wenn selbst Ausflüge und Gemeindefeste eine solche Ausstrahlung haben.

Die Ergebnisse weisen also durchaus auf mögliche Ansatzpunkte für eine Veränderung hin. Eines kann aber, vor allem anderen, geradezu als Voraussetzung für eine Beteiligung am kirchlichen Leben überhaupt gelten: eine zumindest tendenziell positive Haltung zu religiösen Prinzipien. Ihre Bedeutung liegt – auch empirisch – an erster Stelle. Wer eine solche Orientierung ablehnt, wird an kirchlichen Angeboten, wie auch immer sie ausgerichtet sind, kaum teilnehmen. Über eine atmosphärische Veränderung in der Gestaltung von Gottesdiensten allein durch die Einbindung von moderner U-Musik wird kaum jemand zur Teilnahme veranlasst, und schon gar nicht etwa „bekehrt".

Allerdings ist dies auch kein Grund, um sich entspannt zurückzulehnen, und zwar in doppelter Hinsicht: Mit 57 % stimmt die Mehrheit der Evangelischen der Aussage, „Ich lebe nach religiösen Prinzipien" (eher) zu und dennoch fühlt sich nur eine Minderheit von den kirchlichen Angeboten angesprochen. Und schließlich ist mit 42 % auch der Anteil derjenigen evangelischen Kirchenmitglieder, die eine Orientierung an religiösen Prinzipien (eher) ablehnen, ausgesprochen hoch.

4.2 Bekanntheit und Nutzung übergemeindlicher Angebote bzw. Dienste

Die in der vorgegebenen Listenfrage aufgeführten Angebote bzw. Dienste beziehen sich auf sehr unterschiedliche Handlungsfelder. Die Palette reicht von Großevents über Bildungsangebote bis hin zu Beratungseinrichtungen sowie der Öffentlichkeitsaktion „Advent ist im Dezember". Für eine Bewertung der aktiven Nutzung bzw. Teilnahme muss bei diesen Angeboten im Blick sein, dass sie zum Teil auf sehr spezifische Zielgruppen ausgerichtet sind, was insbesondere bei der Lebens- und Eheberatung sowie bei der Schuldnerberatung der Diakonie der Fall ist. Hier wäre ein hoher Anteil von Evangelischen, die angeben, mit diesen Einrichtungen „schon zu tun gehabt" zu haben, geradezu als Problemanzeige zu verstehen.

Anders verhält es sich natürlich mit der Bekanntheit der verschiedenen Angebote; denn dabei geht es um den Informationstand der Evangelischen über das, was ihre Kirche in verschiedenen Handlungsfeldern bietet.

Die größte Bekanntheit genießen das weltweite Engagement der Kirchen, der Deutsche Evangelische Kirchentag (DEKT) in Hannover 2005 und die Bahnhofmission. Bis zu 96 % der Evangelischen geben an, darüber zumindest schon etwas gehört oder gelesen zu haben. Das weltweite Engagement führt die Rangfolge auch bei der Antwort „selbst damit zu tun gehabt/teilgenommen" an, und zwar mit großem Abstand zu allen anderen Angeboten bzw. Diensten. Sehr wahrscheinlich haben hier viele auf die weithin

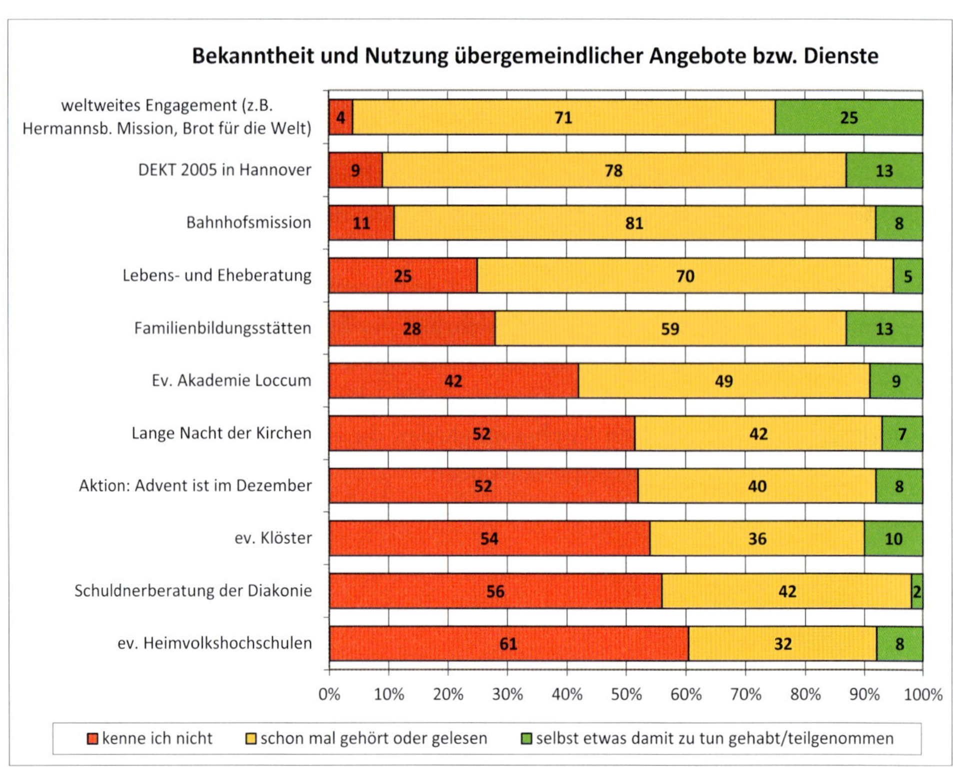

anerkannte, als Beispiel angeführte Aktion „Brot für die Welt“[42] reagiert, für die sie (in gottesdienstlichen Kollekten) bereits gespendet haben.

Auch die Lebens- und Eheberatung ist mit drei Vierteln einer großen Mehrheit der Evangelischen ein Begriff. Die aktive Nutzung dieses Dienstes fällt aus den oben bereits genannten Gründen sehr niedrig aus.

Unter den aufgeführten Bildungseinrichtungen sind die Familienbildungsstätten (Bekanntheit 72 %) führend, auch im Blick auf die Teilnahme an ihren Angeboten. Die Akademie Loccum ist mehr als zwei Dritteln, also ebenfalls einer großen Mehrheit bekannt. Fast umgekehrt stellt sich die Relation allerdings für die evangelischen Heimvolkshochschulen dar: 61 % geben an, sie gar nicht zu kennen, in der Rangfolge belegen sie den letzten Platz.

Das kulturelle Event „Lange Nacht der Kirchen in Hannover“ sowie die Aktion „Advent ist im Dezember“, die als Öffentlichkeitsinitiative das Bewusstsein für die christliche Tradition der Adventszeit schärfen will, erreichen knapp die Hälfte der Evangelischen. Dieser Bekanntheitsgrad ist angesichts der vergleichsweise kurzen Frist, seit der diese Initiativen ins Leben gerufen wurden – die „Lange Nacht der Kirchen“ im Jahr 2003, „Advent ist im Dezember“ im Jahr 2001 – sehr hoch.

Für die aktive Nutzung der übergemeindlichen Angebote bzw. Dienste gelten zumeist ähnliche Relationen wie für die aktive Einbindung in das Gemeindeleben: Nur ein kleiner Teil der Evangelischen nimmt diese Möglichkeit wahr. Dabei erreichen der DEKT in Hannover 2005 und Familienbildungsstätten mit jeweils 13 % die höchsten Werte.

4.2.1 Anknüpfungspunkte

Bereits im Auswertungsbericht zur Mitgliederbefragung der Evangelisch-lutherischen Landeskirche Hannovers wurde in bivariaten Analysen der Bekanntheit und Nutzung der übergemeindlichen Angebote bzw. Dienste unter Berücksichtigung der Alterszugehörigkeit, des formalen Bildungsstandes sowie der Höhe des Haushaltsnettoeinkommens nachgegangen. Und es zeigten sich bemerkenswerte Effekte[43]:

Diejenigen, die etwas über diese Angebote gehört oder gelesen haben, sind zumeist deutlich älter als diejenigen, die diese Angebote nicht kennen; oftmals liegen sie sogar über dem Altersdurchschnitt aller Befragten. In noch stärkerem Maß gilt dies für die aktive Nutzung bzw. Teilnahme.

Für den formalen Bildungsstand ergaben sich geradezu extreme Differenzen: Diejenigen, die die Angebote nicht kennen, liegen zumeist erheblich unter dem durchschnittlichen Bildungsstand. Evangelische, die mit dem jeweiligen Angebot schon „selbst zu tun gehabt“ bzw. daran „teilgenommen“ haben, verfügen über eine weit überdurchschnittli-

42 Vgl. Diakonisches Werk, (2002), S. 13f.; Dass., (2006) S. 12f.
43 Vgl. Ahrens/Wegner (2006), S. 13ff.

che Bildung: Fast durchgehend hat deutlich mehr als die Hälfte von ihnen zumindest Abitur. Diese Relation gilt selbst für die Lebens- und Ehe- sowie die Schuldnerberatung. Die Berücksichtigung der Höhe des Haushaltsnettoeinkommens erbringt weitgehend entsprechende Ergebnisse. Ausgenommen von diesem Gesamtbild ist ausschließlich die Aktion „Advent ist im Dezember".

Aber sind diese sozialstrukturellen Aspekte auch von Bedeutung für Bekanntheit und Nutzung der übergemeindlichen Angebote, oder machen sich in den Ergebnissen eher die Effekte unterschiedlicher Lebensorientierungen bemerkbar? Um dieser Frage nachgehen zu können, wurden – wie schon für die Teilnahme am kirchlichen Gemeindeleben – multiple Regressionsanalysen[44] durchgeführt.

Die sozialstrukturellen Aspekte, vor allem die Alterszugehörigkeit und bzw. oder – sogar fast durchgängig – der formale Bildungsstand spielen bei den meisten Angeboten eine erhebliche Rolle. Die positive Richtung der Werte weist dabei aus, dass es jeweils die Älteren und bzw. oder die höher Gebildeten sind, die diese Angebote eher kennen bzw. nutzen.

Multiple Regressionsanalysen (BETA-Werte) für die Bekanntheit und Nutzung übergemeindlicher Angebote
(n ≥1.355)

	Angebote										
	Lange Nacht der Kirchen	DEKT 2005	Ev. Akademie Loccum	Ev. Heimvolkshochschulen	Familienbildungsstätten	Ev. Klöster	weltweites Engagement	Schuldnerberatung Diakonie	Lebens-/Eheberatung	Bahnhofsmission	Advent ist im Dezember
Alter	0,013	0,068	0,347**	0,190**	-0,014	0,154**	0,135**	-0,034	0,020	0,224**	0,056
Bildung	0,055	0,120**	0,192**	0,172**	0,090*	0,145**	0,094*	0,093*	0,105*	0,130**	-0,005
Geschlecht	0,060	0,017	-0,034	-0,005	0,150**	-0,034	0,023	0,035	0,039	0,018	0,040
Kind	0,030	-0,036	-0,033	0,007	0,066	-0,026	-0,018	0,056	0,028	-0,031	0,013
einkommen	0,011	0,082	0,058	0,050	0,064	0,022	0,072	0,002	0,005	0,011	-0,016
Ortsgröße	0,161**	0,144**	0,018	-0,028	0,033	0,047	-0,014	-0,016	-0,036	0,039	0,016
religiöse Prinzipien	0,135**	0,152**	0,150**	0,151**	0,137**	0,075	0,135**	0,092*	0,098*	0,025	0,098*
Familientradition	-0,020	-0,016	-0,026	-0,035	-0,023	-0,001	0,000	-0,005	-0,006	-0,014	0,075
Lebensgenuss	-0,023	-0,036	-0,081	-0,008	0,029	-0,063	-0,031	-0,015	-0,072	0,014	-0,018
Ausgehen	0,063	0,044	0,007	0,057	0,021	0,049	0,019	-0,028	0,010	0,020	0,018
Action	-0,056	-0,031	-0,023	-0,031	-0,002	-0,039	0,001	-0,021	0,003	-0,068	0,006
gehob. Lebensstandard	-0,002	-0,001	0,013	-0,018	-0,064	-0,021	-0,039	-0,037	0,003	-0,064	-0,021
Kunstausstellungen	0,127**	0,152**	0,096**	0,159**	0,075	0,141**	0,081	0,091*	0,133**	0,020	0,086
Bücher lesen	0,067	0,066	0,049	0,002	0,099*	0,056	0,064	0,058	0,061	0,066	0,025
überregionale TZ	0,031	0,056	0,039	-0,003	0,013	0,055	0,018	0,017	0,003	0,052	0,084*
Restaurantausgaben	0,045	-0,015	0,010	-0,015	0,047	-0,007	-0,002	0,028	-0,010	-0,002	-0,044
Oper	0,113**	-0,009	0,032	-0,019	0,061	0,087*	-0,053	-0,010	0,002	0,039	0,044
Rock	0,053	0,072	0,034	-0,071	0,060	0,027	0,050	0,016	0,091*	0,088*	-0,015
Schlager	-0,023	0,029	-0,020	0,008	-0,009	0,031	-0,012	-0,021	0,012	-0,007	0,059
R^2	0,179	0,181	0,302	0,178	0,147	0,170	0,092	0,059	0,087	0,102	0,083

**$p \leq 0,0001$; *$p \leq 0,001$

[44] Streng genommen genügt das gegebene Skalenniveau nicht den Anforderungen dieses Analyseverfahrens. Allerdings liefern die ermittelten Werte – bei einer vorsichtigen Interpretation vor allem hinsichtlich der Beratungsangebote – nicht zuletzt wegen der ausgesprochen komfortablen Fallzahl ein durchaus valides Ergebnis für die jeweiligen Effektrichtungen und -stärken.

Beide Aspekte leisten einen jeweils eigenständigen erheblichen Erklärungsbeitrag bei gleichzeitig so unterschiedlichen Angeboten wie der Evangelischen Akademie Loccum, den evangelischen Heimvolkshochschulen, evangelischen Klöstern oder auch dem weltweiten Engagement und der Bahnhofsmission.

Besonders eindrucksvoll ist dies bei der Akademie Loccum zu erkennen, für die auch der Gesamteffekt (R^2) am stärksten ausfällt: Sie hat ein vorwiegend älteres und höher gebildetes Publikum. Zumindest hinsichtlich des Bildungsstandes trifft dieses Publikum sicherlich auch die angestrebten Zielgruppen. Sein höheres Alter könnte man allerdings auch als Schwierigkeit verbuchen: Für jüngere Menschen scheint die Akademie wenig attraktiv zu sein.

Bei den meisten anderen Angeboten zeigt sich, dass der formale Bildungsstand tatsächlich erhebliche Bedeutung für deren Bekanntheit und Nutzung hat, was bereits im Auswertungsbericht zur Mitgliederbefragung der Ev.-luth. Landeskirche als ‚ernüchternde Erkenntnis'[45] beschrieben wird. Nur die Aktion „Advent ist im Dezember" kann in dieser Hinsicht als Ausnahmeerscheinung gelten.

Bei der „Langen Nacht der Kirchen in Hannover" verliert der formale Bildungsstand allerdings seine Relevanz: Hier wirken sich stattdessen – neben der Ortsgröße (die Informierten und die Besucher werden sich vorwiegend aus dem hannoverschen Stadtgebiet rekrutieren) – Lebensorientierungen aus, und zwar das hochkulturelle Interesse, das sich im Besuch von Kunstausstellungen und Galerien sowie in der Vorliebe von Opern äußert.

Auffallend ist, dass die Geschlechtszugehörigkeit ausschließlich bei der Bekanntheit und Nutzung der Familienbildungsstätten eine Rolle spielt, und dabei unter allen berücksichtigten Merkmalen das größte Gewicht hat: Frauen fühlen sich von diesem Angebot deutlich eher angesprochen als Männer.

Unter den Indikatoren der Dimension „Modernität bzw. biografische Perspektive" leistet – wie schon bei der Teilnahme an gemeindlichen Angeboten – ausschließlich die Orientierung an religiösen Prinzipien einen eigenen Erklärungsbeitrag. Doch kommt ihr hier keine derartige Vorrangstellung zu. Abgesehen vom DEKT in Hannover 2005 und der Aktion „Advent ist im Dezember" ist der Beitrag der sozialstrukturellen Aspekte von größerem Gewicht. Interessanterweise schlägt die Orientierung an religiösen Prinzipien bei der Bekanntheit und Nutzung evangelischer Klöster und der Bahnhofsmission überhaupt nicht zu Buche.

Schließlich erweist sich der Besuch von Kunstausstellungen und Galerien nicht nur für die „Lange Nacht der Kirchen in Hannover" sondern für die Mehrheit der vorgegeben Angebote als praktisch einzig relevanter Indikator des Ausstattungsniveaus.

Im Gesamtblick ist die Bekanntheit und Nutzung übergemeindlicher Angebote bzw. Dienste also vor allem eine Frage der Bildung, und zwar zum größeren Teil sowohl als formale Voraussetzung als auch in Gestalt des hochkulturellen Bildungsinteresses.

---

45 Vgl. Ahrens/Wegner (2006), S. 14.

4.2.2 Bekanntheit und Nutzung übergemeindlicher Angebote bzw. Dienste im zweidimensionalen sozialen Raum

Betrachtet man nun die Lage der übergemeindlichen Angebote bzw. Dienste nach jeweiliger Kenntnis und aktiver Nutzung im zweidimensionalen sozialen Raum, so bildet sich ihre Gebundenheit an Bildungsvoraussetzungen eindrucksvoll in der Vertikalen ab: Geht es um die Antwort „kenne ich gar nicht", so finden sich alle Angebote in der unteren Hälfte des Raumes, während die aktive Nutzung im oberen Bereich angesiedelt ist: In besonderer Weise gilt dies für die ausdrücklichen Bildungsangebote, und zwar einschließlich der evangelischen Heimvolkshochschulen und Familienbildungsstätten, für die Großevents DEKT 2005 in Hannover und die „Lange Nacht der Kirchen" sowie für die evangelischen Klöster.

Selbst hinsichtlich ihrer Bekanntheit („schon mal davon gehört oder gelesen") liegen die meisten Angebote – und das zum Teil erheblich – oberhalb der Mittellinie. Nur das weltweite Engagement sowie der DEKT 2005 in Hannover können hier als Ausnahmen vermerkt werden: Sie sind zugleich die Angebote mit dem größten Bekanntheitsgrad (96 % bzw. 81 %).

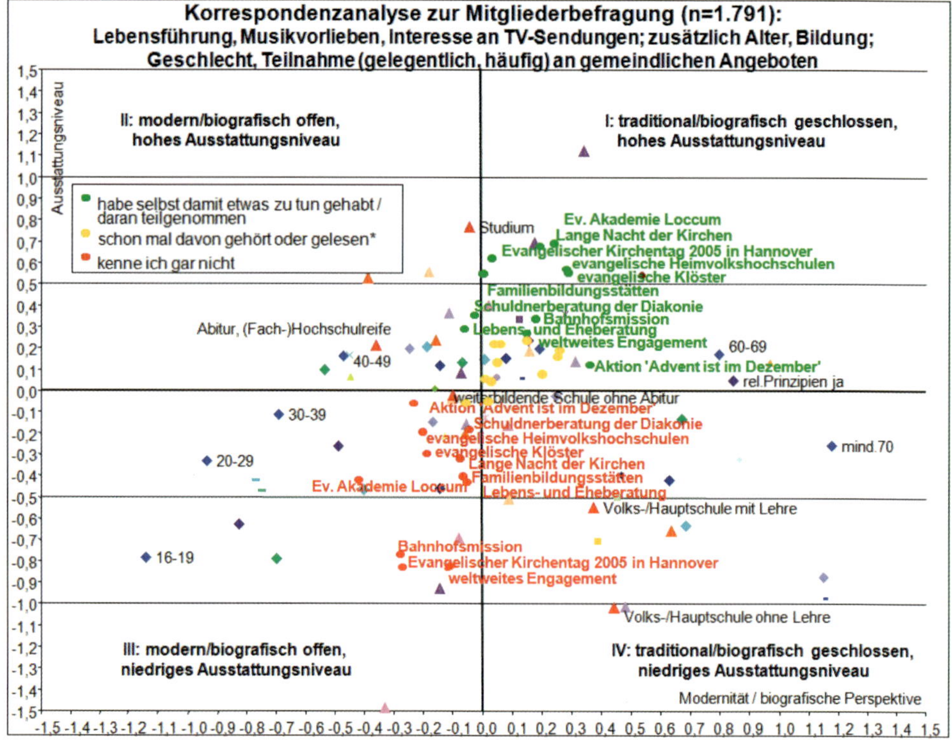

4.2.3 Bewertung

Für die aktive kirchliche Beteiligung am Gemeindeleben ist die religiöse Orientierung als besonders gewichtiger Faktor zu betrachten. Die Ergebnisse für die übergemeindlichen Angebote bzw. Dienste weisen aus, dass ihre Bekanntheit und noch sehr viel stärker ihre aktive Nutzung in erster Linie an Bildungsvoraussetzungen gekoppelt ist.

Einmal abgesehen von der Evangelischen Akademie Loccum muss hier gefragt werden, ob diese „Bildungsschwelle" mit der jeweils gewollten Zielgruppenausrichtung zu vereinbaren ist bzw. wie diese abgesenkt werden kann.

Zweifellos verfügen die meisten Angebote nicht über die Möglichkeiten, eine derart breite Präsenz in der (Medien-)Öffentlichkeit zu erreichen, wie dies etwa beim DEKT 2005 oder z. B. bei der Aktion „Brot für die Welt" der Fall ist. Doch setzen in der Praxis viele Angebote – umgekehrt – auf die aktive Informationssuche seitens der Adressaten und damit auf ein vorab gegebenes (Bildungs-)Interesse.

5 Resümee

In ihrer Lebensführung unterscheiden sich die Evangelischen von den Befragten der Vergleichsstudie, die Otte in der Mannheimer Bevölkerung durchgeführt hat, vor allem in einer Hinsicht: Sie bejahen mehrheitlich, nach religiösen Prinzipien zu leben. Dabei muss bezweifelt werden, ob diese Orientierung durchgehend, wie von Otte angelegt, als traditionale Haltung verstanden werden kann, die im Kontrast zu modernen, eher hedonistischen Orientierungen steht: In der Gesamtheit der Evangelischen sind Lebensgenuss, Ausgehen und Actionorientierung jedenfalls nicht weniger verbreitet als unter den Befragten seiner Mannheimer Untersuchung. Und diese modernen, hedonistischen Orientierungen stehen nach den Analysen der Repräsentativbefragung im Gebiet der Hannoverschen Landeskirche einer Ausrichtung an religiösen Prinzipien nicht entgegen.

Die Verteilung der Musikvorlieben und Fernsehinteressen, der Indikatoren zur Lebensführung sowie der sozialstrukturellen Merkmale im zweidimensionalen Raum zeigt für die Evangelischen ein Bild, das den Ergebnissen von Otte weitgehend entspricht. In seiner Grundstruktur spiegelt es außerdem die gängigen Milieudifferenzierungen anderer Untersuchungen für die (west-)deutsche Gesellschaft wider: In den Grundmustern ihrer Orientierungen unterscheiden sich die Evangelischen nicht von der Bevölkerung. Dabei zeigt sich weiter, dass die sozialstrukturellen Merkmale Lebensalter und formaler Bildungsstand eine erhebliche Rolle für die Milieudifferenzierungen spielen: Sie erweisen sich als wichtige Faktoren für die horizontale (Alter) und vertikale (Bildung) Differenzierung der Orientierungen.

Bemerkenswert sind die Ergebnisse genauerer Analysen insbesondere für die Orientierung an religiösen Prinzipien. Zum einen bestätigen sie bekannte Relationen: Ältere,

Frauen und Einwohner in kleineren Orten leben eher nach religiösen Prinzipien, während Jüngere, Männer und Einwohner in größeren Orten dies für sich eher ablehnen.

Zum anderen korreliert der formale Bildungsstand mit dieser religiösen Orientierung, und zwar positiv: Formal höher Gebildete bestätigen eher als andere, nach religiösen Prinzipien zu leben. Galt bisher, dass mit höherem formalem Bildungsstand eine kirchlich-religiöse Distanzierung einhergeht, so bejahen in dieser Untersuchung gerade die akademisch Gebildeten am deutlichsten ihre Orientierung an religiösen Prinzipien. Zu klären bleibt, ob dies im Sinne einer Trendwende interpretiert werden kann oder darauf zurückgeführt werden muss, dass die kirchlich-religiös Distanzierten unter den hoch Gebildeten überproportional aus der Kirche ausgetreten sind.

Die Befragung bestätigt bekannte Zuordnungen auch, wenn es um die Nähe bzw. Distanz der religiösen Orientierung zu Musikvorlieben und Fernsehinteressen geht: So sind unter den Musikvorlieben z. B. Operette, klassische Musik, Oper sowie Blues / Chanson in (relativ) großer Nähe zur positiven Orientierung an religiösen Prinzipien angesiedelt, während sich Rock, Pop und Techno-House-Lounge in großer Distanz dazu befinden. Allerdings machen die Ergebnisse gleichzeitig deutlich, wie wichtig es ist, hieraus keine Kausalitäten abzuleiten: Aus der Vorliebe für Rockmusik folgt nicht etwa eine Ablehnung von religiösen Prinzipien. Vielmehr sagen Musikvorlieben für sich genommen praktisch gar nichts über die religiöse Orientierung aus.

Mit der Frage, an welche Aspekte der Lebenssituation bzw. Orientierungen kirchliche Angebote anknüpfen, rückt schließlich die handlungspraktische Zielperspektive dieser Untersuchung in den Blickpunkt. Und hierzu liefern die Ergebnisse wichtige Einsichten.

Im zweidimensionalen sozialen Raum zur Milieudifferenzierung konzentriert sich die aktive Teilnahme an kirchlichen Angeboten auf den Bereich der eher traditionalen Orientierung bzw. biografisch geschlossenen Perspektive und ein (eher) gehobenes Ausstattungsniveau. Die anderen Bereiche bleiben unbesetzt. Entspricht das Gesamtbild des sozialen Raumes bei den Evangelischen weitgehend dem der Bevölkerung, so ist für die Teilnahme an kirchlichen Angeboten die „Milieuverengung“ klar zu erkennen.

Als Anknüpfungspunkt für die Teilnahme an den Angeboten der Kirchengemeinde steht die Orientierung an religiösen Prinzipien mit Abstand an erster Stelle – nur die von vornherein alterspezifisch ausgerichteten Angebote der Jugend- und der Seniorenarbeit sind davon ausgenommen. Wer eine Orientierung an religiösen Prinzipien für sich selbst verneint, wird sich kaum für eine aktive Einbindung in das Gemeindeleben gewinnen lassen.

Doch bedeutet dies keineswegs, dass man deshalb Fragen der inhaltlichen Ausrichtung und atmosphärischen Gestaltung der Angebote bzw. ihres Images vernachlässigen könnte. Oft setzt die Teilnahme nämlich auch ein kulturelles Bildungsinteresse (Kunstausstellungen/Galerien, Bücherlesen) voraus, was nicht nur für den Besuch von Kirchenkonzerten und Vorträgen bzw. Seminaren gilt, sondern – zumindest tendenziell – auch für Freizeiten und Ausflüge, Gemeindefeste und selbst Gottesdienste. Wer sich dieses Interesse nicht zuschreibt, fühlt sich von diesen Angeboten auch nicht angesprochen.

Darüber hinaus wird die Bedeutung der atmosphärischen Gestaltung kirchengemeindlicher Angebote daran sichtbar, dass Musikvorlieben hier, und das im Unterschied zur Orientierung an religiösen Prinzipien (!), durchaus eine Rolle spielen: Die Vorliebe für Oper korrespondiert dem Besuch von Kirchenkonzerten. Das heißt auch, dass der Erwartungshorizont bei Kirchenkonzerten von vornherein auf klassische E-Musik gerichtet ist. Auch die Teilnahme am Chor bzw. einer Musikgruppe hängt positiv mit der Vorliebe für Opern zusammen, während die Präferenz von Schlagern hier negative Effekte hat: Einfache „Herz-und-Schmerz"-Thematik oder Bierseeligkeit im Vier-Viertel-Takt passen eben nicht zum Kirchenchor. Wer Rockmusik mag, wird eher nicht an Freizeiten bzw. Ausflügen oder Gesprächskreisen teilnehmen und nur selten im Gottesdienst zu finden sein. Diese Angebote werden gewissermaßen als atmosphärischer Gegenpol zur lauten, rhythmusbetonten U-Musik empfunden.

Allein die Erwartungen an die atmosphärische Gestaltung kirchlicher Gemeindeangebote wirken sich also – und zwar unabhängig von der eigenen Orientierung an religiösen Prinzipien – darauf aus, ob man an ihnen teilnimmt oder nicht.

Bei der Nutzung übergemeindlicher Angebote bzw. Dienste müssen Bildungsvoraussetzungen als wichtigster Anknüpfungspunkt gesehen werden. Ein höherer formaler Bildungsstand und eine hochkulturelle Orientierung (Kunstausstellungen/Galerien) sind hier als besonders wichtige Faktoren zu veranschlagen. Zwar spielt auch die positive Orientierung an religiösen Prinzipien für die Nutzung dieser Angebote eine Rolle, doch steht sie zumeist deutlich hinter dem Bildungsaspekt zurück.

Wenn es um die die Frage geht, welche Schalthebel bedient werden können, um den Adressatenkreis kirchlicher Angebote zu erweitern, ist nach den Ergebnissen dieser Untersuchung bei einer Ausrichtung von Angeboten anzusetzen, die auch für weniger Bildungsinteressierte attraktiv ist, und für eine atmosphärische Gestaltung zu sorgen, in der sich ein „Publikum" wohl fühlen kann, das nicht auf klassische E-Musik gestimmt ist.

Schon lange wird die Diskussion über eine Veränderung der kirchlichen Praxis geführt, mit der die Konzentration auf die „Kerngemeinde" überwunden werden kann. Im Fokus stehen dabei meist die so genannten Kirchenfernen. Wenn mit der Bezeichnung „Kirchenferne" diejenigen gemeint sind, die eine religiöse Orientierung für sich selbst ablehnen, so wird es nur schwer gelingen, sie überhaupt für eine Teilnahme an kirchengemeindlichen Angeboten zu gewinnen, geschweige denn, sie allein mit Mitteln zur atmosphärischen Gestaltung zu „missionieren". Werden unter „Kirchenfernen" aber diejenigen verstanden, die – umgekehrt – wegen ihres Erwartungshorizontes zur atmosphärischen Gestaltung kirchliche Angebote eher meiden, so scheint die Bedienung der genannten Schalthebel Erfolg versprechend.

Teil 2
Die Veranstaltungen

Das SI hat insgesamt zehn kirchliche Veranstaltungen evaluiert. Einige davon waren eigens für das Projekt konzipiert. Diese Veranstaltungen waren als kirchliche zu erkennen, setzten aber gleichzeitig auch auf ihre Identifizierung als kulturelles Ereignis: Sie fanden jeweils in einer Kirche und bzw. oder in deren Außenbereich statt. Und sie kombinierten einen Gottesdienst bzw. gottesdienstliche Elemente mit einem kulturellen Event, d. h. Live-Musik, Lesungen, Fest.

Die Gestaltung der Events knüpfte an jeweils andere sozio-kulturelle Orientierungen an – mit einem besonderen Augenmerk auf die Musikvorlieben: Können diese tatsächlich als bedienbare „Schalthebel" fungieren, wenn mit kirchlichen Veranstaltungen die enge Begrenzung des Bereichs der Teilnehmenden im zweidimensionalen sozialen Raum durchbrochen werden soll?

1 Durchführung und Evaluation der Veranstaltungen

Schon in den Ankündigungen der Veranstaltungen war der jeweilige kulturelle Part auf unterschiedliche Adressatenkreise ausgerichtet: Das reichte von Inga Rumpf, der bekannten „Rockröhre" mit Gospelanteilen bei einem adventlichen Abend in Alfeld, über den Titel „Performance: Zeitreise II" in der Hannoverschen Ruine der Aegidienkirche zur Langen Nacht der Kirchen im Jahr 2006, die „Brasilianische Nacht" in der Thomaskirche, ebenfalls zur Langen Nacht der Kirchen in Hannover, bis zum „Salonensemble Delicato", das im Anschluss an einen Open-Air-Gottesdienst in Wolfsburg mit beliebten Operettenmelodien aufwartete, und zur Lesung von Gedichten Elli Michlers, die sich stimmungsvoll und lebensbejahend auch und gerade dem Herbst des Lebens zuwenden, im Wechsel zu gefühlsbetonter Musik (mit Harfe), dargebracht von einer Moderatorin und einem Musikredakteur des NDR 1. Dieser Radiosender ist vor allem unter älteren und weniger hoch-kulturell orientierten Menschen beliebt und kann dabei die größte Reichweite überhaupt in Norddeutschland für sich verbuchen.

Mitglieder des Forschungsteams notierten während der jeweiligen Veranstaltung mit Hilfe eines kategoriengestützten Beobachtungsbogens Angaben zum Publikum (vom Alter bis zur Kleidung), zur Atmosphäre des Veranstaltungsraumes bzw. -ortes und zur Stimmung des Publikums im Verlauf des Programms.

Während bzw. kurz vor Ende der Veranstaltungen wurde das Publikum darum gebeten, sich an einer kurzen schriftlichen Befragung zu beteiligen. Darin wurden neben der Beurteilung der Veranstaltung selbst das an den Indikatoren zur Lebensführung orientierte Veranstaltungsinteresse, die Musikvorlieben, das Gefühl der Verbundenheit mit der Kirche sowie die soziodemographischen Variablen Geschlecht, Alter, formaler Bildungsstand, erhoben (vgl. Anhang A: Fragekatalog schriftliche Kurzbefragung).

In der folgenden Tabelle sind die Veranstaltungen mit Angaben zu Zeit und Ort der Durchführung sowie die jeweilige (via Beobachtung geschätzte) Zahl der Besucher/-innen und Fragebogenrücklauf aufgelistet.

Bei den Veranstaltungen in Wolfsburg wurden keine Beobachtungen durchgeführt. Deshalb fehlt für sie die Schätzung der Besucherzahl.[46]

Angaben zu den Veranstaltungen und schriftlichen Kurzbefragungen vor Ort

Veranstaltung	Datum	Titel	Zeit	Ort	Besucher-zahl	Rücklauf
Alfeld 2005	3. Dezember 2005	Herzenswünsche im Advent	18 bis ca. 21 Uhr	in der Kirche	ca. 260	178
„Lange Nacht“ in Hannover Aegidienkirche	8. September 2006	Performance: Zeitreise II	18 bis 24 Uhr	Open Air in der Ruine	ca. 250	136
„Lange Nacht“ in Hannover Thomaskirche	8. September 2006	Brasilianische Nacht	18 Uhr bis in die Nacht	in der Kirche und Open Air	700-900	266
Open Air (Gottesdienst) in Wolfsburg 1	10. September 2006	Sommer am Ehmer Küsterberg: Salonensemble „Delicato“ (Operettenmelodien)	10 Uhr: Gottesdienst mit anschl. Rundgang. Ab 17 Uhr: Musik	Open Air	?	80
Open Air (Gottesdienst) in Wolfsburg 2	24. September 2006	Sommer am Ehmer Küsterberg: Jazz-Gottesdienst, Kinderprogramm, „L'Orchestra Italiana“	14 Uhr bis in den Abend	Open Air	?	113
„Lange Nacht“ in Wolfsburg	4. November 2006	Können nicht differenziert werden	17 Uhr bis in die Nacht	in den Kirchen und Open Air	?	163
Alfeld 2006	15. Dezember 2006	„Ich wünsche dir Zeit“	18 bis ca. 21 Uhr	in der Kirche	ca. 150	132
Bessingen 2007	13. April 2007	„Ich wünsche dir Zeit“	18 bis ca. 21 Uhr	in der Kirche	ca. 100	75
Friedland 2007	14. April 2007	„Ich wünsche dir Zeit“	18 bis ca. 21 Uhr	in der Kirche	ca. 50	48
Priepert 2007	20. Juli 2007	"Ich wünsche dir Zeit“	19:30 bis ca. 22 Uhr	Open Air auf der Seebühne	ca. 60	41

[46] An dieser Stelle gilt unser herzlicher Dank Herrn Pastor Keitel, der sich mit der Durchführung der Kurzbefragungen zu diesen Veranstaltungen in das Projekt eingebracht und uns die Daten zur Verfügung gestellt hat.

2 Atmosphärisches: Eindrücke aus Ankündigungen und Beobachtungen der Veranstaltungen

2.1 Alfeld 2005: „Herzenswünsche im Advent“

Diese Veranstaltung wurde für das Milieuprojekt des SI konzipiert und sollte (auch) Menschen erreichen, die im zweidimensionalen sozialen Raum dem Bereich „modern bzw. biographisch offen/hohes Ausstattungsniveau“ (II. Quadrant) zuzuordnen sind.

Sie fand am 3. Dezember 2005, einem Samstag, in der Nicolaikirche in Alfeld, der Hauptkirche dieser Kleinstadt mit etwa 20 000 Einwohnern statt. Die Veranstaltung firmierte – im Rahmen der in der Hannoverschen Landeskirche entwickelten Reihe „Kult-Event-Kirche“[47] – unter dem Titel „Herzenswünsche im Advent“.

Es wurden zwei Programmteile angekündigt: im ersten ein Gottesdienst, im zweiten Lesung/Texte von und mit dem hannoverschen Literaten und Dichter Oskar Ansull und Konzert mit Inga Rumpf: Sie ist eine in Deutschland gerade in den mittleren Altersgruppen sehr bekannte Rocksängerin, die auch Gospelelemente in ihre Musik einbaut. Ein „Get together“ im Kirchenraum lud zum zwanglosen Gespräch mit Gebäck und Wein zwischen den Programmteilen ein.

[47] Vgl. hierzu Wegner/Baltruweit (2007).

Im Beobachtungsprotokoll ist vermerkt, dass an diesem kalten und klaren Samstagabend im Advent (die Düfte des Weihnachtsmarktes in der Nähe wehten zur Nicolaikirche herüber) die Kirche mit ca. 260 Menschen gut gefüllt war. Im Publikum überwog die Altersgruppe der 40–60-Jährigen, darunter viele Paare. Die Kleidung wird als solide und relativ schlicht beschrieben. Nur wenige Jugendliche hatten den Weg in die Kirche gefunden: Wie sich herausstellte, hatten sie als Konfirmanden diese dreistündige Veranstaltung der Alternative eines Gottesdienstbesuchs am Sonntag vorgezogen.

Im nur dezent dekorierten Kirchenraum dominierte Kerzenlicht, das eine warme Atmosphäre entstehen ließ. Vor Beginn der Veranstaltung war die erwartungsvolle Stimmung im Publikum zu spüren. Es wurden leise bis lebhafte Gespräche geführt. Mit dem Glockenläuten zu Beginn des Gottesdienstes trat sofort Ruhe ein.

Schon das Intro mit Saxophon und Orgel kündigte an, dass dies ein besonderer Gottesdienst sein würde. Nach Begrüßung und Danksagungen des Pfarrers an alle Beteiligten dieses Abends folgte Inga Rumpf mit einem beschwingten Song, den das Publikum mit einem ersten, noch etwas verhaltenen Applaus bedachte. Im gesamten Verlauf des Gottesdienstes wechselten eindeutige gottesdienstliche Elemente wie Advent-Psalm-Meditation, Kurzpredigt, Vaterunser und Songs mit Inga Rumpf bzw. kurzer Textlesung mit Oskar Ansull einander ab. Über gemeinsames Singen („Kommt ein Schiff geladen“, „Macht hoch die Tür“), die gelungene Einübung eines stimmungsvollen Kanons („Shalom“), in den alle Versammelten einstimmten, wurde die „Gemeinde“ in das Geschehen eingebunden. Es entfaltete sich eine freundliche, warme, Geborgenheit vermittelnde Atmosphäre, eine adventliche Stimmung.

Der Beifall des Publikums nach den Songs von Inga Rumpf wurde immer mutiger. Nach dem Segen durch den Pfarrer und einem mit lautem Applaus beklatschten Song von Inga Rumpf endete der erste Programmteil mit der Ankündigung der Kurzbefragung und der Ansage des „Get together“.

In der Pause boten fröhlich und einladend wirkende Ehrenamtliche pikantes und süßes (weihnachtliches) Gebäck, Wein, Saft oder Wasser an; neben den Bankreihen im Kirchenraum konnten Bistrotische zu geselligen Gesprächsrunden genutzt werden. Es entfaltete sich eine lockere „Gute-Laune-Stimmung“. Viele reagierten sehr zugewandt auf die Befragungsaktion und nahmen sich schon einmal den Kurzfragebogen des Instituts vor. Kaum jemand nutzte diese Pause als Gelegenheit, um zu gehen.

So brauchte es denn auch eine Weile, bis der Ruf zum Programm mit Klavier und Saxophon das Publikum zurück in die Kirchenbänke brachte und Ruhe einkehren ließ. Im ausschließlich kulturellen zweiten Teil des Programms wechselten nun fröhliche, rockige Songs von Inga Rumpf mit anspruchsvolleren Textlesungen von Oskar Ansull. Ausgelassene Stimmung, Mitklatschen zur Musik, Beifall und Bravorufe wechselten mit konzentriertem, manchmal schmunzelndem, manchmal aber auch etwas angestrengtem Zuhören. Letzteres lag nicht zuletzt an der Akustik, die doch zu wünschen übrig ließ und das Verstehen der Texte zum Teil erheblich erschwerte. Dieses technische Problem wird im Protokoll mehrfach und mit Ausrufezeichen eigens angemerkt. Insgesamt hat dies die überaus positive Stimmung im Publikum jedoch nicht abbrechen lassen. Nach dem abschließenden Song „Knocking on Heavens Door“, bei dem mitgesungen und -geklatscht wurde, signalisierte das Publikum mit Jubel- und Zugaberufen, dass es noch mehr hören wollte.

Doch das Ende des Programms war erreicht und der Zeitrahmen schon überschritten. Von leiser Klaviermusik begleitet schloss der ruhig gesprochene Abendsegen die Veranstaltung. Nach längerem Schweigen – womöglich hatte dieser Kontrast zur vorherigen Stimmung eine irritierende Wirkung – verließ das Publikum allmählich die Kirche.

2.2 Lange Nacht der Kirchen in Hannover 2006

Zwei Veranstaltungen, „Performance: Zeitreise II“ und „Brasilianische Nacht“ fanden im Rahmen der „Langen Nacht der Kirchen in Hannover“ am Freitag, den 8. September 2006 statt. Diese Lange Nacht der Kirchen ist ein Großevent, das inzwischen in zweijährigem Turnus stattfindet: Alle Kirchen im Stadtgebiet sind bis in die Nacht hinein geöffnet und bieten ein je eigenes Programm, das Geistliches mit kulturellen Elementen verbindet.

2.2.1 „Performance: Zeitreise II“: Ruine der Aegidienkirche

Die Ruine der Aegidienkirche befindet sich ruhig gelegen im Innenstadtbereich Hannovers. Sie wurde nach ihrer Zerstörung im Zweiten Weltkrieg nicht wieder aufgebaut und dient als Mahnmal für Opfer von Krieg und Gewalt. Durch die stehen gebliebenen Außenwände, die von Efeu und wildem Wein überrankt sind, gestaltet sich ein nach oben hin offener Innenraum, der hin und wieder auch für künstlerisch-kulturelle Inszenierungen genutzt wird.

In der Ankündigung der „Performance: Zeitreise II“ im Programm zur Langen Nacht der Kirchen in Hannover 2006 heißt es: „Ein unsichtbarer Impuls von Musik und Texten aus unterschiedlichen Epochen prägt die Dramaturgie der „Zeitreise“ – vom 13. Jahrhundert bis zur Jetztzeit für eine Hoffnung für die Zukunft. Verschiedene Stilsparten und ein Spektrum von gefälligen bis zu experimentellen Klängen zum

Thema „Nacht" werden den Besucher überraschen. Studierende (der Hochschule für Musik und Theater Hannover und der Universität Hildesheim; d. V.) und routinierte Profis vermitteln mit ihren Beiträgen die soziokulturelle Dimension von Begegnung im Kirchenraum. In einem Bistro lassen sich Pläne für neue Projekte schmieden."

Dieser Appetizer zur „Performance: Zeitreise" ist unmissverständlich auf ein Publikum ausgerichtet, das hochkulturell und gleichzeitig an Experimentellem, Überraschendem interessiert – also eher nicht konservativ orientiert – ist. Im zweidimensionalen sozialen Raum sind diese Vorlieben eindeutig dem Bereich des hohen Ausstattungsniveaus zuzuordnen und eher im II. Quadranten (modern bzw. biographisch offen) anzusiedeln.

Der Ablauf des Programms war durch Friedensgebete mit Glockenspiel, Textlesung und Gebet strukturiert, die stündlich als Zäsur zwischen die Musikblöcke gesetzt waren.

Das Protokoll beschreibt das Wetter an diesem Freitagabend im September als trocken, dabei aber ziemlich kühl, so dass der Aufenthalt im Freien ohne stärkere körperliche Bewegung alsbald ein Frösteln auslösen konnte.

Die Teilnehmerzahl in den zeitlichen Blöcken wird auf jeweils etwa 100 Personen geschätzt, wobei doch einige über mehrere Stunden blieben. Die meisten Besucher waren vermutlich gezielt zu dieser „Zeitreise" durch die Musikgeschichte gekommen, manche gehörten offenbar zum ‚Anhang' der Musiker/-innen. Die Geschlechterverteilung des überwiegend erwachsenen Publikums zwischen 35 und 60 Jahren wird als relativ ausgeglichen, die Kleidung als vorherrschend „unauffällig bürgerlich", bei einigen auch als sportlich-lässig eingeordnet. Die meisten Teilnehmer saßen auf den am Rande des Innenraums aufgestellten Bänken.

Die gezielte Beleuchtung der künstlerischen Installationen in den Fensternischen der Außenwände verlieh der Ruine nach Einsetzen der Dämmerung eine besondere, beeindruckende Atmosphäre.

Das Publikum hörte schweigend und konzentriert, je nach Musikstück auch entspannt-fröhlich zu. Gespräche wurden, wenn, dann nur leise geführt, da sie andere nicht stören sollten. Auch die im stündlichen Abstand erfolgenden Friedensgebete waren durch eine konzentrierte Atmosphäre geprägt. Am Zelt des Bistrobereichs außerhalb der Ruine hielten sich nur wenige auf.

Das Befragungsteam des SI konnte sich den ganzen Abend über vor den Ein- bzw. Ausgängen der Ruine postieren, um zur Beteiligung an der schriftlichen Kurzbefragung einzuladen bzw. die ausgefüllten Fragebögen entgegenzunehmen.

Im Protokoll wird resümiert, dass die Zielrichtung dieser Veranstaltung auf eine hochkulturelle Orientierung hin – im Blick auf jüngere wie ältere Menschen – erfolgreich umgesetzt werden konnte. „Die Veranstaltung hat wohl die Erwartungen dieser Zielgruppen getroffen. Diese Orientierung bedeutet aber auch: Hier wurde (legt man die Kategorisierungen von Gerhard Schulze zugrunde) – abgesehen von Teilen des ‚Selbstverwirklichungsmilieus' – in erster Linie das ‚Niveaumilieu' angesprochen, das auch sonst in der weitgehend ‚bildungsbürgerlich' geprägten evangelischen Kirche überrepräsentiert ist."

2.2.2 „Brasilianische Nacht“: St. Thomas-Kirche

Auch die dritte Veranstaltung, die „Brasilianische Nacht“ fand im Rahmen der „Langen Nacht der Kirchen in Hannover“ 2006 statt. Der Ablaufplan kündigte an: Mitmachkonzert („Wir machen Musik“), einen Umzug durch den Stadtteil mit der Percussionsgruppe „Samba da minha aba“, Janete de Souza und Mode aus Recycling-Workshops, ein brasilianisches Konzert mit Gospelchor, Tanzakrobatik aus Brasilien, Deutsch-brasilianischer Gottesdienst (mit der Landesbischöfin Margot Käßmann, die allerdings kurzfristig ihre Teilnahme absagen musste), die Musikgruppe Jamborio mit brasilianischer Populärmusik, eine Tanzperformance und schließlich eine „Festa unter dem Kirchenschiff mit DJ Raimundo“. Den Abend begleitend wurden eine Ausstellung und Installationen aus „Brot für die Welt“-Projekten in Brasilien sowie Getränke und Kulinarisches (aus Brasilien) angeboten.

Schon der bunte Reigen des Programms löst Assoziationen an ein fröhliches Fest mit lateinamerikanischen Rhythmen aus, das für jede und jeden etwas bietet. Von daher bestand die Erwartung bzw. Hoffnung, dass diese „Brasilianische Nacht“ ein breiteres Publikum erreichen könnte, das auch Jüngere und weniger Gebildete einschließt und damit an die Vorlieben bzw. Orientierungen anknüpft, die im III. Quadranten (modern bzw. biographisch offen / niedriges Ausstattungsniveau) des zweidimensionalen Raumes angesiedelt sind.

Die recht große St. Thomaskirche, geradezu ein Gesamtkunstwerk aus den fünfziger Jahren, liegt im von der Innenstadt Hannovers weiter entfernten Stadtteil Ricklingen, der in seiner Bevölkerungsstruktur sehr gemischt ist. Dabei leben in dieser Gegend auch viele Menschen, die zu den weniger Einkommensstarken bzw. den so genannten sozial Schwächeren zählen. An die Kirche grenzt ein großer Kirchhof (mit Gemeindehaus) an, der mit seiner langen offenen Seite an einer größeren Straße mit Straßenbahngleisen liegt. Ganz in der Nähe befindet sich eine Haltestelle.

Die Programmpunkte der „Brasilianischen Nacht“ fanden (natürlich mit Ausnahme des Umzuges durch den Stadtteil) in der Kirche statt. Im Außenbereich waren viele „thematische“ Stände (auch mit Kunsthandwerk und CD's mit lateinamerikanischer Musik) aufgebaut, darunter mehrere, die das angekündigte Kulinarische zu günstigen Preisen im Angebot hatten – vom brasilianischen Eintopf über diverse Snacks bis hin zur Bratwurst – und unterschiedliche Getränke einschließlich Cocktails (Caipirinha).

Den Himmel dieses Septemberabends bedeckten immer mehr helle Kumuluswolken, so dass es bald recht kühl wurde. Schon längere Zeit vor dem laut Programm offiziellen Beginn um 18 Uhr füllte sich der Kirchplatz mit Menschen, darunter viele Familien, aber auch Paare und kleinere Gruppen. Zu etwas späterer Stunde nahm auch die Zahl jugendlicher Besucher/-innen zu. Insgesamt überwogen jedoch Männer und Frauen zwischen 30 und 60 Jahren. Die Kleidung wird im Protokoll als hauptsächlich schlicht, sportlich bzw. leger beschrieben. Es herrschte ein ständiges (Wieder-)Kommen und Gehen über die zur Straße hin offene Seite des Kirchplatzes, so dass es schwierig war, die Gesamtzahl der Teilnehmer/-innen zu schätzen.

Der (mit Kerzenlicht) gedämpft erhellte Kirchenraum verbreitete eine warme Atmosphäre. Er war zu allen Programmpunkten gut mit Menschen gefüllt. Insbesondere bei den schwungvollen musikalischen Darbietungen hob sich die Stimmung der Teilnehmer/-innen, sie gingen fröhlich-ausgelassen im Rhythmus mit, applaudierten nach den einzelnen Beiträgen laut mit Klatschen und Jubelrufen. Vor allem am späteren Abend verlagerte sich der Standort der Besucher/-innen von den Sitzreihen weg hin zu den freien Flächen – vorwiegend in der Nähe des Eingangsbereichs, wo man stehend (und sich im Takt wiegend) das Geschehen mitverfolgen konnte.

Auch im Außenbereich herrschte eine fröhlich-lockere Atmosphäre. Die Besucher/-innen nutzten die aufgestellten Bänke und Tische zum Essen und Trinken, flanierten von Stand zu Stand oder standen in gesprächigen Runden beieinander. Kinder spielten vor dem Eingang der Kirche. Nach Einbruch der Dunkelheit wurde der Kirchhof mit Lichterketten beleuchtet und er leerte sich trotz der kühlen Temperaturen erst zu späterer Stunde. Augenscheinlich kannten sich viele der Teilnehmer/-innen untereinander. Insgesamt vermittelte sich der Eindruck eines Gemeinde- bzw. Stadtteilfestes.

Das Protokoll hält fest, dass das Gesamtkonzept (zwischen Gottesdienst und Gemeindefest) stimmig wirkte und großen Anklang fand. Viele der Besucher/-innen blieben über einen längeren Zeitraum. Die Veranstaltung war sowohl für Jüngere als auch für Ältere ansprechend.

2.3 „Sommer am Ehmer Küsterberg": Open Air (Gottesdienste) in Wolfsburg 2006

Diese Veranstaltungen fanden in der Reihe „Sommer am Ehmer Küsterberg" statt, die von der evangelisch-lutherischen Kirchengemeinde St. Ludgeri in Ehmen (Wolfsburg) an insgesamt acht Sonntagen in der Zeit von Juni bis einschließlich September 2006 bereits im dritten Jahr durchgeführt wurde.

In einer eigens für diese Reihe gestalteten, auf gelbem Grund (sommerlich!) vierfarbig gedruckten Broschüre wird eingeladen zu „Gottesdienste Open Air, Gesang am Brunnen, Café und Flair". Für den jeweiligen Termin werden darin mit kurzem Text und Fotos – neben den thematisch und bzw. oder musikalisch unterschiedlich ausgerichteten Open-Air-Gottesdiensten – die Musiker/-innen und die von Ihnen präsentierte Musik anschaulich vorgestellt. Die in dieser Reihe jeweils vertretenen Musikrichtungen reichen von Jazz, Soul, über Rock und Pop, Gospel, Operette, Volkslieder bis hin zu Kammermusik.

Zu den letzten beiden Terminen des „Sommer 2006 am Ehmer Küsterberg", am 10. und am 24. September führte die Gemeinde eine schriftliche Befragung des Publikums mit den vom SI entwickelten Kurzfragebögen durch und stellte diese anschließend für eine Auswertung zur Verfügung.

2.3.1 Open Air in Wolfsburg 1

Am 10. September eröffnete um 10 Uhr ein Open-Air-Gottesdienst zum Tag des offenen Denkmals das Programm. An ihn schloss sich ein Rundgang zu den historischen Stätten Ehmens an. Für 17 Uhr war ein „stimmungsvolles Konzert" mit dem „Salonensemble Delikato" angekündigt, das beliebte Operettenmelodien (von Franz Lehar und Johann Strauß) und „feurige Tänze von Johannes Brahms" zu Kaffee und Kuchen „servieren" würde.

Mit Blick auf die Verteilung der Musikvorlieben im zweidimensionalen sozialen Raum müsste diese Veranstaltung vornehmlich für ein Publikum attraktiv gewesen sein, dessen Orientierungen und soziokulturelle Vorlieben im IV. Quadranten (traditional / biographisch geschlossen, niedriges Ausstattungsniveau) bzw. nur wenig darüber angesiedelt sind.

2.3.2 Open Air in Wolfsburg 2

Das Programm am 24. September, dem letzten Termin des „Sommer am Ehmer Küsterberg 2006", begann um 14 Uhr mit einem Jazz-Gottesdienst, zu dem die „Mainstream Jazz-Band Braunschweig" u. a. mit bekannten Standards wie „The girl von Ipanema, Hello, Dolly und Autumn Leaves" angekündigt war. Von 15 bis 17 Uhr schloss sich ein Kinderprogramm an mit der Aufführung eines afrikanischen Musicals für 6- bis 12-Jährige (in der Kirche) durch Kinder der Musikschule Wolfsburg. Ab 17 Uhr folgte das „Brunnensingen" mit dem L'Orchestra Italiana, das italienische und sizilianische Volksmusik sowie Arien aus italienischen Opern zu Gehör brachte. Eine sizilianische Volkstanzgruppe ‚rundete' das Programm dieses letzten Tages in der Reihe „Sommer am Ehmer Küsterberg ab, der erst in den Abendstunden enden sollte.

Aus den Programmpunkten der Ankündigung erschließt sich keine Vermutung über eine klare Zuordnung des Publikums: Die für den Gottesdienst beispielhaft genannten Jazz- bzw. Swing-Standards erfreuen sich breiter Beliebtheit – zumindest in den mittleren und älteren Jahrgängen. Das Kinderprogramm dürfte vor allem jüngere Familien angezogen haben. „Volksmusik" und „Volkstanz" gewinnen durch das Attribut „italienisch" eine Ausstrahlung, die kaum mit den hierzulande gängigen Assoziationen zu diesen Musikrichtungen einhergeht sondern vielmehr ein „Ambiente“ erwarten lässt. Entsprechendes gilt – in gewissermaßen umgekehrter Weise – für die italienischen Opernarien, bei denen man kaum das klassische Opernpublikum vor Augen hat.

Es vermittelt sich aber immerhin die Ausstrahlung einer spätsommerlich-fröhlichen Atmosphäre, bei der keine Angestrengtheit durch hoch-kulturellen Anspruch zu befürchten ist. Von daher kann man durchaus erwarten, dass diese Veranstaltung eher nicht den Bereich des hohen Ausstattungsniveaus (I. und II. Quadrant) bedient hat.

2.4 *1. Lange Nacht der Kirchen in Wolfsburg 2006*

Auch in der „1. Langen Nacht der Kirchen“ in Wolfsburg am 4. November 2006, einem Samstag, kam der Kurzfragebogen des SI zum Einsatz.

Ein Flyer informierte über den Ablauf der „Langen Nacht“ in gelber Schrift (Licht) auf dunkel-violett gehaltenem Grund (Farbe der Nacht und der Kirche). Sechs Kirchen beteiligten sich an diesem Event und stellten ihr Programm unter ein je eigenes Motto: „Kirche meditativ“ (Stephanuskirche), „Worte – gesprochen und gesungen“ (St. Marien), „Kirche mit allen Sinnen“ (St. Ludgeri), „Rhythmus bewegt“ (Pauluskirche), „Hehlingen[48] meets Ethiopia“ (St. Pankratius) und „Jugendkirche“ (St. Annen).

Der zeitliche Ablauf der Langen Nacht war so abgestimmt, dass Besucher zwischen den Programmpunkten jeweils eine halbe Stunde als „Wanderzeit“ zu einer anderen Kirche nutzen konnten. Vier Kirchen boten bereits um 17 Uhr, gewissermaßen als Vorprogramm zur Langen Nacht, ein für Kinder gestaltetes Angebot (vom Laternenumzug über „Gute-Nacht-Wünsche vom lieben Gott für Großeltern mit Enkeln … mit dem Sänger und Gitarristen Thomas Stuchlick“ bis zu „‚Weißt du, wie viel Sternlein stehen?‘ Eine himmlische Entdeckungsreise für kleine und große Kirchenforscher“).

[48] Hehlingen ist der Ortsteil von Wolfsburg, in dem diese Kirche liegt.

Um 19 Uhr starteten die jeweiligen Programme in allen beteiligten Kirchen. Sie reichen von „Ich wünsche dir Zeit" mit Texten von Elli Michler und Musik mit Saxophon (vgl. hierzu ausführlich 2.5, zweiter Programmteil), einem „Abendmahl am Lichterkreuz" („Kirche meditativ"), Lesungen zu einer Kunstausstellung, „Kammermusik" („Worte – gesprochen und gesungen"), Lesung literarischer Lieblingstexte und Musik mit Gesang, Klavier und Saxophon, einer Lichtinstallation mit Musik für Trompete und Orgel sowie „Taizé – Gesänge und Harfenklänge" („Kirche mit allen Sinnen"), einem Filmgottesdienst unter dem Titel „Rhythm is it!", Workshops zu Rhythmusimprovisationen und Tanz mit Performance („Rhythmus bewegt") bis zu Kultur, Speisen und Kaffee aus Äthiopien mit einer im stündlichen Abstand erfolgenden Einführung („Hehlingen meets Ethiopia") und schließlich einer Farb- und Stilberatung für ein altes Gebäude mit anschließender Kostprobe unter dem Titel „Kirche im Jugendstil" sowie „Videos, Geschichten, Songs und Theater" („Jugendkirche"). Um 24 Uhr beschloss die „Mitternachtskirche" in St. Annen diese „1. Lange Nacht der Kirchen" in Wolfsburg.

Im Gesamtblick rufen die Ankündigungen Erwartungen an ein eher hoch-kulturell ausgerichtetes Angebot hervor: Es überwiegen Lesungen und Musikdarbietungen, die schon von ihrer Instrumentierung her (Kammermusik, Trompete und Orgel, Gesang, Klavier und Saxophon) einen gewissen Anspruch vermitteln, an ein konzentriertes Zuhören denken lassen. Auch Filmgottesdienst und Workshops signalisieren, dass ein kulturelles Bildungsinteresse vorausgesetzt wird, wobei diese Angebote auch ein jüngeres Publikum ansprechen könnten.

So ist zu vermuten, dass diese „1. Lange Nacht der Kirchen" in Wolfsburg eher auf Vorlieben und Orientierungen trifft, die im zweidimensionalen sozialen Raum dem Bereich des gehobenen Ausstattungsniveaus (I. und II. Quadrant) zugeordnet sind.

2.5 „Ich wünsche dir Zeit"

Dieses Veranstaltungskonzept wurde unter dem Label „Heimat-Kirche" angekündigt. Es ist auf ein Publikum ausgerichtet, dessen soziokulturelle Vorlieben im zweidimensionalen sozialen Raum im Bereich „traditional bzw. biographisch geschlossen/geringeres Ausstattungsniveau" (IV. Quadrant) angesiedelt sind.

Das Programm beginnt mit einem knapp einstündigen Gottesdienst, der bereits auf das Thema „Zeit" Bezug nimmt und mit Musik und Liedern gestaltet wird. Nach einer anschließenden etwa halbstündigen „Begegnung bei Gebäck und Wein" setzt sich das Programm mit dem zweiten, kulturellen Teil fort, der mit dem Titel des Gedichts „Ich wünsche dir Zeit" von Elli Michler überschrieben ist, das diesen Teil auch eröffnet:

Ich wünsche dir Zeit

Ich wünsche dir nicht alle möglichen Gaben.
Ich wünsche dir nur, was die meisten nicht haben:
Ich wünsche dir Zeit, dich zu freun und zu lachen,
und wenn du sie nützt, kannst du etwas draus machen.

Ich wünsche dir Zeit für dein Tun und dein Denken,
nicht nur für dich selbst, sondern auch zum Verschenken.
Ich wünsche dir Zeit – nicht zum Hasten und Rennen,
sondern die Zeit zum Zufriedenseinkönnen.

Ich wünsche dir Zeit – nicht nur so zum Vertreiben.
Ich wünsche, sie möge dir übrig bleiben
als Zeit für das Staunen und Zeit für Vertraun,
anstatt nach der Zeit auf der Uhr nur zu schaun.

Ich wünsche dir Zeit, nach den Sternen zu greifen,
und Zeit, um zu wachsen, das heißt, um zu reifen.
Ich wünsche dir Zeit, neu zu hoffen, zu lieben.
Es hat keinen Sinn, diese Zeit zu verschieben.

Ich wünsche dir Zeit, zu dir selber zu finden,
jeden Tag, jede Stunde als Glück zu empfinden.
Ich wünsche dir Zeit, auch um Schuld zu vergeben.
Ich wünsche dir: Zeit zu haben zum Leben!

Im Wechsel zu gefühlvoller, teils getragener, teils fröhlicher Musik von und mit Lothar Krist (Musikredakteur bei NDR 1, Sopransaxophon) und der Harfinistin Konstanze Kuß liest Dorothee Schwarz (Moderatorin bei NDR 1) Gedichte von Elli Michler, streut deren Lebensstationen, Anekdoten ein und präsentiert Originalaufnahmen mit Auszügen aus einem Interview mit der zu dieser Zeit 85-jährigen Dichterin. In den vorgetragenen Texten richtet sich der Blick auf den Umgang mit Beziehungen, mit unterschiedlichen Lebenssituationen, kurz: auf Lebens- und Sinndeutung, vor allem aus der Perspektive des Lebensherbstes. Auch Sterben und Tod werden nicht ausgespart. Immer aber bleibt ein zumindest leises Schmunzeln oder erleichterndes Wiedererkennen („nicht nur mir geht es so") garantiert. Man kann sich bei jedem der behandelten Themen sicher sein, dass alles auch sein Gutes haben wird, sich ein warmes, positives Gefühl einstellt.

Das Gesamtprogramm endet nach insgesamt etwa zweieinhalb Stunden mit Abendsegen (von der Harfe begleitet) und dem gemeinsamen Singen des Liedes „Der Mond ist aufgegangen".

Dieses Veranstaltungskonzept wurde in Alfeld, in Bessingen – einem Dorf mit etwas mehr als 1000 Einwohnern im Landkreis Hameln-Pyrmont (Niedersachsen), in Friedland, einer Kleinstadt mit etwa 7000 Einwohnern in Mecklenburg, sowie in Priepert, einem kleinem Dorf (etwa 300 Einwohner) inmitten der Mecklenburgischen Kleinseenplatte, umgesetzt.

2.5.1 Alfeld 2006

Im Abstand von fast genau einem Jahr konnte für Freitag, den 15. Dezember wieder die St.-Nicolaikirche in Alfeld (vgl. 2.1) als Veranstaltungsort gewonnen werden und ein weiteres Mal wurde das Programm während der Adventszeit angeboten, also zu ganz ähnlichen Rahmenbedingungen. Selbst das Wetter präsentierte auch an diesem Abend einen klaren Himmel und recht kühle Temperaturen, dieses Mal allerdings noch frostfrei. Im Kirchenraum dominierte wieder warmes Kerzenlicht, die adventliche Dekoration war mit Herrnhuter Stern an der Decke, Adventskranz neben dem Altar und weihnachtlichen Deckchen auf den Bistrotischen neben den Bankreihen etwas üppiger als im Vorjahr.

Das angekündigte Programm zielte aber auf ein Publikum, das in seinen Vorlieben dem aus der vorjährigen Veranstaltung sozusagen diametral gegenüberstehen müsste:

Von der rockigen „Kult-Event-Kirche“ zur Geborgenheit vermittelnden „Heimat-Kirche“. Nur der Absender „Kirche“ blieb schon im Label klar ausgewiesen.

Im Protokoll wird die Zahl der Besucher/-innen auf etwa 150 Personen geschätzt, im Alter ab 50 Jahren. Viele darunter hatten das 60ste Lebensjahr längst überschritten. Es kamen vorwiegend Paare, aber auch einige kleinere Gruppen von Frauen. Insgesamt wird das Geschlechterverhältnis als relativ ausgeglichen, bei einem leichten Überwiegen von Frauen eingestuft. Die Kleidung reichte von sportlich bis elegant, blieb dabei aber eher unauffällig.

Vor Beginn des Gottesdienstes war nur leises Murmeln im Publikum zu vernehmen, die Stimmung durch erwartungsvolle Ruhe geprägt. Als Intro wurde ruhige und warme Musik mit Querflöte und Harfe gespielt. Die grundlegende Struktur im Ablauf mit Wechsel von gottesdienstlichen Elementen und Musikstücken bzw. kurzer Lesung eines Textes im Vorgeschmack auf den zweiten Programmteil des Abends deckte sich mit der des Vorjahres. Auch das gemeinsame Singen von Adventsliedern (inklusive Einübung des Kanons „Shalom“) war ein wichtiges Gestaltungselement für diesen Gottesdienst. Die Atmosphäre wird im Protokoll als wohlig, warm und harmonisch beschrieben. Nach dem Segen erfolgte die Ansage zur „Begegnung“ (statt „Get together“ in Alfeld 2005) bei Gebäck und Wein.

Um zu vermeiden, dass die ersten Fragebögen – wie im Vorjahr geschehen – bereits in dieser Programmpause ausgefüllt werden, wurde die Kurzbefragung des SI zwar im Gottesdienst angekündigt, aber erst vor dem abschließenden Abendsegen, von letzten Musikstücken begleitet, durchgeführt.

Die Programmpause bot eine fröhliche, mit durchaus lauten Gesprächen gefüllte Geräuschkulisse. Einige ließen sich an den Rändern der Bankreihen nieder, um an den Gesprächen teilzunehmen, andere hielten sich (zum Teil wacker) stehend an den Bistrotischen auf. Das von freundlichen Ehrenamtlichen angebotene Gebäck und der Wein wurden gerne angenommen. Auch das Befragungsteam des SI fand freundliche Aufnahme in die Gespräche.

Im zweiten Programmteil wechselten Lesung und Musik einander ab. Je nach Text sah man ein Schmunzeln oder nachdenkliche Stimmung auf den Gesichtern, oftmals war aber auch lautes Lachen zu hören – wie bei einem Text, der nach der Aufzählung der im Alter zunehmenden Zipperlein und wachsenden Gebrechlichkeit mit den Worten endete: „Jene Teile des Körpers zählen, die noch heil geblieben sind“. Das Publikum reagierte auf die Beiträge mit intensivem Applaus, der an diesem Abend – im Unterschied zum Vorjahr – ohne Jubelrufe auskam.

Vor dem Abendsegen füllten die Besucher artig die Fragebögen aus. Viele sammelten sie dann für ihre jeweilige Bankreihe ein, um sie dem Befragungsteam bereits gebündelt übergeben zu können.

Nach dem Abendsegen und dem abschließend gemeinsam gesungenen „Der Mond ist aufgegangen“, verließ das Publikum in ruhiger, warmer Stimmung langsam die Kirche.

2.5.2 Bessingen 2007

Am 13. April 2007, einem Freitag, herrschte im Dorf Bessingen, das in ländlicher Umgebung liegt, eine geradezu sommerliche Atmosphäre: Die Sonne schien von einem durchgehend blauen Himmel, die Luft war sehr warm. Für die Veranstaltung in der kleinen Kirche war u. a. mit Plakaten geworben worden, die auch in den umliegenden Orten aushingen.

Die Zahl der Teilnehmer/-innen wird im Protokoll auf etwa 100 Personen geschätzt, mit denen die Kirche gut gefüllt war. Sie waren überwiegend im Alter zwischen 50 und 75 Jahren – nur wenige Jüngere hatten sich auf den Weg zur Kirche gemacht. Im Publikum überwogen eindeutig Frauen. Die Kleidung wird als vorwiegend schlicht und unauffällig beschrieben, einige hatten sich etwas festlicher herausgeputzt. Die meisten Besucher/-innen gehörten zum Dorf Bessingen. Einige waren aber auch aus den umliegenden Örtchen gekommen. Insgesamt herrschte eine recht vertraute Atmosphäre, man kannte sich eben untereinander.

Der Kirchenraum war sehr hell erleuchtet: Die Kerzenlichter am Altar waren kaum auszumachen, Strahler im Altarbereich warfen ein etwas grelles Licht auf die Akteure. Während des Gottesdienstes schien außerdem das sonnige Tageslicht durch die Fenster der kleinen Kirche.

Die „Gemeinde" ließ sich davon aber offensichtlich kaum in ihrer guten Stimmung stören – wie auch nicht von dem im Protokoll festgehaltenen „häufigen" und „etwas förmlich wirkenden" Auftreten des Pastors. Die Einübung des Kanons „Shalom" gelang auf Anhieb und er erfüllte die Kirche mit vollem Klang.

Die „Begegnung bei Gebäck und Wein" zwischen den Programmteilen, bei der auffallend jüngere Gemeindemitglieder Laugenstangen, Baguettes, Wein und Wasser anboten, verlagerte sich zum Teil nach draußen, wo laue Temperaturen den Genuss einer fast sommerlichen Abendstimmung erlaubten. Die Luft war von vertrauten und fröhlichen Gesprächen erfüllt. So dauerte es eine ganze Weile, bis das Publikum den Weg zurück in die Kirche fand.

Während des zweiten Programmteils war immer wieder – durchaus auch lautes – Lachen des Publikums zu den vorgetragenen Texten Elli Michlers zu vernehmen. Der Applaus erfolgte oft nicht spontan, sondern nach ‚Aufforderung' durch ein Innehalten von Dorothee

Schwarz mit entsprechender Geste, die damit gewissermaßen den richtigen Zeitpunkt signalisierte.

Vor dem Abendsegen wurde die Kurzbefragung bei den Besucher/-innen durchgeführt, begleitet von Harfenmusik, die auch den Übergang in den Abendsegen gestaltete.

Das gemeinsam gesungene Lied „Der Mond ist aufgegangen“ schloss nur den offiziellen, und zeitlich bereits deutlich überzogenen Programmteil des Abends ab. Ein großer Teil des Publikums fand sich zu weiteren Gesprächsrunden vor der Kirche bei noch immer recht angenehmer Temperatur versammelt.

2.5.3 Friedland 2007

Auch im östlichen Mecklenburg herrschten am Samstag, den 14. April 2007 sommerliche Temperaturen bei wolkenlosem Himmel. So konnte man befürchten, dass vielen ein Nachmittag und Abend im Freien attraktiver scheinen würde als eine Veranstaltung in der Kirche, zumal dieser Ort für den größten Teil der Bevölkerung in dieser Gegend, den Konfessionslosen, zumindest mental weit entfernt liegt.

In der kleinen Stadt Friedland war für die Veranstaltung u. a. auch mit Plakaten geworben worden, deren Gestaltung der für den Ort Bessingen entwickelten entsprach. Allerdings war das Wort „Gottesdienst“ durch „Wort zum Tag“ ersetzt, „Predigt“ durch „Geistliches Wort“. Gut sichtbar wurde zusätzlich der Hinweis: „Eintritt frei! Die Kirche ist geheizt!“ platziert. Aus dem fahrenden Auto heraus waren die Plakate auf dem Weg in die Innenstadt allerdings kaum zu entdecken.

An diesem sonnigen und sehr warmen Tag wechselte mit dem Betreten der St. Marienkirche, einer der größten Backsteinkirchen Norddeutschlands im gotischen Stil, schlagartig die Atmosphäre: Es war recht dunkel und sehr kalt, trotz der schon Vortags in Gang gesetzten Heizung. An den Rändern der langen, mit Türchen geschlossenen Sitzbankreihen waren Teelichte aufgestellt, in den vorderen offenen Reihen glühten zusätzlich Sitzbankheizungen. Der Altarraum war mit einigen Strahlern heller ausgeleuchtet, so dass man die Akteure gut sehen konnte.

Erst kurz vor Beginn des ersten Programmteils „Musik – Lieder – Wort zum Tag“ betraten die Besucher nach und nach die Kirche. Ihre Zahl wird im Protokoll auf maximal 50 geschätzt, überwiegend im Alter ab etwa 50 Jahren aufwärts. Frauen waren etwas stärker als Männer vertreten. Das Protokoll hält zudem ein Vorherrschen von „Freizeitkleidung“ fest. Die meisten schienen sich gut zu kennen. Doch erstarben die leisen Gespräche auf dem langen Gang zu den vorderen Bankreihen in der Nähe des Altarraums bald. Der große Kirchenraum ließ die Besucherschar zunächst etwas verloren erscheinen. Die auf den geschickt beleuchten Altarraum konzentrierte Blickrichtung änderte diesen Eindruck bald. Das Licht verbreitete eine sehr warme Atmosphäre. Sie konnte allerdings nicht verhindern, dass die Kälte im Kirchenraum langsam den Körper herauf kroch.

Die zurückgenommen ruhige, dabei auch erwartungsvolle Stimmung vor Beginn des ersten Programmteils löste sich nach Intro mit Sopransaxophon und Harfe und der Begrüßung durch den Pfarrer deutlich mit der Einübung des Kanons „Shalom", in den zunächst recht verhalten, mit den weiteren Durchgängen aber zunehmend eingestimmt wurde, so dass schließlich alle mitsangen und Freude in den Gesichtern zu sehen war.

Das von der Landessuperintendentin – im vollen Ornat – gehaltene geistliche Wort (Predigt) wurde durch kurze Musikstücke mit Sopransaxophon und Harfe in mehrere Teile gegliedert. Nach Gebet mit dem Pfarrer und Vaterunser endete dieser Gottesdienst mit dem Segen, nach dem zur „Begegnung bei Gebäck und Wein" eingeladen wurde.

Die dafür aufgestellten langen Tische, hinter denen Ehrenamtliche Schmalzbrote, Wein, Wasser und Saft anboten, waren im Seitenschiff der Kirche platziert. Hier entwickelten sich bald viele Gespräche, die die schon früh im Protokoll vermerkte Vermutung, dass die Besucher/-innen wohl überwiegend Zugehörige der „Kerngemeinde" waren, voll bestätigte. Dabei wurde auch über die eher geringe Resonanz auf dieses doch besondere Veranstaltungsangebot räsoniert. Einige gingen hinaus auf den Kirchplatz, um sich etwas aufzuwärmen.

Der zweite Teil des Programms wurde – ganz ähnlich wie in den vorherigen Veranstaltungen – sehr positiv vom Publikum aufgenommen. Je nach vorgetragenem Text war ernstere oder schmunzelnde Stimmung zu spüren, öfter auch leises Lachen zu hören. Auch in Friedland zeigte Dorothee Schwarz häufiger mit entsprechenden Gesten den richtigen Zeitpunkt für den Applaus an. Insgesamt dominierte, trotz der Kälte im Kirchenraum, eine warme, freundliche Atmosphäre. Im Vergleich zu Bessingen wirkte die Stimmung allerdings ein wenig verhaltener.

Das kleine Publikum beteiligte sich sehr bereitwillig an der Kurzbefragung, die auch hier von Harfenmusik begleitet vor dem Abendsegen durchgeführt wurde. Praktisch alle Besucher/-innen gaben ihren ausgefüllten Fragebogen zurück. Nach dem gemeinsamen Abschlusslied „Der Mond ist aufgegangen" verließen sie nach und nach die Kirche.

2.5.4 Priepert 2007

Der kleine Ort Priepert ist direkt an einem malerischen See gelegen, mit kleinem Bootssteg, der auch als Einstieg zum Baden genutzt wird. In direktem Umfeld befindet sich ein Campingplatz, der auch von einigen westdeutschen Touristen frequentiert ist.

Die Veranstaltung war für die Seebühne angekündigt. Sie ist nur durch einen Weg vom See getrennt und zum ansteigenden Wiesenhügel hin offen. Dieser ist mit fest montierten Holzbankreihen ausgestattet, auf denen das Publikum freien Blick auf die Seebühne hat, mit dem Hintergrundbild des romantisch von Bäumen gerahmten Sees.

Der Freitag des 20. Juli war ein recht heißer Sommertag. Noch am frühen Abend herrschte mit letzten Badegästen, die ihre Handtücher auf Bänken am Bootssteg deponiert hatten, eine ruhige und entspannte Ferienatmosphäre, eher einfach, fern jeglichen Rummels oder „Sehen und Gesehen-Werdens" – weder Würstchenbude noch Café.

Der Beginn des Programms war dieses Mal für 19.30 Uhr vorgesehen, um die stimmungsvolle Phase der Abenddämmerung nutzen zu können. Erste Besucher/-innen kamen schon deutlich vor Beginn des ersten Teils, ließen sich zu entspannten Gesprächen auf den Bänken nieder. Auch während des Gottesdienstes fanden noch einige kleine Gruppen, darunter auch Familien, den Weg über die Wiese zur Veranstaltung. Die Bankreihen vor der Seebühne waren schließlich zum Teil voll, zum Teil nur locker besetzt. Die Zahl der Teilnehmer wird im Protokoll auf etwa 60 geschätzt, darunter viele Paare, aber auch Familien mit jüngeren oder älteren Kindern. Es überwog sommerlich-sportliche „Freizeitkleidung".

Schon im Gottesdienst war die Atmosphäre – befördert durch die Ferienstimmung am warmen Sommerabend, an dem die Sonne sich langsam über dem See neigte – aufmerksam und doch gelöst. Die Einübung des Kanons „Shalom" gelang problemlos, der erste Gedichtvortrag von Dorothee Schwarz wurde mit Applaus bedacht.

Nach dem Segen und der Ansage zur „Begegnung bei Gebäck und Wein" begaben sich die meisten Besucher/-innen über den Hügel hinab zum ‚Bierstand' mit Theke, in dem ehrenamtliche Helferinnen der Gemeinde belegte Brötchen, Wein, Wasser und Saft anboten. Einige blieben in gesprächigen Runden in der Nähe des Standes, andere begaben sich wieder auf die Bänke. Der Pfarrer nutzte die Programmpause, um persönlich auf die Besucher/-innen zuzugehen und dabei die Kurzbefragung anzukündigen.

Mit etwas Verspätung begann schließlich der zweite Programmteil des Abends, die tiefrote Sonne versank langsam hinter dem See, es wurde dunkel. Nach einiger Zeit kam noch eine Gruppe Jugendlicher, die sich leise hinter den oberen Sitzbänken postierte, um zuzuhören. Wie sich später herausstellte, war sie – wie auch einige der anderen Besucher/-innen – erst durch die zum Campingplatz herüberwehende Musik auf die Veranstaltung aufmerksam geworden. Die gelöste und warme, dabei aber nicht laute „Open-Air"-Atmosphäre wurde je nach Ausrichtung der Gedichte auch mit Lachen begleitet, das Publikum reagierte auf Musik und Textbeiträge mit freundlichem Applaus. Vor dem Abendsegen wurden im Publikum Kerzen verteilt, deren Licht zum Ausfüllen der Fragebögen bei Harfenmusik ausreichen musste. Das abschließend bei Kerzenschein gemeinsam gesungene Lied „Der Mond ist aufgegangen" ließ den Abend besonders stimmungsvoll ausklingen.

3 Ergebnisse der schriftlichen Kurzbefragungen

Die Bereitschaft des jeweiligen Publikums zur Beteiligung an der Kurzbefragung kann insgesamt als ausgesprochen gut beurteilt werden: Die Rückläufe der Fragebögen sind, gemessen an den geschätzten Teilnehmerzahlen aus den Beobachtungsprotokollen, recht hoch: Bei den Veranstaltungen, die ausschließlich im geschlossenen Kirchenraum stattfanden, liegen sie zwischen 69 % und 96 %(!), in der Ruine der Aegidienkirche (54 %) und in Priepert (68 %) etwas darunter. Einige Teilnehmer/-innen aus verschiedenen Veranstaltungen haben ihren ausgefüllten Fragebogen sogar noch nachträglich – mit Dank und positiven Kommentaren versehen – per Post an das SI geschickt.

Nur für die „Brasilianische Nacht" in der St.-Thomaskirche fällt diese Quote (maximal 38 %) deutlich geringer aus. Ausschlaggebend dafür wird zum einen die hohe Fluktuation auf dem Kirchplatz sein: Sie erschwerte die Einschätzung der Gesamtzahl der Besucher/-innen und erleichterte gleichzeitig deren Entscheidung, die Abgabe des Fragebogens zu „vergessen". Zudem waren die jüngeren Besucher/-innen, die erst am späteren Abend gekommen waren, deutlich seltener für eine Beteiligung an der Befragung zu gewinnen.

Die Ergebnisse der Kurzbefragungen werden überwiegend in prozentualen Vergleichen vorgestellt. Für die Bewertung von Veranstaltungen, bei denen weniger als 100 Fälle in die Auswertung eingehen konnten, ist das nicht ganz unproblematisch: Ein Prozentpunkt basiert dann auf weniger als einem Fall. In besonderem Maße gilt dies für die Veranstaltungen in Friedland (n=48) und Priepert (n=41). Dies muss für die nun folgende vergleichende Betrachtung der Veranstaltungen immer im Blickfeld bleiben.

3.1 Sozialstrukturelle Zusammensetzung des Publikums

3.1.1 Geschlechterverteilung

Die Beobachtungen halten nur für die Veranstaltungen zum Programm „Ich wünsche dir Zeit" fest, dass Frauen im Publikum eindeutig überwogen. Die quantitativen Ergebnisse der Befragungen weisen allerdings aus, dass dies doch durchgehend der Fall war.

Es mag sein, dass sich hier die bei Frauen allgemein etwas größere Bereitschaft, sich an Befragungen zu beteiligen, niederschlägt. Es ist aber auch nicht auszuschließen, dass der in kirchlichen Beteiligungsstrukturen geübte Blick der Beobachter/-innen den Anteil der Männer eher überschätzte.

Abgesehen von den Veranstaltungen in Alfeld 2005, den Open-Air-Veranstaltungen in Wolfsburg sowie dem sehr kleinen Publikum in Priepert liegt der Frauenanteil sogar noch höher als bei den Gottesdienstbesuchern aus der Repräsentativbefragung Evangelischer im Gebiet der Hannoverschen Landeskirche, und zwar zum Teil in ganz erheblichem Maß.

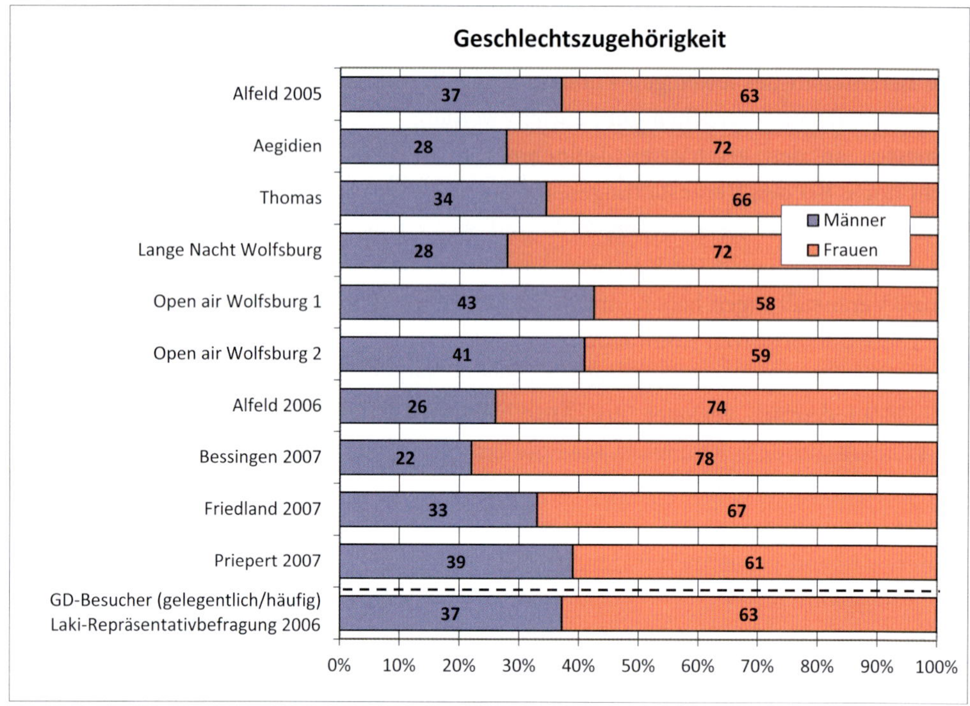

3.1.2 Alterszugehörigkeit

Interessante Abweichungen werden im Vergleich der Altersstrukturen sichtbar:

Für die „Herzenswünsche im Advent" in Alfeld 2005 (mit Inga Rumpf), die „Performance: Zeitreise II" in der Ruine der Aegidienkirche und die „Brasilianische Nacht" in der St.-Thomaskirche sowie für die Lange Nacht in Wolfsburg sind jüngere Besucher auffallend häufiger vertreten, als dies bei Gottesdienstbesuchern zu beobachten ist. Zumeist konnten diese Veranstaltungen sogar einen Alterdurchschnitt erzielen, der dem der niedersächsischen Bevölkerung entspricht, zum Teil noch etwas darunter liegt.

Die Programme dieser Veranstaltungen sollten ja auch auf ein Publikum ausgerichtet sein, das mit seinen Vorlieben eher dem Bereich „modern bzw. biographisch offen" im sozialen Raum zuzuordnen ist (vgl. 2). Die jüngere Altersstruktur der Befragten dieser Veranstaltungen weist darauf hin, dass dies tatsächlich gelungen ist.

Auch für die Veranstaltungen zum „Sommer am Ehmer Küsterberg" lassen sich erste Effekte ihrer unterschiedlichen Adressatenorientierung an der Alterstruktur ablesen. Die Teilnehmer/-innen im ersten angekündigten Programm (Wolfsburg 1) mit beliebten Operettenmelodien waren deutlich älter als die im zweiten (Wolfsburg 2), das mit „Jazz-Gottesdienst", „Kindermusical" und „italienischem Ambiente" aufwartete. Auffallend hoch liegt hier vor allem der Anteil der unter 30-Jährigen: Ein genauerer Blick in die Daten zeigt, dass mehr als die Hälfte von ihnen Kinder bzw. Jugendliche im Alter bis zu maximal 14 Jahren waren.

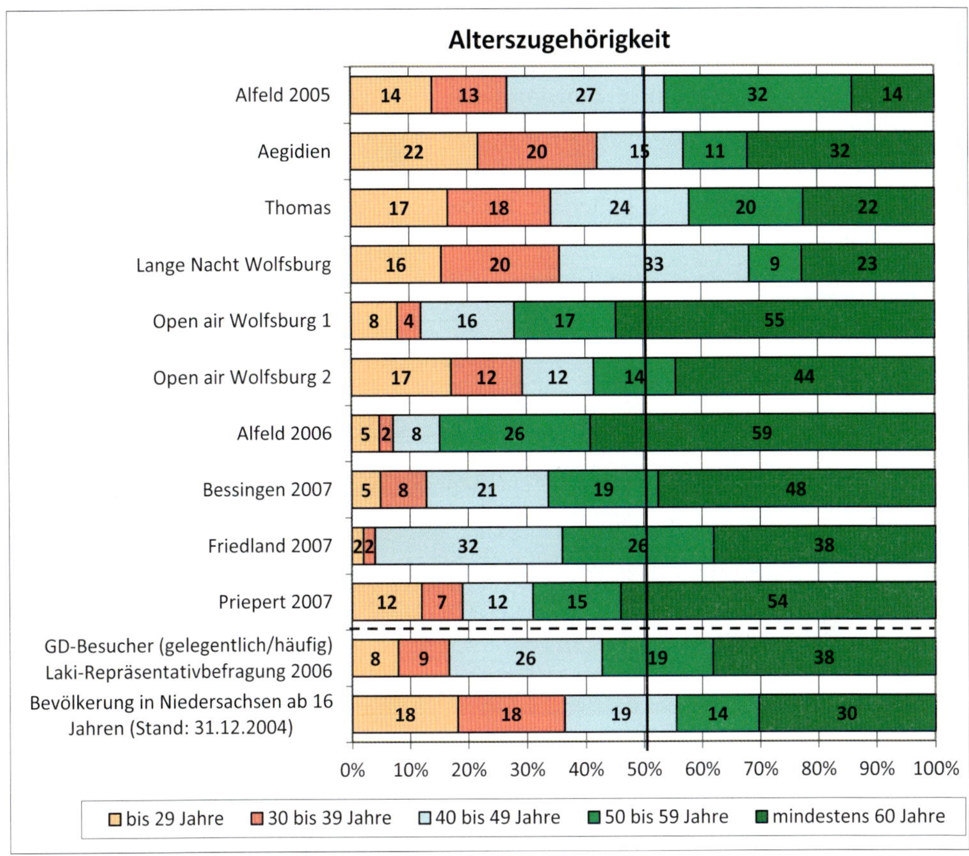

Das Publikum der Veranstaltungen zum Programmkonzept „Heimat-Kirche" mit dem Titel „Ich wünsche dir Zeit" war demgegenüber noch erheblich älter als die Gottesdienstbesucher der Repräsentativbefragung. Dies fällt insbesondere für die Veranstaltung in Alfeld 2006 ins Auge, wo der Anteil der mindestens 60-Jährigen bei sogar 59 % liegt.

Besonders eindrücklich lassen sich die Wirkungen, die offensichtlich durch die unterschiedliche Ausrichtung der angekündigten kulturellen Programmteile zustande kommen, an einem Vergleich der beiden Veranstaltungen in Alfeld erkennen: Hier waren die äußeren Rahmenbedingungen, von der Bevölkerungsstruktur bis hin zum kalten Wetter im Advent nahezu identisch. Nur die „Kult-Event-Kirche" mit Rockmusik war gewissermaßen das Gegenprogramm zur „Heimat-Kirche" mit Elli-Michler-Texten und gefühlvoller Musik. Und der Niederschlag in den Altersstrukturen könnte kaum klarer ausfallen: Unter den Befragten der Veranstaltung von 2005 halten gerade die Altersgruppen der 40- bis 49-Jährigen und der 50- bis 59-Jährigen große Anteile, während die mindestens 60-Jährigen – im Verhältnis zu allen anderen Veranstaltungen – erheblich unterrepräsentiert sind. Beim Publikum im Jahr 2006 sind es dagegen diese Ältesten, die sozusagen die absolute Mehrheit stellen.

3.1.3 Bildung

Betrachtet man die Ergebnisse zum formalen Bildungsstand, so muss man zunächst enttäuscht zur Kenntnis nehmen: Er liegt – und zwar durchgehend – nicht nur weit über dem der evangelischen Kirchenmitglieder im Gebiet der Hannoverschen Landeskirche, sondern er fällt auch höher aus als bei den Gottesdienstbesuchern der Repräsentativbefragung.

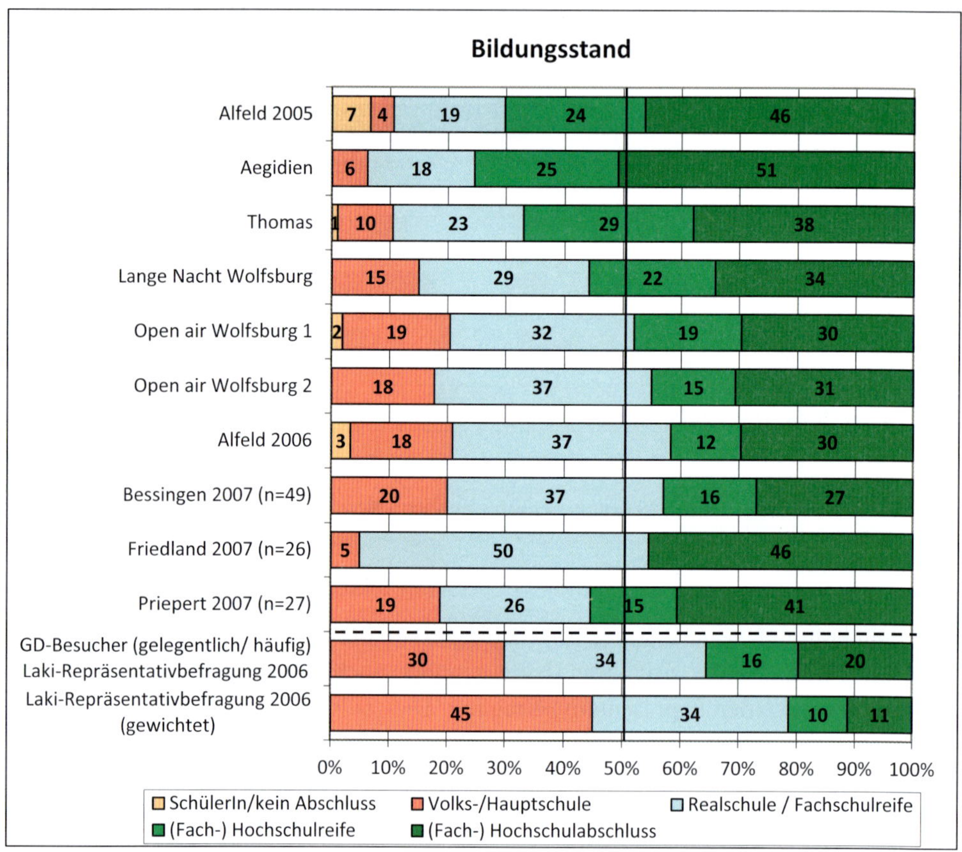

Die ‚kleinsten' Anteile an Befragten mit (Fach-)Hochschulabschluss lassen sich für Open Air in Wolfsburg 1 und Alfeld 2006 mit jeweils 30 % beobachten, und zwar im Vergleich zu 20 % bei den Gottesdienstbesuchern und nur 11 % bei den Kirchenmitgliedern insgesamt. Das Dorf Bessingen sowie Friedland und Priepert müssen hier wegen zu geringer Fallzahlen unberücksichtigt bleiben.

Demgegenüber sind es gerade Personen mit Volks- bzw. Hauptschulabschluss, die besonders schlecht erreicht werden konnten.

Es ist zwar nicht auszuschließen, dass sich hinter diesem Befund ein systematischer Effekt methodischer Art verbirgt: So gibt es bei Befragungen immer die Tendenz, dass sich eher höher Gebildetete daran beteiligen. Hinzu kommt, dass gerade bei der Frage zum formalen Bildungsstand viele keine Angaben gemacht haben. Doch auch, wenn man Letzteres berücksichtigt, ändert sich nichts daran, dass das Publikum in allen Veranstaltungen klar über dem durchschnittlichen Bildungsniveau der evangelischen Kirchenmitglieder und dem der Gottesdienstbesucher bleibt. Vor allem die Anteile der Befragten mit Volks- bzw. Hauptschulabschluss sinken dann noch weiter ab.

Die Parallele dieses Bildungseffektes zur Beteiligung am kirchlichen Leben, insbesondere bei den übergemeindlichen Angeboten (vgl. Teil 1, 4.2.1), ist nicht zu übersehen. Auch dort musste weitgehend unabhängig von Art und Inhalt der unterschiedlichen Angebote festgestellt werden, dass vor allem höher Gebildete Gebrauch davon machen.

Offen bleibt die Frage, ob der Bildungseffekt in den Ergebnissen der Kurzbefragungen der kulturellen Ausrichtung zuzuschreiben ist, die letztlich allen Veranstaltungen zu eigen war, oder ob es der Absender „Kirche" ist, der bei den potenziellen Adressaten von vornherein Erwartungen an vorausgesetzte Bildungsinteressen auslöst.

Richtet man den Blick auf die Verteilungen der Bildungsabschlüsse unter den verschiedenen Veranstaltungen, lassen sich allerdings doch Abweichungen erkennen, welche die Vermutungen über ihre jeweilige Zielgruppenausrichtungen zumindest stützen: Für das Publikum der „Performance: Zeitreise II" in der Ruine der Aegidienkirche ist mit der Mehrheit von Teilnehmern, die einen (Fach-)Hochschulabschluss absolviert haben (51 %), der höchste formale Bildungstand überhaupt zu verzeichnen. Die Werte für die „Herzenswünsche im Advent" in Alfeld 2005 liegen nur wenig niedriger. Beide Veranstaltungen zielten auf ein Publikum mit gehobenem Ausstattungsniveau. Im Vergleich dazu lässt sich für die Besucher/-innen der „Brasilianischen Nacht" (St.-Thomaskirche) – wie erwartet – schon ein deutlich geringeres Bildungsniveau beobachten.

Bei den untereinander doch sehr unterschiedlich ausgerichteten Wolfsburger Veranstaltungen fällt der formale Bildungsstand insgesamt erheblich niedriger aus als bei den eben beschriebenen: Auch Besucher mit Volks- bzw. Hauptschulabschluss sind nennenswert vertreten. Zusammen mit den – noch erheblich stärker repräsentierten – Absolventen der mittleren Reife bzw. Realschule stellen sie bei den Veranstaltungen zum „Sommer am Ehmer Küsterberg" sogar die Mehrheit des Publikums. Selbst die „1. Lange Nacht der Kirchen" in Wolfsburg, deren Programm doch eher anspruchsvoll anmutete, hat noch bedeutend mehr Personen mit geringerem formalen Bildungsstand für sich gewinnen können als z. B. die „Brasilianische Nacht" zur Langen Nacht der Kirchen in Hannover. Möglicherweise hängt dieses Ergebnis mit abweichenden Bevölkerungsstrukturen zusammen. So ist Wolfsburg mit dem VW-Stammwerk als größtem Wirtschaftsbetrieb in Niedersachsen auch heute noch eine Stadt mit hohem Anteil an (Fach-)Arbeitern.

Schließlich zeigt der Vergleich der beiden Veranstaltungen in Alfeld – wie schon bei der Alterstruktur – besonders große Abweichungen: Mit 55 % gibt eine Mehrheit unter den Besucher/-innen der „Heimat-Kirche" im Jahr 2006 Volks- bzw. Haupt- oder Realschule als höchsten Bildungsabschluss an, während es bei der „Kult-Event-Kirche" im Jahr 2005 nur 23 % sind.

So relativiert sich die im Gesamtblick doch ausgesprochen enttäuschende Ergebnislage über den direkten Vergleich der Veranstaltungen: Zwar ist es nicht gelungen, mit den auf ein geringer gebildetes Publikum ausgerichteten Programmen die aus dem kirchlichen Leben bekannten „Bildungseffekte" aufzulösen. Doch unterstreichen die festgestellten Unterschiede, dass mit der Variation der kulturellen Gestaltung ein sehr beachtlicher Bewegungsraum eröffnet wird.

3.2 *Informationswege*

Mit der Frage, auf welche Weise die Besucher/-innen überhaupt auf die jeweiligen Veranstaltungen aufmerksam geworden sind, kommen immer zwei Perspektiven gleichzeitig ins Spiel: Zum einen betrifft dies die Intensität der vorgeschalteten Öffentlichkeitsarbeit und die Mittel bzw. Wege, die dafür genutzt werden. Zum anderen geht es um die Aufmerksamkeit, die diese bei den Adressaten finden.

Mit Ausnahme der Open-Air-Veranstaltungen zur Reihe „Sommer am Ehmer Küsterberg" (ohne Plakate) konnten die in der folgenden Grafik angeführten Medien für alle Programme genutzt werden. Die ebenfalls vorgegebenen Antwortmöglichkeiten „TV/Hörfunk" und „Internet/E-Mail" werden im folgenden nicht berücksichtigt, da sie jeweils nur bis zu maximal 4 % belegt sind (einzige Ausnahme: „1. Lange Nacht in Wolfsburg" mit 8 % in der Kategorie „Internet/E-Mail").

Die Ergebnisse zur Frage der genutzten Informationswege machen deutlich, dass es nicht nur auf den Einsatz der Medien ankommt. Abgesehen von den Veranstaltungen zum Programm „Ich wünsche dir Zeit" findet nämlich das Weitersagen unter Verwandten, Bekannten bzw. Freunden auffallend große Bestätigung. Auch der „Mund-zu-Mund-Propaganda" kommt also eine erhebliche Bedeutung zu, wenn es um die Entscheidung für den Besuch von Veranstaltungen geht: Der persönliche Austausch befördert Erwartungen an das Programm und die Zusammensetzung des Publikums. Man kennt die Vorlieben persönlich näher stehender Personen. Und das erleichtert die Einschätzung, ob die eigene Teilnahme lohnend sein wird oder nicht.

Besonderes Gewicht hatte dieser Informationsweg offenbar für die Besucher/-innen der „Brasilianischen Nacht" in der St. Thomaskirche zur Langen Nacht der Kirchen in Hannover: Hier waren „Verwandte /Bekannte/Freunde" mit sehr großem Abstand zu allen eingesetzten Medien die wichtigste Informationsquelle. Dieses Ergebnis korrespondiert recht gut dem im Beobachtungsprotokoll festgehaltenen Eindruck, dass sich viele Teilnehmer/-innen untereinander kannten, diese Veranstaltung den Charakter eines Stadtteil- bzw. Gemeindefestes hatte.

Gleichwohl kann auch solche „Mund-zu-Mund Propaganda" nur funktionieren, wenn dem ein entsprechender Medieneinsatz vorausgeht. Und hier zeigen insbesondere die Ergebnisse für „Zeitung/Zeitschrift“ und „Gemeindebrief“ interessante Unterschiede: In Alfeld sind die Besucher/-innen wohl vor allem über die (örtliche) Zeitung auf die Veranstaltungen in der Hauptkirche dieser Kleinstadt aufmerksam geworden, während für das Publikum in Wolfsburg durchgehend der Gemeindebrief das wichtigste Medium war. Letzteres gilt eindeutig auch für die Veranstaltungen „Ich wünsche dir Zeit“ in den Orten Bessingen und Friedland. Möglicherweise sind diese Unterschiede schon als Indiz für Orientierungen im Publikum zu deuten. Jedenfalls lässt sich vermuten, dass es vor allem an ihrem näheren Umfeld, an ihrer Kirchengemeinde Interessierte sind, die den Gemeindebrief als Informationsquelle genutzt haben. Für den Adressatenkreis einer Hauptkirche, die zugleich auch immer als wichtiger Veranstaltungsort für eine ganze Stadt fungiert, spielt dies eine weitaus geringere Rolle.

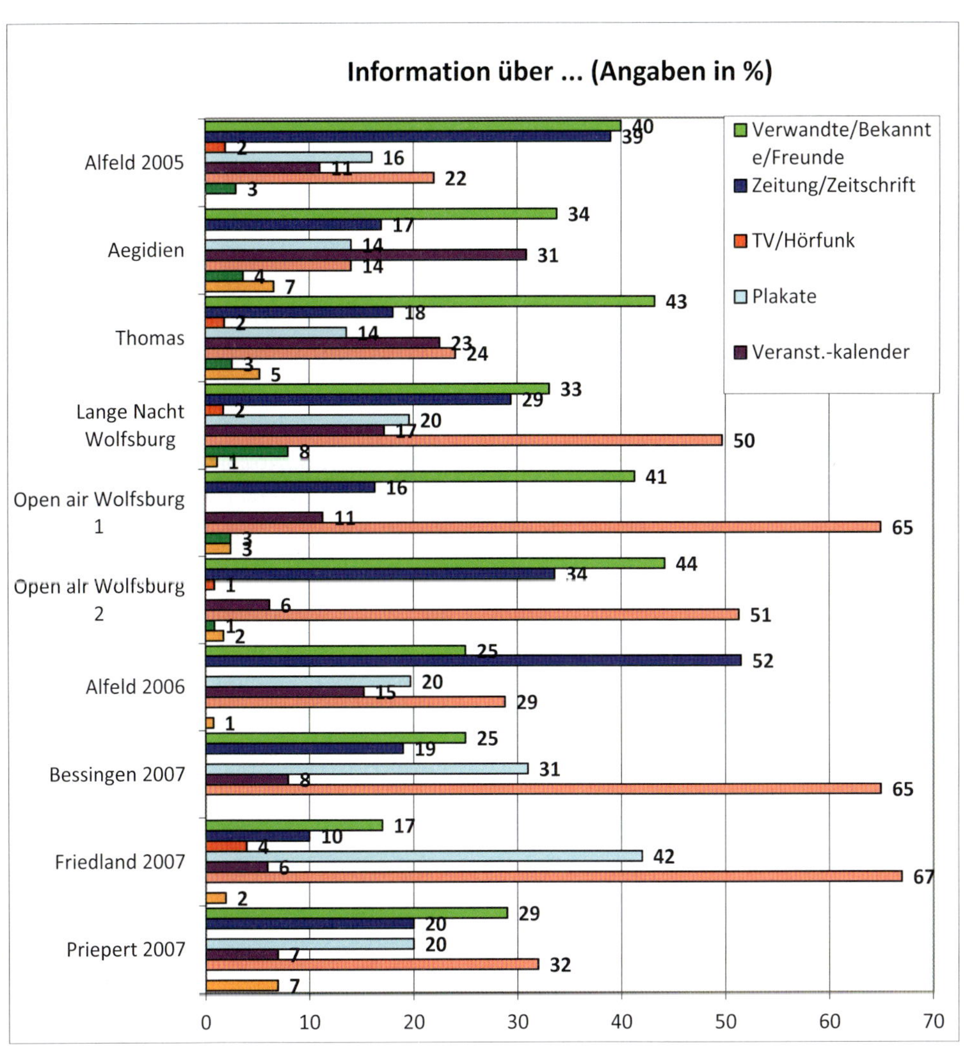

Vom Gesamtbild herausgehoben erscheinen noch zwei Einzelergebnisse: Für das Publikum der „Performance: Zeitreise II" in der Ruine der Aegidienkirche war nach der „Mund-zu-Mund-Propaganda" der Veranstaltungskalender wichtigster Informationsweg. Passend dazu ist im Beobachtungsprotokoll vermerkt, dass ‚die meisten Besucher vermutlich gezielt' zu dieser Veranstaltung gekommen waren. Dieses anspruchsvollere Publikum hat offensichtlich aktiv aus verschiedenen Alternativen ausgewählt.

Außerdem fällt der hohe Wert für „Plakate" bei der Veranstaltung in Friedland ins Auge. Zwar will hier die sehr geringe Fallzahl bedacht sein. Dennoch: Hier konterkarieren die Angaben des Publikums – im Beobachtungsprotokoll als „Kerngemeinde" identifiziert – die für den Weg durch Friedland festgehaltene Einschätzung der Beobachter, dass Plakate kaum zu entdecken waren. Dieses Ergebnis mag als Beispiel für die Effekte unterschiedlicher Wahrnehmungshintergründe genommen werden: Die Einen, die schon die Rahmenbedingungen darauf hin abklopfen, ob sie eventuell mangelndes Interesse mit bedingen könnten – die Anderen, denen die Plakate für „ihre" Kirche aufgefallen sind, die vielleicht selbst für diese Veranstaltung ehrenamtlich im Einsatz waren.

3.3 Orientierungen im Publikum

Schon die sozialstrukturelle Zusammensetzung der jeweiligen Veranstaltungsteilnehmer/-innen lieferte wichtige Hinweise darauf, dass die Ausrichtung der kulturellen Programmteile erhebliche Effekte bewirken kann. Dies wurde in den Verteilungen der Alters-, und – wenn auch in weitaus geringerem Maß – der Bildungsgruppen deutlich.

Aber treffen sie auch auf entsprechend unterschiedliche soziokulturelle Orientierungen? Nach den Ergebnissen der Repräsentativbefragung im Gebiet der Hannoverschen Landeskirche stehen Lebensführung und Musikvorlieben ja in engem Zusammenhang mit Alter und Bildung.

Gleichwohl ist es nicht unwahrscheinlich, dass allein der „Absender" Kirche einen Erwartungshorizont entstehen lässt, der gewissermaßen Ausschlusscharakter für Adressaten hat, die z. B. Rockmusik oder (alternativ dazu) Schlager bevorzugen, die eher eine Veranstaltung mit „Actionorientierung" mögen. Denn auch bei der Frage, welche Vorlieben einer Nutzung kirchlicher Angebote entgegenstehen, waren die Ergebnisse der Repräsentativbefragung sehr deutlich.

Schließlich gilt es herauszufinden, welche Bedeutung der religiösen Orientierung bzw. gefühlsmäßigen Verbundenheit mit der Kirche für den Besuch dieser Veranstaltungen zukommt.

3.3.1 Musikvorlieben

In den Ergebnissen für die beiden Veranstaltungen in Alfeld sind die unterschiedlichen Musikvorlieben im jeweiligen Publikum besonders klar konturiert. Die Besucher im Jahr 2005 liegen mit ihrer Vorliebe für die ‚moderneren' Musikrichtungen Rock, Pop, Blues/Chanson/Liedermacher, Jazz und auch Techno/House/Lounge vorn, während sich das Bild für Klassik, Oper, Operette und Volksmusik/Schlager umkehrt. Hier fallen die Voten des Publikums für das Programm „Ich wünsche dir Zeit" höher aus.

Geradezu gegenläufige Ergebnisse erkennt man dabei gerade für die Rockmusik: In der Veranstaltung im Jahr 2005 mit der „Rockröhre" Inga Rumpf zählte sich die Mehrheit des Publikums (51 %) zu den Rockliebhabern, im Jahr 2006 zum Programm „Ich wünsche dir Zeit" konnte sich eine demgegenüber nur kleine Minderheit (19 %) für diese Musikrichtung erwärmen.

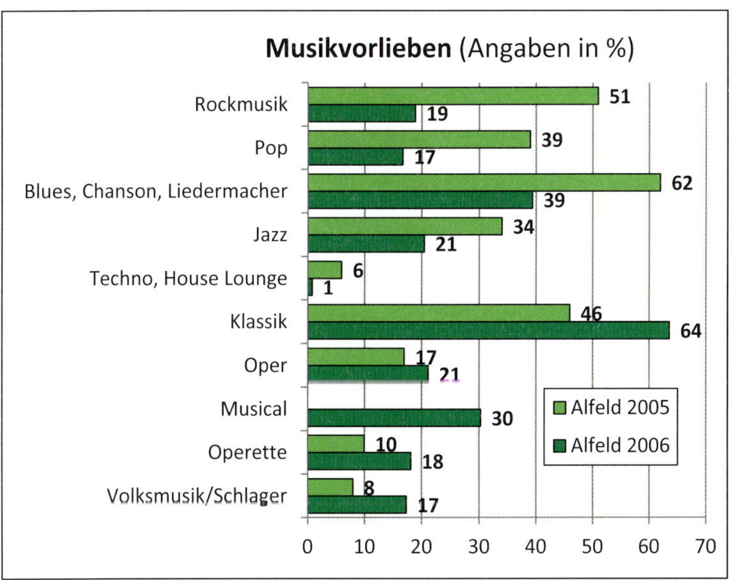

Es darf jedoch auch nicht übersehen werden, dass in Alfeld mit dem Programm „Ich wünsche dir Zeit" keineswegs vorwiegend ‚typische' NDR 1-Hörer erreicht wurden. Den größten Zuspruch erfährt nämlich die Klassik. Bereits an zweiter Stelle rangiert bei diesem Publikum Blues/Chanson/Liedermacher. Und selbst die Oper liegt mit ihrem Wert noch erheblich über denen für Volksmusik/Schlager und Operette.

Vergleicht man die Befragungsergebnisse zur anspruchsvollen „Performance: Zeitreise II" in der Ruine der Aegidienkirche mit denen zur – Feierlaune signalisierenden – „Brasilianischen Nacht" der St.-Thomas-Kirche, bestätigen sich auch hier die Erwartungen an die Wirkung der kulturellen Programmgestaltung.

Das Publikum der „Performance: Zeitreise II“ favorisiert deutlich stärker den Bereich der E-Musik: Die größte Diskrepanz zu den Besuchern der „Brasilianischen Nacht“ ergibt sich bei der Vorliebe für klassische Musik mit 68 % im Vergleich zu 41 %. Auch die Oper erfährt eine höhere Wertschätzung im Publikum in der Ruine der Aegidienkirche. Mit 27 % erreicht die Oper hier – im Vergleich zu allen Veranstaltungen – den höchsten Wert überhaupt.

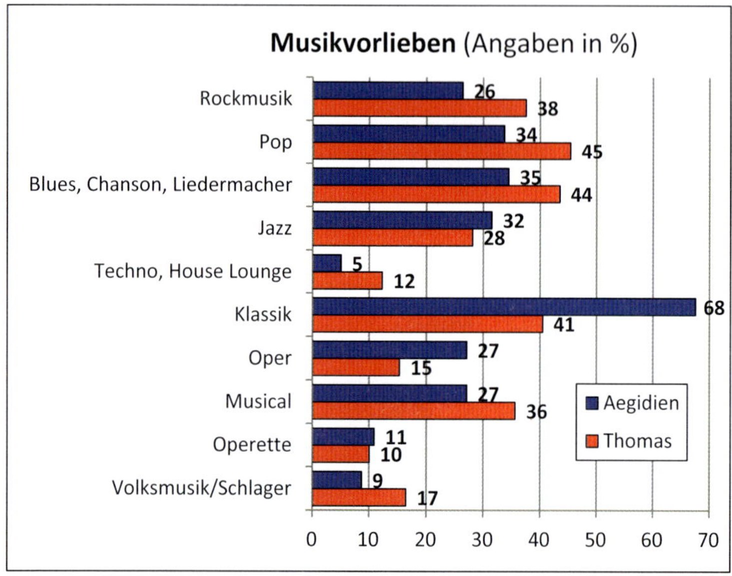

Die Besucher der „Brasilianischen Nacht“ bevorzugen stärker den Bereich der U-Musik; Pop liegt unter ihren Voten an erster Stelle. Mit 12 % steht bei ihnen sogar Techno/House/Lounge noch in relativ hohem Kurs. Jedenfalls erreicht diese Musikrichtung in keiner der anderen Veranstaltungen einen solch hohen Wert.

Bei den Open-Air-Programmen zur Reihe „Sommer am Ehmer Küsterberg“ standen Operettenmelodien im musikalischen Teil der ersten Veranstaltung einem Jazz-Gottesdienst, Kindermusical und populärer italienischer (Volks-)Musik im zweiten Programm gegenüber. Und man erkennt für das – erheblich jüngere – Publikum dieser zweiten Veranstaltung eine deutlich stärkere Vorliebe für Rock und Pop. Zwar lässt sich gerade bei der Vorliebe für Jazz kaum eine Differenz erkennen. Doch mag dies mit der angekündigten Auswahl allseits beliebter Standards zusammenhängen.

Die Besucher der ersten Open-Air-Veranstaltung bevorzugen demgegenüber häufiger klassische Musik und sie neigen, der Ausrichtung des musikalischen Teils ganz entsprechend, vor allem der Operette sehr viel stärker zu. Diese Musikrichtung erreicht hier mit 21 % den höchsten Wert aller Veranstaltungen.

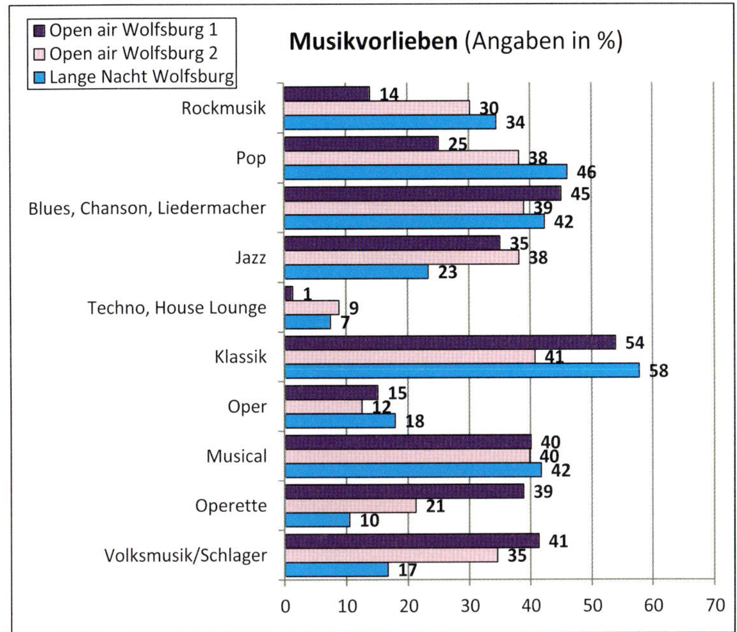

Gleiches gilt auch für Volksmusik und Schlager, die mit 41 % – und mit 39 % im ersten Open-Air-Programm – einen insgesamt geradezu erstaunlichen Zuspruch verbuchen.

Bei der „1. Langen Nacht der Kirchen" sind es gerade die Werte für die eben behandelten Musikrichtungen Operette, Volksmusik und Schlager, die einen klaren Unterschied zum Publikum beider Veranstaltungen in der Reihe „Sommer am Ehmer Küsterberg" markieren. Sie fallen hier mit Abstand (10 % bzw.17 %) niedriger aus. Und dieses Ergebnis ist wohl der anspruchsvolleren kulturellen Gestaltung dieser Langen Nacht zuzuschreiben.

Abschließend soll noch einmal auf die Ergebnisse zur Programmkonzeption „Heimat-Kirche" mit dem Titel „Ich wünsche dir Zeit" eingegangen werden, die ja in mehreren Veranstaltungen umgesetzt wurde, in der Stadt Alfeld und dem Dorf Bessingen, beide in Westdeutschland, sowie in den ostdeutschen Orten Friedland und Priepert.

Das Publikum in der Hauptkirche von Alfeld unterscheidet sich in seinen Musikvorlieben kaum von dem im Dorf Bessingen. Nur bei Volksmusik und Schlager lässt sich überhaupt eine nennenswerte Abweichung erkennen, im Dorf Bessingen trifft diese Musikrichtung auf etwas größeren Zuspruch.

Die äußeren Rahmenbedingungen beider Veranstaltungen waren sehr unterschiedlich – vom städtischen gegenüber einem ländlichen Umfeld bis hin zur adventlichen gegenüber einer eher sommerlichen Atmosphäre. Zudem waren die Besucher/-innen in Alfeld noch deutlich älter als die in Bessingen. Die Musikvorlieben sind aber nahezu deckungsgleich verteilt. Beide Veranstaltungen haben ein in dieser Hinsicht sehr ähnliches Publikum angezogen. In diesen Ergebnissen zeigt sich damit einmal mehr die Wirkkraft der kulturellen Ausrichtung kirchlicher Veranstaltungen.

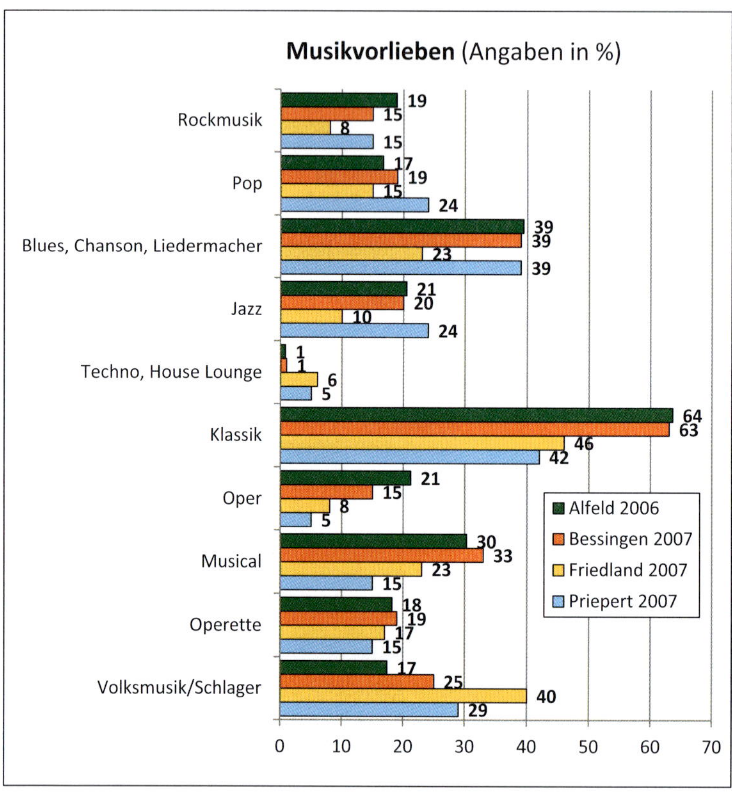

In den ostdeutschen Orten Friedland und Priepert fanden die Veranstaltungen nur recht geringe Resonanz. Dies ist wohl nicht zuletzt dem großen inneren Abstand zur Kirche zuzuschreiben, den die hier überwiegend konfessionslose Bevölkerung empfindet. Für den Vergleich hat dies zur Folge, dass die ausgesprochen niedrigen Fallzahlen nur sehr eingeschränkt überhaupt eine Bewertung erlauben. Immerhin treffen aber auch hier die moderneren Musikrichtungen Rock und Pop sowie Jazz auf weniger Zustimmung, während klassische Musik den größten Zuspruch überhaupt erhält.

3.3.2 Veranstaltungsinteresse

Die Frage zum Veranstaltungsinteresse wurde nach Durchführung der Repräsentativbefragung im Gebiet der Hannoverschen Landeskirche in die Kurzbefragung aufgenommen. Sie sollte der konkreten Motivation für den Besuch der Veranstaltungen nachgehen. Die Formulierung der Antwortmöglichkeiten erfolgte in Anlehnung an die Indikatoren zur Lebensführung aus der Repräsentativbefragung.

Die ersten drei Aussagen zur Frage „Warum sind Sie hierher gekommen?“ stehen für die Dimension „Modernität bzw. biographische Perspektive“. Die erste Antwortvorgabe „weil hier etwas los ist“ ist in ihrer Formulierung nahezu identisch mit der eher hedonistischen „Actionorientierung“. Die zweite Vorgabe, „weil es in meiner Nachbarschaft stattfindet“, rückt das Interesse am sozial-räumlichen Nahbereich in den Vordergrund. Diese Orientierung steht in Kontrast zur hohen Mobilität der modernen Gesellschaft und damit für eine traditionale Haltung. Die dritte Aussage thematisiert die religiöse Motivation für den Veranstaltungsbesuch.

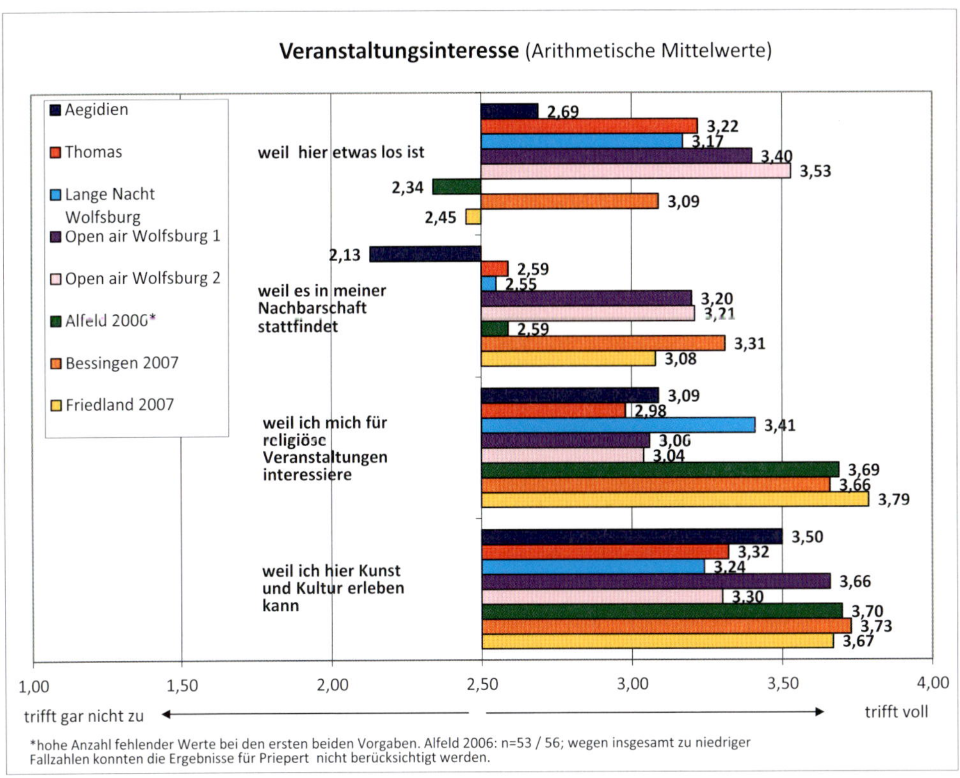

*hohe Anzahl fehlender Werte bei den ersten beiden Vorgaben. Alfeld 2006: n=53 / 56; wegen insgesamt zu niedriger Fallzahlen konnten die Ergebnisse für Priepert nicht berücksichtigt werden.

Die vierte Antwortmöglichkeit, „weil ich hier Kunst und Kultur erleben kann", bezieht sich auf die von Otte als „Ausstattungsniveau" bezeichnete Dimension. Nach den Ergebnissen der Repräsentativbefragung im Gebiet der Hannoverschen Landeskirche hat ja vor allem das (hoch-)kulturelle Bildungsinteresse eine große Bedeutung, wenn es um die Nutzung kirchlicher Angebote geht (vgl. Teil 1, 4).

Das Gesamtbild der Ergebnisse zeigt, von wenigen Ausnahmen abgesehen, eine überdurchschnittliche Zustimmung zu allen Antwortmöglichkeiten. Vor allem das Erleben von Kunst und Kultur, aber auch das religiöse Interesse erreichen dabei besonders hohe Werte.

Die überaus große Bedeutung des Kunst- und Kulturaspekts für das Veranstaltungsinteresse unterstreicht zum einen, dass sich der Interpretationsspielraum sehr weit gestaltet, wenn es um Kunst und Kultur geht. Es sind eben nicht nur die hochkulturellen Angebote, wie hier die „Performance: Zeitreise II", die darunter rubriziert werden. Auch Walzer von Johann Strauß und Franz Lehar bei Kaffee und Kuchen (Open-Air-Wolfsburg 1) rufen bei ihrem Adressatenkreis diese Motivation ab. Die Bestätigung für das Erleben von Kunst und Kultur fällt hier mit einem Mittelwert von 3,66 sogar noch eindeutiger aus als in der „Performance: Zeitreise II" (3,50).

Zum anderen verweist dieses Ergebnis noch einmal mehr auf die große Anziehungskraft der kulturellen Programmteile, mit der diese durchweg kirchlichen Veranstaltungen ihr Publikum erreicht haben.

Aber auch der eindeutig erkennbare Absender „Kirche" erweist als wichtiger Motivationsfaktor; denn eine große Mehrheit der Besucher in allen Veranstaltungen bestätigt ebenfalls, aus religiösem Interesse gekommen zu sein. Allerdings fallen die Differenzen zwischen der durchschnittlichen Zustimmung im jeweiligen Publikum hier erheblich größer aus: Für das Programm „Ich wünsche dir Zeit" zur „Heimat-Kirche" erreicht sie schon fast den positiven Pol der Skala. Die Besucher/-innen der „Performance: Zeitreise II" und der „Brasilianischen Nacht" zur Langen Nacht der Kirchen in Hannover sowie der Veranstaltungen zum Wolfsburger „Sommer am Ehmer Küsterberg" bejahen im Vergleich dazu deutlich weniger häufig, dass ihre Teilnahme religiös motiviert war.

In der Häufigkeitstabelle zum Interesse an religiösen Veranstaltungen lässt sich denn auch erkennen, dass gerade bei diesen Veranstaltungen – und bei der 1. Langen Nacht der Kirchen in Wolfsburg – beachtliche Anteile des Publikums sogar (eher) verneinen, aus Interesse an religiösen Veranstaltungen gekommen zu sein. Zwar lässt sich daraus nicht einfach folgern, dass diese Veranstaltungen tatsächlich auch Menschen angezogen haben, die sich selbst eher als nicht religiös einstufen. Denn es mag sein, dass für viele religiös orientierte Besucher/-innen im konkreten Fall andere Interessen eine Rolle gespielt haben. Gleichwohl weisen die Antwortverteilungen aus, dass zumindest die Veranstaltungen zur „Langen Nacht der Kirchen" in Hannover und in Wolfsburg sowie zum „Sommer am Ehmer Küsterberg" auch Menschen angezogen haben, dass nicht zur so genannten Kerngemeinde zählen.

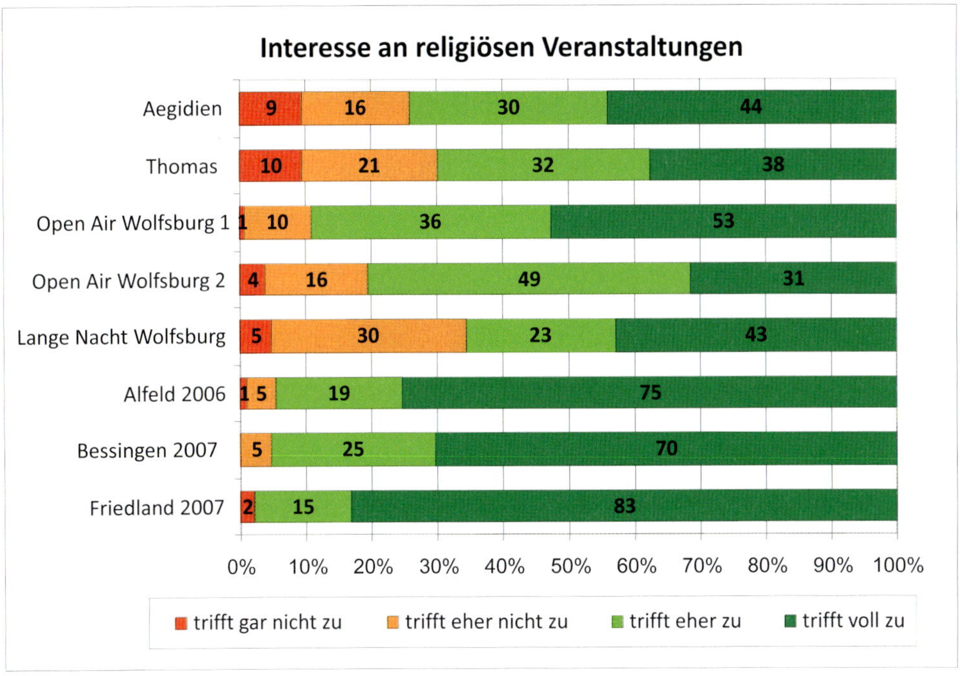

Stärker als in religiöser Hinsicht fühlten sich die Besucher/-innen der „Brasilianischen Nacht" und des „Sommer am Ehmer Küsterberg" in ihrer „Actionorientierung" (weil hier etwas los ist) angesprochen. Dies darf nicht missverstanden werden im Sinne einer zum religiösen Interesse alternativen Motivation. Nach Korrelationsergebnissen für das jeweilige Publikum stehen religiöses und „Action"-Interesse nämlich in keiner Verbindung zueinander, weder positiv noch negativ.

Damit bestätigt sich für das konkrete Veranstaltungsinteresse im Publikum, was schon in der Repräsentativbefragung im Gebiet der Hannoverschen Landeskirche für die Indikatoren zur Lebensführung deutlich geworden ist: Die „Actionorientierung" steht einer religiösen Haltung nicht entgegen und befördert sie auch nicht: Man kann auch beiden dieser voneinander unabhängigen Orientierungen folgen.

Vor allem für Bessingen, den Wolfsburger „Sommer am Ehmer Küsterberg" und auch für Friedland fällt die hohe Bewertung des Nachbarschaftsmotivs ins Auge. Eine Gemeinsamkeit dieser Veranstaltungsorte besteht darin, dass sie vor allem die Orientierung auf lokale Ereignisse ansprechen konnten, das Interesse am eigenen Dorfleben, am Stadtteil, an der eigenen (Kirchen-)Gemeinde. Dies ließ sich bereits an der herausragenden Bedeutung erkennen, die dem Gemeindebrief in diesen Orten als Informationsquelle zukommt (vgl. 3.2).

Passend dazu lässt sich erkennen, dass dieses Motiv für die Besucher der Veranstaltung „Ich wünsche dir Zeit" zur „Heimat-Kirche" in der zentral gelegenen Hauptkirche in Alfeld 2006 eher gering zu veranschlagen ist, obwohl das Programm dem in Bessingen und in Friedland entsprach. Und die Besucher der „Performance: Zeitreise II" in der Ruine der Aegidienkirche, die im Innenstadtbereich Hannovers liegt, verneinen sogar eher, wegen der räumlichen Nähe gekommen zu sein, was vor dem Hintergrund des bisher Dargestellten auch nicht verwundert. Denn auch dieses Publikum war offensichtlich gezielt wegen des Programms gekommen, was schon im Beobachtungsprotokoll eigens vermerkt ist und an der starken Nutzung des Veranstaltungskalenders als Informationsquelle sichtbar wird.

3.3.3 Verbundenheit mit der Kirche

Die Ergebnisse zur kirchlichen Verbundenheit weisen aus, dass die Veranstaltungen zumeist für ein Publikum attraktiv waren, dass sich überwiegend ziemlich bzw. sogar sehr mit der Kirche verbunden fühlt. Davon ausgenommen sind nur die „Brasilianische Nacht" (ziemlich/sehr Verbundene: 50 %) und das Programm „Ich wünsche dir Zeit" in Priepert (etwas mehr als zwei Fünftel) – letzteres allerdings auf der sehr geringen Basis von 40 Fällen. Betrachtet man zum Vergleich die evangelischen Kirchenmitglieder in der Hannoverschen Landeskirche, so erkennt man eine genau umgekehrte Relation: In der Repräsentativbefragung zählen sich nur 34 % zu den ziemlich bzw. sehr Verbundenen.

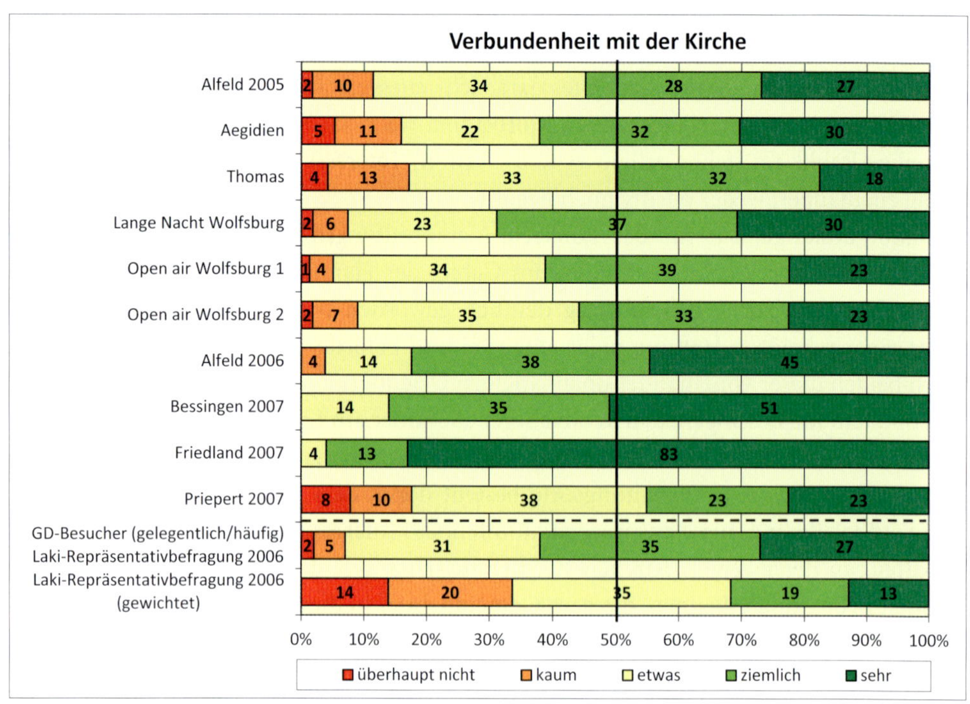

Gleichwohl folgt daraus keineswegs, dass die Veranstaltungen doch ‚nur' den üblichen Kreis der am kirchlichen Leben Beteiligten bedient haben: Vor allem unter den Teilnehmern von „Ich wünsche dir Zeit" in Priepert (18 %), der „Brasilianischen Nacht" (17 %) und der „Performance: Zeitreise II" (16 %) aber auch bei den „Herzenswünschen im Advent" in Alfeld 2005 (12 %) sind die Anteile der kaum und gar nicht kirchlich Verbundenen deutlich größer als bei den Gottesdienstbesuchern (7 %). Dabei ist noch zu bedenken, dass der Gottesdienst im Vergleich zu den meisten anderen kirchlichen Angeboten immer noch den breitesten Kreis von Kirchenmitgliedern erreicht (vgl. Teil 1, 4.1).

Auf der anderen Seite ist nicht zu übersehen, dass die kirchliche Verbundenheit sowohl im jüngeren Publikum der „1. Langen Nacht der Kirchen in Wolfsburg" als auch bei den älteren Besuchern des Programms „Ich wünsche dir Zeit" in Alfeld, Bessingen und Friedland sogar noch stärker als unter den Gottesdienstteilnehmern ausgeprägt ist.

Im Gesamtbild zur kirchlichen Verbundenheit schlägt sich damit noch etwas stärker nieder, was schon für das religiöse Veranstaltungsinteresse festgehalten wurde: Attraktiv wirkten diese Angebote, die als kirchliche zu identifizieren waren, vor allem auf Menschen, die sich selbst eher als religiös bzw. kirchlich verbunden verstehen. Dieses Ergebnis bestätigt für das Publikum der Veranstaltungen eine Erkenntnis aus der Repräsentativbefragung: Die Nutzung kirchlicher Angebote ist in erster Linie an eine positive religiöse Orientierung gekoppelt.

Gleichzeitig lassen die Differenzen in den Verteilungen zur kirchlichen Verbundenheit aber erkennen, dass eine Erweiterung des Adressatenkreises möglich ist, wenn die Gestaltung der Angebote sozial-kulturelle Orientierungen anspricht, die nicht den üblichen Erwartungshorizont an kirchliche Veranstaltungen bedienen.

3.4 Veranstaltungsbewertung

Es braucht nicht viele Worte, um schließlich auf die überaus positive Gesamtbewertung aller Veranstaltungen einzugehen. Die Werte für ein gutes bis sehr gutes Urteil reichen von 90 % bis zu 98 %.

Nur noch bei der Entscheidung, ob dabei die Bestnote „sehr gut" vergeben wurde, lassen sich größere Abweichungen erkennen. Das von Akademikern dominierte Publikum in der Ruine der Aegidienkirche neigte mit 31 % noch am wenigsten dazu, den positiven Endpunkt der Skala zu wählen und damit die Möglichkeit eines kritischen Restbehalts auszuschließen. Insbesondere in Alfeld 2006, in Bessingen und Friedland haben die Veranstaltungen sogar die weit überwiegende Mehrheit der Besucher/-innen ohne jede Einschränkung überzeugt.

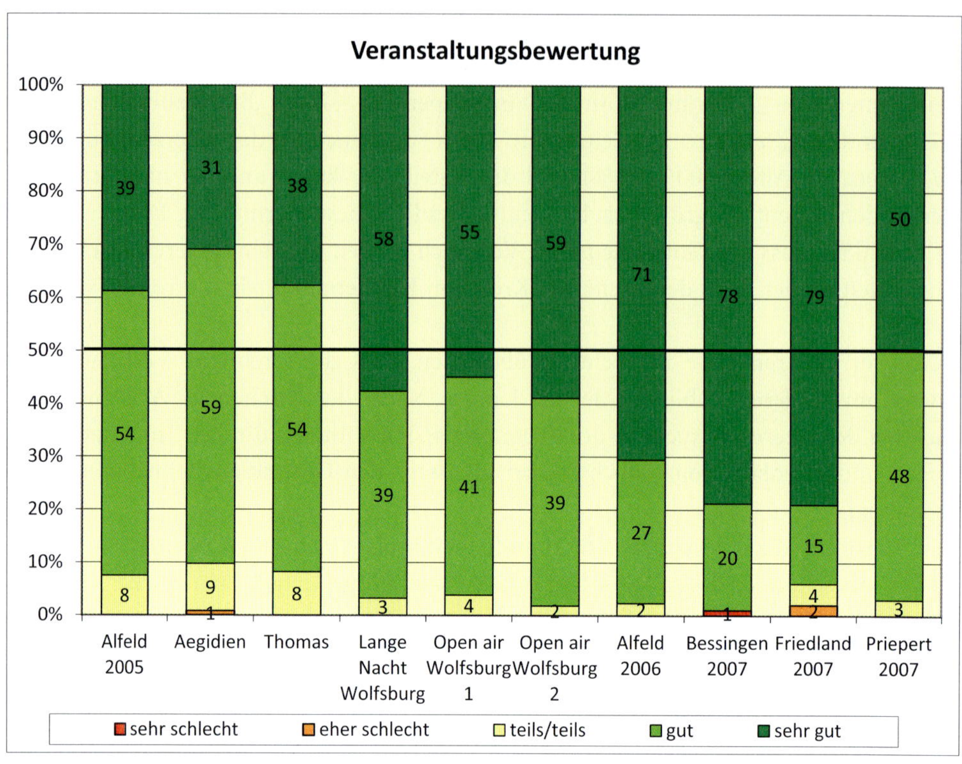

3.5 *Das Publikum der Veranstaltungen im zweidimensionalen sozialen Raum*

Dem Vorgehen bei der Repräsentativbefragung der Evangelischen im Gebiet der Hannoverschen Landeskirche folgend sollte auch für die schriftlichen Kurzbefragungen ein zweidimensionaler sozialer Raum ermittelt werden, um die Lage der verschiedenen soziokulturellen Orientierungen im Publikum graphisch veranschaulichen zu können.

Allerdings erwies es sich nicht als sinnvoll, das Koordinatensystem mit den Musikvorlieben und dem Veranstaltungsinteresse zu erstellen, das in Anlehnung an die Indikatoren zur Lebensführung aus der Repräsentativbefragung formuliert worden war. Der Grund lag vor allem darin, dass die große Mehrheit der jeweiligen Besucher bestätigt hatte, gekommen zu sein „weil ich hier Kunst und Kultur erleben kann". Ob Brasilianische Nacht, Operettenmusik oder anspruchsvolle Zeitreise, als Kunst- und Kultur-Event wurden ja alle Veranstaltungen eingestuft – die Zustimmungswerte (trifft eher bzw. trifft voll zu) liegen zwischen 82 % und 98 %. Es war also nicht möglich, damit eine dem Ausstattungsniveau entsprechende Dimension zu berechnen.

Die Ergebnisse der Repräsentativbefragung haben aber auch gezeigt, dass die soziodemographischen Variablen Alter und formaler Bildungsstand als entscheidende Faktoren für die Ausrichtung der Lebensorientierungen und der Musikvorlieben zu betrachten sind.

Dies gab den Ausschlag dafür, in gewissermaßen umgekehrter Reihenfolge zu verfahren: Für das im Folgenden dargestellte Koordinatensystem sind die Alterszugehörigkeit, der formale Bildungsstand, Geschlechtszugehörigkeit und die Musikvorlieben in die Analyse eingegangen.

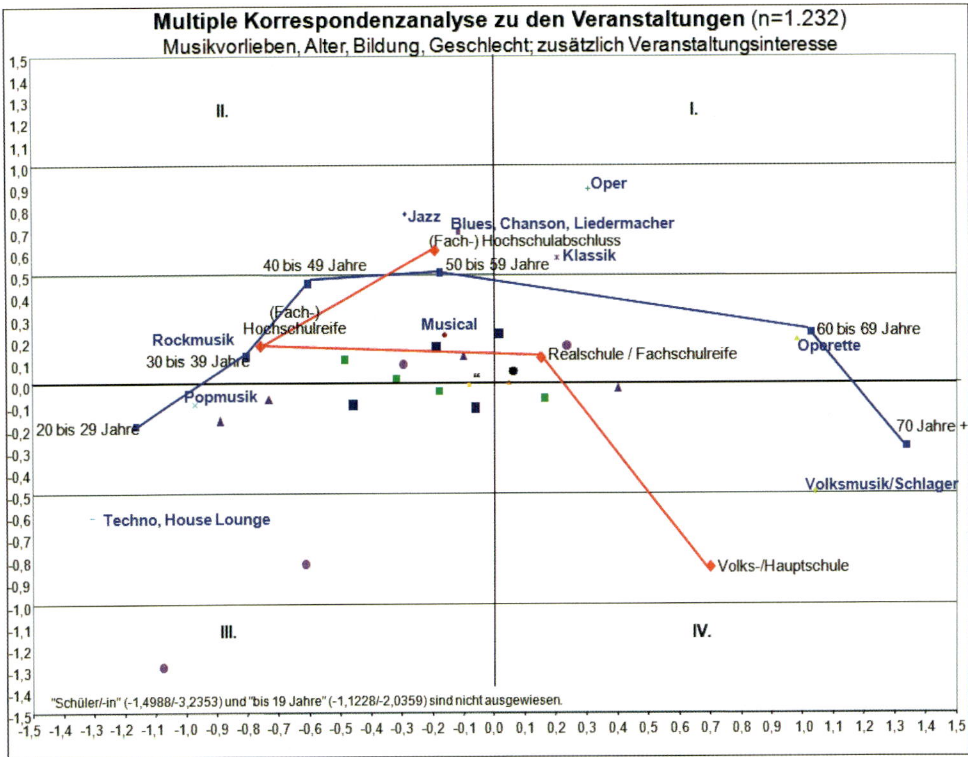

Und es zeigt sich: Mit den wenigen hier zur Verfügung stehenden Merkmalen wird für das Gesamtpublikum aller Veranstaltungen, das ja keineswegs dem Anspruch einer Repräsentativauswahl genügt, eine den Evangelischen in der Hannoverschen Landeskirche überaus ähnliche Verteilung abgebildet. Die Musikvorlieben ordnen sich entsprechend im zweidimensionalen Raum an. Die Linie zu den Altersgruppen verläuft in weitgehender Übereinstimmung in horizontaler Ausrichtung. Auch die Abstufungen zum formalen Bildungsstand lassen einen eher vertikalen Verlauf erkennen. Allerdings erscheint diese Linie im Vergleich zur Repräsentativbefragung in gestauchter Form: Verantwortlich dafür ist vor allem der überdurchschnittliche Bildungsstand des Publikums.

Hinzu kommt, dass die jüngste Alters- (bis zu 19 Jahren) und die niedrigste Bildungsstufe, nämlich keinen bzw. noch keinen Schulabschluss, wegen ihrer Lage hier gar nicht berücksichtigt werden können: Sie wären weit unterhalb des dritten Quadranten angesiedelt und hätten die Darstellung gesprengt. Jugendliche Besucher waren nämlich, bezogen auf das Gesamtpublikum in den Veranstaltungen, kaum vertreten.

Für das anschließend einbezogene Veranstaltungsinteresse gerät sofort die vertikal ausgerichtete, jedoch im Vergleich zur Repräsentativbefragung weit nach unten hin verschobene Linie für das Erleben von Kunst und Kultur in den Blick: Die ausdrückliche Bestätigung dieses Teilnahmemotivs liegt zwar – wie auch in der Repräsentativbefragung – im I. Quadranten, ist dabei aber eher in der Mitte des gesamten Koordinatensystems angesiedelt, eben weil es eine so breite Zustimmung erfahren hat.

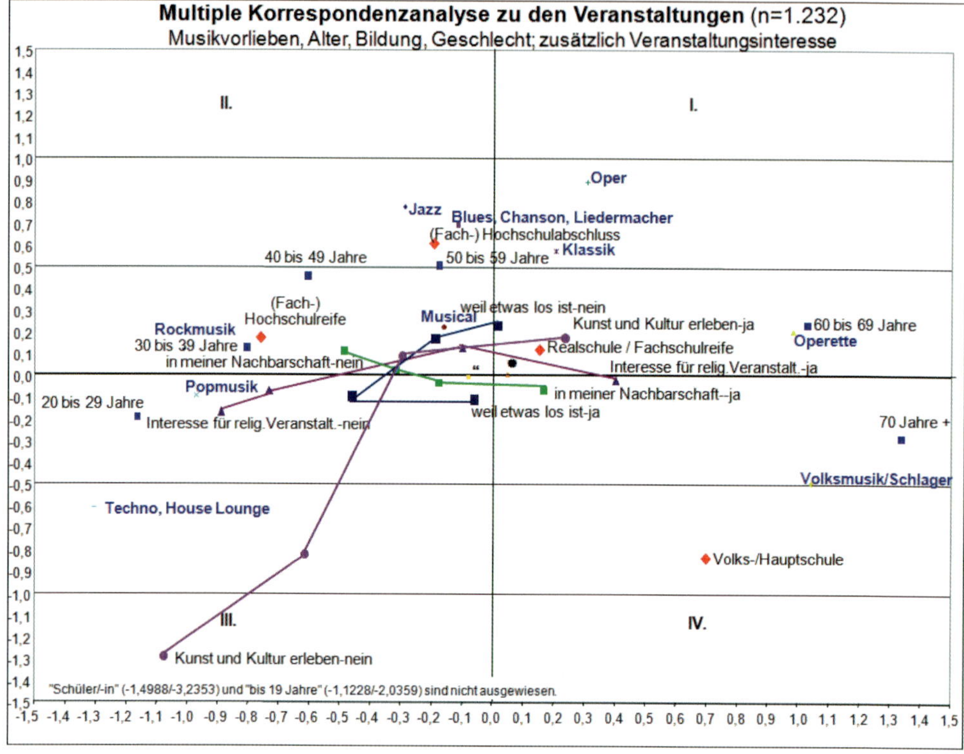

Mit großer Ähnlichkeit zur Orientierung an religiösen Prinzipien in der Repräsentativbefragung erkennt man für die Abstufungen zum Interesse an religiösen Veranstaltungen eine horizontale Richtung von links (trifft gar nicht zu) nach rechts (trifft voll zu). Entsprechendes gilt für die deutlich kürzere Linie zum Nachbarschaftsmotiv. Schließlich beschreiben die Abstufungen der „Actionorientierung" eine Kurve, die, wie auch in der Repräsentativbefragung, in umgekehrter Richtung verläuft.

Bedenkt man, dass diesen Ergebnissen keine repräsentative Datenbasis zu Grunde liegt und nur wenige Merkmale einbezogen werden konnten, sind die beobachteten Ähnlichkeiten schon fast erstaunlich.

Bringt man nun die jeweiligen Veranstaltungen in das Koordinatensystem ein, so bestätigt das Bild ihrer Anordnung, das sich bereits an den voneinander abweichenden Verteilungen in den Einzelergebnissen angekündigt hat: Mit ihrer jeweils unterschiedlichen Ausrichtung konnten die Veranstaltungen ein insgesamt sehr breites Feld von Adressatenkreisen erreichen.

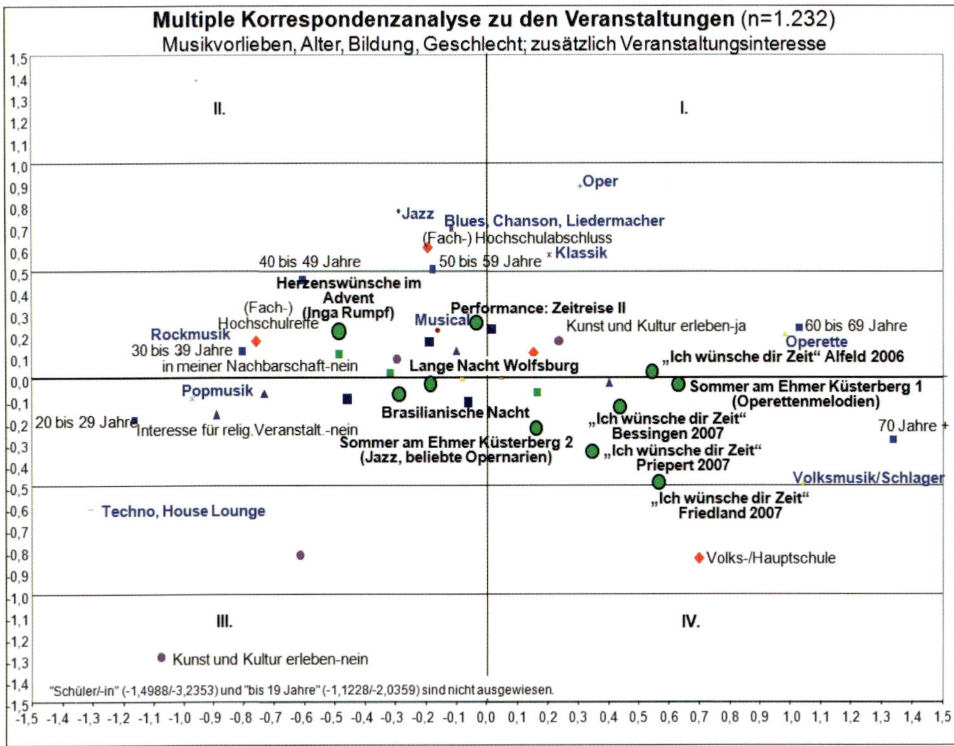

Mit den Programmen zur Wolfsburger Reihe „Sommer am Ehmer Küsterberg sowie mit den Veranstaltungen „Ich wünsche dir Zeit“ liegt ein deutlicher Schwerpunkt im IV. Quadranten. Zumindest Letztere waren ja auch in ihrer Konzeption dementsprechend ausgerichtet.

Die „Herzenswünsche im Advent“ mit Inga Rumpf sind, wie angestrebt, klar im II. Quadranten angesiedelt. Und die künstlerisch eher anspruchsvolle „Performance: Zeitreise II“ befindet sich erwartungsgemäß unter allen Veranstaltungen am weitesten oberhalb der Mittellinie.

Schließlich ist es der „Brasilianischen Nacht“ tatsächlich gelungen, die Grenze zum III. Quadranten zu überschreiten und damit deutlich in den Bereich vorzudringen, der für kirchliche Angebote wohl überhaupt am schwierigsten zu erreichen ist.

Zum Vergleich soll noch einmal der Blick auf die Ergebnisse der Repräsentativbefragung zur Nutzung kirchlicher Angebote im zweidimensionalen sozialen Raum gerichtet werden. Darüber lässt sich in etwa ermessen, in welch erheblichem Maß es über die entsprechende Ausrichtung der kulturellen Programmgestaltung gelungen ist, die enge „Milieubegrenzung“ der üblichen Beteiligungsstrukturen in der Kirche zu durchbrechen.

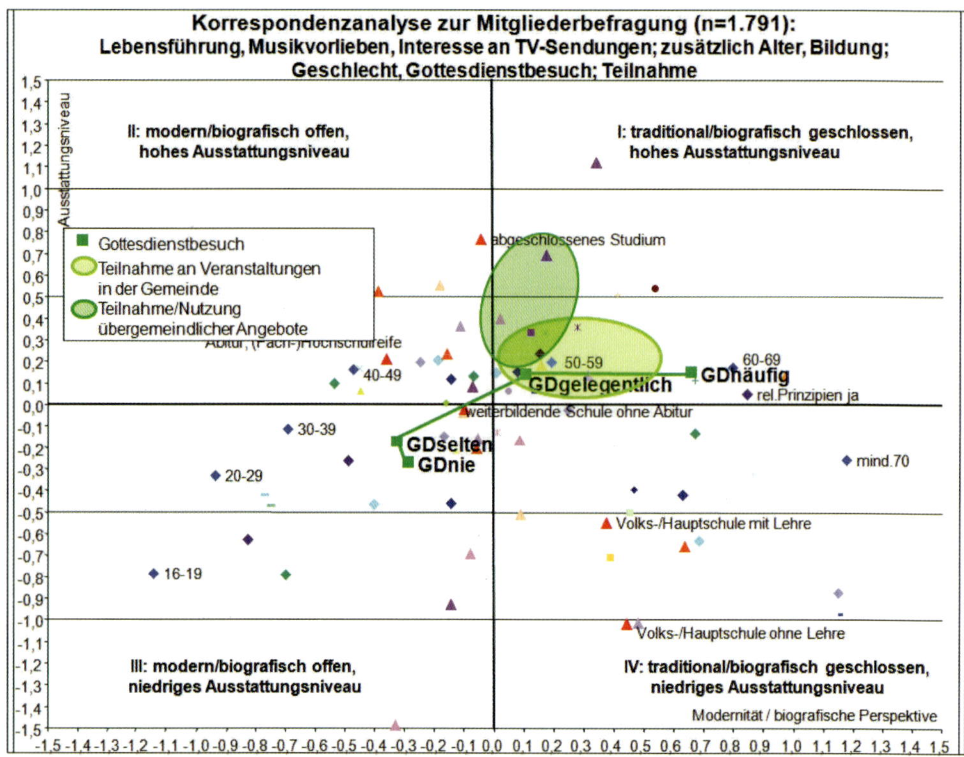

Die Ankündigungen der Programme konnten jeweils andere Assoziationen an die atmosphärische Gestaltung wecken und darüber eine Anziehungskraft auf dementsprechend von einander abweichende Adressatenkreise entwickeln. Die überaus positiven Bewertungen des Publikums bestätigen zudem, dass auch die Veranstaltungen selbst die jeweiligen Erwartungen ganz offensichtlich nicht enttäuscht haben.

Es bleibt auch festzuhalten, dass, wie schon über die Ergebnisse der Repräsentativbefragung prognostiziert, in allen Veranstaltungen ein (eher) kirchlich-religiös orientiertes Publikum erreicht wurde. Gleichzeitig war dieses Publikum aber – je nach kultureller Programmgestaltung – eines, das man mit seiner Vorliebe z B. für Rock- oder Popmusik oder für Schlager bzw. Volksmusik im traditionellen kirchlichen Gemeindeleben nur selten antreffen würde.

4 Resümee

In den Ergebnissen der schriftlichen Kurzbefragungen spiegeln sich geradezu die Erwartungen, die auf Grundlage der angekündigten kulturellen Programmteile formuliert wurden: Das jeweilige Publikum ist zumeist genau den Bereichen im zweidimensionalen sozialen Raum zugeordnet, die vorab anvisiert waren.

Die handlungspraktisch leitende Frage der empirischen Untersuchungen, bedienbare ‚Schalthebel' für die Gestaltung von Veranstaltungen zu finden, die den üblichen Erwartungshorizont an kirchliche Angebote aufbrechen, kann also nach den hier vorliegenden Erkenntnissen positiv beantwortet werden. Über die Ausrichtung der kulturellen Programmteile ist es möglich, in jene Felder des sozialen Raumes vorzudringen, die bei den Angeboten des kirchlichen Gemeindelebens und den übergemeindlichen Angeboten aus der Repräsentativbefragung als gewissermaßen unbestellte Freiflächen erscheinen.

Neben der atmosphärischen Anmutung des Gesamtprogramms (von fröhlich-entspannter Feierlaune bis zum konzentrierten Kunstgenuss) spielen auch die äußeren Rahmenbedingungen (von den genutzten Wegen für die Öffentlichkeitsarbeit bis zum Veranstaltungsort) eine erhebliche Rolle dafür, welche Adressatenkreise angesprochen werden. Dies erschließt sich schon aus den Beobachtungsprotokollen und wird in den Ergebnissen der Kurzbefragungen eindrücklich belegt.

Von herausragender Bedeutung sind die mit den Programmen angesprochenen Musikvorlieben. Ihnen scheint eine regelrechte Indikatorfunktion für die Zusammensetzung des Publikums zuzukommen: Sie waren wichtige Grundlage sowohl für die Vermutungen zu den potenziellen Adressatenkreisen, die aus den Ankündigungen der Veranstaltungen entwickelt wurden, als auch für die dann zum jeweiligen Publikum vorgefundene Zuordnung im sozialen Raum. Womöglich sind die Musikvorlieben überhaupt besonders geeignet, einen stimmigen Assoziationsraum für die zu erwartende Atmosphäre und den wahrscheinlichen Teilnehmerkreis zu öffnen.

Es ist jedoch auch eine wichtige Einschränkung des Erfolgs der Veranstaltungen festzuhalten: Für das Publikum musste durchgehend ein überdurchschnittlicher Bildungsstand verzeichnet werden. Zwar lassen die Einzelergebnisse beachtliche Abweichungen erkennen, die in ihrer Richtung auch den jeweiligen Erwartungen an einen formal höher oder weniger gebildeten Adressatenkreis entsprechen. Doch es bleibt dieser Bildungseffekt, der schon für die Nutzung kirchlicher Angebote in der Repräsentativbefragung nachgewiesen wurde. Dabei ist nicht genau auszumachen, ob dies der kulturellen Ausrichtung der Programme zuzuschreiben ist oder der klar erkennbaren Veranstalterin „Kirche".

Schließlich bekräftigen die Ergebnisse einen Befund aus der Repräsentativbefragung, der vielleicht etwas banal wirken mag, gleichzeitig aber eine nicht zu unterschätzende Bedeutung für die kirchliche Handlungspraxis hat: Wichtige Voraussetzung für die Nutzung kirchlicher Angebote überhaupt – und dazu zählen ja auch die hier vorgestellten Veranstaltungen – ist eine zumindest positiv gefärbte kirchlich-religiöse Orientierung.

Nur findet sich diese eben auch unter den weiten Adressatenkreisen, deren soziokulturelle Orientierungen bzw. ästhetische Präferenzen den gängigen Vorstellungen über die Gestaltung kirchlicher Angebote entgegenstehen. Dies betrifft sowohl die Erwartungen der potenziellen Adressaten als auch die faktische Ausrichtung der Angebote. Es erfordert einen hohen Aufwand, diese Barrieren abzubauen, die zudem wechselseitig verfestigt sind. Für die Planung, Organisation und Durchführung der hier vorgestellten Veranstaltungen waren erhebliche Ressourcen und – nicht zuletzt – ein überzeugtes Engagement aller Beteiligten nötig. Doch haben die Ergebnisse auch deutlich gemacht, dass es ein lohnendes Unternehmen war.

Teil 3
Neuschöpfung durch das Evangelium – Theologische Überlegungen zum Verhältnis von Mission und Milieu

Wünschelrute

Schläft ein Lied in allen Dingen,
Die da träumen fort und fort,
Und die Welt hebt an zu singen,
Triffst du nur das Zauberwort.

Joseph von Eichendorff

„Eng ist die Welt und das Gehirn ist weit.
Leicht beieinander wohnen die Gedanken.
Doch hart im Raume stoßen sich die Sachen.
Wo eines Platz nimmt, muss das andere rücken.
Wer nicht vertrieben sein will, muss vertreiben."

Friedrich Schiller: Wallensteins Tod, 2. Aufzug

„To enjoy another's enjoyment is already an act of love."

Frank Burch Brown

Das wäre der Traum: Das **Zauberwort** des Evangeliums so zu sagen, dass es in jedem Menschen widerklingt. Dann würde in der Tat die Welt anfangen zu singen – das große Lied zum Lobe ihres Schöpfers und Erlösers. Aber das ist nur ein Traum, denn jeder und jede singt sein und ihr eigenes Lied – lebt und webt in seinen und ihren lebensweltlichen Gespinsten – ihren „Milieus". Und die **stoßen sich ab**: Wo sich die einen im wahrsten Sinne des Wortes „breit machen", können sich die anderen nicht niederlassen. Und wenn die einen sich ausbreiten, vertreiben sie die anderen. Aber vielleicht gibt es im Horizont des Evangeliums auch noch etwas Drittes: **Liebe**, die sich daran freut, woran sich der andere freut und ihm genügend Platz verschafft, damit auch erleben kann. Sie hebt die Trennungen nicht auf, aber sie ist ein Zeichen, dass sie nicht das letzte Wort haben sollen.

Frank Church Brown ist Theologe am Theologischen Seminar in Indianapolis in den USA und das o.a. Zitat stammt aus seinem Buch[49] über Geschmack und Religion. In

49 Brown (2000).

ihm diskutiert der Autor verschiedene Verhältnisbestimmungen von gutem, schlechtem und, wie er es nennt, „christlichem Geschmack“. Wenn Christen zusammen sind, essen und trinken, reden und singen, spielt der Geschmack – oder seine Kehrseite, der Ekel – immer eine große Rolle. Vieles ist dann möglich, aber auch nicht alles. Viele Auseinandersetzungen in der Kirche drehen sich um Geschmacks- und Stilfragen.[50] Warum ist das eigentlich so? Was sorgt dafür, dass **dieser** Stil in der Kirche hoch anerkannt und entsprechend kultiviert, ja durch die Identifikation mit dem Religiösen geradezu „getauft“ wird, **jener** jedoch nicht. Warum empfinden wir solche Differenzen sofort und spontan, fühlen sie auf unsere Körper wirken – wo sie doch im Grunde genommen letztlich oft willkürlich sind? Es gibt eine alles entscheidende Verbindung zwischen unseren Geschmäckern und unserer Sehnsucht nach Gott – am deutlichsten zeigt sie sich in der Musik, wo wir nach wenigen Tönen registrieren können, ob es sich um geistliche oder weltliche Musik handelt. „The Evidence of scripture, tradition and experience all suggest that art can sometimes mediate not only a sense of life but also a sense of grace and of the mystery that we call god.“[51]

Eines der Ergebnisse der Studie von Brown ist der oben zitierte Satz. Dieser Satz leuchtet in klassischer biblisch geprägter Sicht unmittelbar ein. Er bezieht sich auf jenes Verständnis der Liebe und der Menschen, aber auch der Liebe Gottes, das sich unter uns großer Beliebtheit erfreut, demgemäß man in der Liebe den anderen so lieben müsse, wie er nun einmal sei. Entsprechend kann man sich natürlich auch das Verhältnis zwischen den Milieus vorstellen. Wenn man dies ernst nimmt, müsste sich ein Verhältnis der gegenseitigen Annahme ohne einen „missionarischen“ Anspruch der Milieus gegeneinander entwickeln, oder jedenfalls eines „missionarischen“ Anspruchs, der darauf verzichten würde, dass sich die anderen in irgendeiner Weise zu ändern hätten – Mission ohne Transformationsansprüche. Genau an dieser Stelle hat nun aber kein geringerer als Robert Spaemann heftigen Widerspruch eingelegt, und zwar in seinen zahlreichen Meditationen über Liebe. Da kann es dann ganz anders lauten: „Kein wahrhaft Liebender und schon gar kein Gott akzeptiert uns, wie wir sind. Verzeihen heißt, den anderen nicht festlegen auf das, was er ist, sondern ihm erlauben, neu anzufangen. Jemanden akzeptieren, wie er ist, ist die äußerste Form von Resignation.“[52] Und es liegt auf der Hand, dass auch dies mit Stil- und Geschmacksfragen zu tun haben muss: Liebe ist ein ästhetisches (und ethisches)Transformationsgeschehen erster Kategorie. Wenn Menschen sich überhaupt verändern lassen, dann durch Liebe. Aber dann auch richtig.

---

50 Vieles in diesem Kontext spricht dafür, dass die gesamte Diskussion um Geschmacksfragen in Kirche und Religion elitär dominiert ist: „For it seems more apparent than ever that the whole notion of taste is associated with a theologically and morally unacceptable elitism“ (a.a.O., S. 8). Dagegen: „We are in search of a concept and theology of taste that is both spiritually challenging and nonelitist“ (a.a.O., S. 9). Darum geht es auch hier!

51 A.a.O., S. 11.

52 Zitiert in: Süddeutsche Zeitung vom 04.07.2007, S. 14.

Mit diesen verschiedenen Verständnissen von Liebe als einer Kraft der toleranten Anerkennung und Annahme oder der Transformation ist schon das Spannungsfeld skizziert, das es im Blick auf die Frage des Verhältnisses von Mission und Milieu nachzuzeichnen gilt. Die These, die ich im Folgenden vertreten will, ist durch den Titel dieses Textes bezeichnet: Mit **Neuschöpfung durch das Evangelium** soll der Versuch gemacht werden, das Verhältnis von Evangelium und Milieus wirklich missionarisch – d. h. als das eines kreativen Transformationsprozesses, in dem niemand so bleibt, wie er ist – zu beschreiben. Es geht darum, die herkömmliche Perspektive der Studien zum Thema Kirche und soziale Milieus umzudrehen: Nicht hat jedes Milieu seinen eigenen Glauben, wie es die meisten Studien suggerieren, sondern „der Glaube" schafft sich das Milieu, das ihm angemessen ist und eignet sich in diesem Sinne das „Material" der Milieus an. In der milieutheoretischen Diskussion ist eine solche Umkehrung der Perspektive durchaus ungewohnt. Sie ist es deswegen, weil die theologische Debatte im Blick auf die Nutzung der Milieuanalyse bisher mehr als unterentwickelt ist. Diese Situation kann aber so nicht hingenommen werden; denn sie führt entweder zur unkritischen Angleichung von theologischer oder spiritueller und kirchlicher Kommunikation. Oder aber – und das reicht weiter – sie übersieht das „Wirken des Geistes", die kreativen, emergenten und kontingenten Potentiale in den Menschen und sie übergreifend, die sich mit den Methoden der Milieuanalyse nun einmal schlicht nicht sehen lassen. Ein theologisches Interesse an der Milieuanalyse nutzt sie als Instrument – verfällt ihr aber nicht.

Im Folgenden werden zehn Thesen zum Verhältnis von Mission und Milieu entwickelt und erläutert. Im Mittelpunkt steht dabei die These 7 – sie nimmt auch den meisten Raum ein, denn in ihr geht es darum, die angedeutete Perspektivumkehr konsequent durchzuführen.

(1) ***Wie*** *das Evangelium den Menschen begegnet, steht zum Glück nicht in unserer Verfügung. Es ist immer davon auszugehen, dass Gott auch noch ganz anders wirkt, als wir es wahrnehmen (können) und es deswegen* ***fremde Gestalten des Glaubens*** *gibt. Was wir aber erkennen können, ist, dass die explizite Kommunikation des Glaubens in Form von Kirchen, christlichen Gemeinschaften aller Art oder auch in die Kultur eingelassenen Motiven an spezifische kulturelle und soziale Formen gekoppelt ist, deren Legitimität in der Regel scharf bewacht wird. In diesem Sinne hat das Evangelium eine immer auch* ***sinnlich wahrnehmbare Gestalt****, die einen Ort in der Gesellschaft bezeichnet, der durch bestimmte Gerüche, Klänge und Farben ausgezeichnet ist. Wer sich an diesem Ort wohl fühlt, entwickelt einen spezifischen – in unserem Fall: kirchlichen –* ***Habitus****.*

Christlicher Glaube ist letztlich nicht objektivierbar und unverfügbar, weil es in ihm nicht um den Glauben an irgendetwas Gegebenes, auch nicht an ein „christliches Menschenbild", sondern um lebendige Begegnung geht. Er ist zudem nach evangelischem Verständnis nicht meine Leistung, ja nicht einmal im Kern meine Entscheidung, sondern ist mir eingestiftet, ist selbst Geschenk und bleibt schon allein deswegen auch mir selbst unverfügbar. Ich kann nicht „im Glauben stehen" oder ihn als Besitz betrachten.

Deswegen gehört der Zweifel elementar zum Glauben dazu: Gott entzieht sich mir – und ist doch in Jesus Christus präsent.

In dieser „unverfügbaren Verfügbarkeit" setzen wir darauf, dass sich der Glaube gleichwohl in bestimmten wahrnehmbaren und erkennbaren Gestalten „objektiviert", in Musik, Kirchengebäuden, in Werken der Liebe, in den Lebensgeschichten der Heiligen, im beruflichen Alltag der Menschen, im Kosmos und in den kleinsten Teilen der Materie. Vor allen Dingen ist das, was diesen Glauben treibt, in dem Geschehen sinnlich anschaulich geworden, das als Offenbarung Gottes bezeichnet werden muss: im Kern im Auftreten Jesu Christi – damals an einem benennbaren Ort und in einer benennbaren Gestalt. Der Glaube hat folglich eine sichtbare, empirisch durchaus beschreibbare Seite. Gottes Geist hat sich inkarniert. Er hat die Gestalt des Fleisches angenommen – damals, aber diese Gestaltwerdung geschieht auch heute. Die sichtbare Gestalt des Glaubens ist folglich nicht nur intellektuell virtuell erfahrbar, sondern sie ist ebenso prinzipiell auch fühlbar und beschreibt in dieser Hinsicht immer auch einen materiell bestimmbaren Ort in Geschichte und Gesellschaft. Entscheidend dafür ist, dass sich an diesem spezifischen Ort Menschen ansiedeln, ihn mit ihrem Geist und ihren Körpern gestalten und beleben, ja selbst als Menschen genau dieser Ort und diese Zeit sind. Es gibt „Verkörperungen des Glaubens", die sich gläubiger und enger gefasst als ekklesialer Habitus oder dann näher hin bei den kirchlichen Funktionsträgern als pastoraler Habitus beschreiben lassen. In diesen habituellen Formen ist mithin das Evangelium in aller Gebrochenheit verkörpert.[53]

Diese Körper sind die wichtigsten Kommunikationssignale des Glaubens im Kontext von Gesellschaften. Es sind mithin Haltungen, Gesten die den Glauben erkennbar machen – es geht um eine „*Text-Begehung* mit durchaus leiblich-sinnlichen Dimensionen" wie es Hans-Ulrich Gehring ausdrückt.[54] „Nicht ein reflexiv verfügbares und geteiltes Wissen ist auf dieser Ebene der kommunikativen Koorientierung maßgeblich, sondern das unmittelbar verfügbare *Körperwissen.*"[55] Inkarnation vollzieht sich in der „Zwischenleiblichkeit". Wie dies im Einzelnen zu analysieren und zu beschreiben ist, steht einer komplexen Analyse offen. Klassisch lassen sich in der Regel traditionelle von modernen Habitusformen unterscheiden.

Wichtiger ist in unserem Zusammenhang jedoch, dass ein pastoraler oder ekklesialer Habitus, sofern er sich als religiöser Habitus akzentuiert, gewisse Symboliken und Signale aufweisen muss, die über das konkrete körperlich situierte Geschehen hinaus auf einen transzendenten Zusammenhang hinweisen. Dies kann sich in bestimmten Fällen bereits in der Kleiderordnung der betreffenden Personen ausdrücken, die mal ganz explizit (Collar, Lutherrock, Talar), manchmal durch bestimmte Absetzungen von geltenden bürgerlichen Standards diesen Verweis deutlich machen. Für den Protestantis-

---

53 Vgl. zur Frage der Verkörperung des Sozialen als Habitus: Wegner (1996), S. 73ff. (zu Merleau-Ponty) und S. 115ff. (zu Bourdieu/Giddens/Douglas), ferner S. 202ff. (Glaube und Körper). Jetzt auch: Bongaerts (2003). Zur Theologie: Gehring (2003).

54 Gehring (2003), S. 248.

55 Bongaerts, a.a.O., S. 41.

mus ist wahrscheinlich gerade Letzteres kennzeichnend. Bestimmte Gesten und Verhaltensformen protestantischer Protagonisten suchen die Distanz zu dem, was in der Gesellschaft als besonders erfolgreich und durchsetzungsfähig anerkannt ist, und bringen dies schon in der Kleidung oder in einem bestimmten Verhalten zum Ausdruck. Praktisch kann dieses Verhalten milieutheoretisch dem der mittleren Milieus sehr ähnlich sein, da sie auch – wenn auch aus anderen Gründen – eine Distanz zu den oberen erfolgreichsten Milieus artikulieren. Gleichwohl sind die Habitusformen innerhalb der Kirche breit gestreut. Kirchenleitende Personen, Bischöfe und Bischöfinnen treten anders auf und kleiden sich in der Regel auch „besser", als es die durchschnittliche Pastorenschaft tut.

An dieser Stelle kann man schon erkennen, was für das Folgende wichtig ist: dass die kulturellen und sozialen Formen, in denen sich das Evangelium verkörpert, nicht zufällig entstehen, sondern in der Regel in „religiösen Feldern" wachsen, deren Grenzen scharf bewacht sein können. Nicht jeder darf sich pastoral kleiden und längst nicht jeder wird sich pastoral geben, weil dies außerhalb des legitimen Gebrauchs des pastoralen Habitus zu Stigmatisierungen und Ironisierungen führen wird. Auch Pastoren und Pastorinnen selbst werden sich nicht in jeder Situation pastoral artikulieren, sondern verfügen über ein Spektrum an Verhaltensmöglichkeiten, das es ihnen erlaubt, sich in gewissen Situationen auch vollkommen säkular zu verhalten. Das religiöse Feld, von dem hier gesprochen wird, ist aber keines, in dem ein vollkommen freies und experimentelles Verhalten an den Tag gelegt werden könnte, sondern es ist durch Herrschaft und gegenseitige soziale Erwartungserwartungen deutlich strukturiert.[56]

(2) *Die Gerüche, Klänge und Farben des kirchlichen Habitus sind originäre Folgen intensiver Kommunikation des Evangeliums: Sie* ***nötigt*** *aus sich heraus zu bestimmten Wahrnehmungsmustern, Einstellungen, sozialen und kulturellen Optionen und schließt andere aus. In ihr verdichten sich christliche Lebenseinstellungen und Bewältigungsformen. Es bildet sich eine inspirierte Gestalt heraus. Idealerweise kommt es zu einer* ***spirituellen Imitatio*** *in den präferierten Gesellungsformen: Die Gemeinde hört den Klang der Schöpfung in ihren Liedern. Das kirchliche Milieu ist weltliche Heimat und weist in die überweltliche hinein (vgl. z. B. die Musik in Willow Creek). Das missionarische Bestreben, den Glauben an andere weiterzugeben und ihnen zu helfen, den eigenen Glauben zu entdecken, nimmt seinen Ausgangspunkt immer an der vorhandenen Glaubensgestalt. Ich kann anderen nur zum eigenen Glauben verhelfen, indem ich sie von meinem Glauben überzeuge. Mein Habitus ist stets* ***Hilfe*** *und* ***Hindernis*** *zugleich.*

---

56 Vgl. Gehring (2003), S. 250: „Auch das gestische Vokabular einer von Christentumstraditionen geprägten Gesellschaft könnte, mit Benjamin formuliert, Teil jener Beute sein, die die Herrschenden als sogenannte „Kulturgüter" im Triumphzug mit sich führen."

Mit dieser These wird unterstrichen, dass die Kirche bzw. der kirchliche Habitus originäre Folge der Kommunikation des Evangeliums ist, und zwar nicht nur in einer intellektuell distanzierten oder theoretisch anschauenden Weise, sondern immer schon vorreflexiv und vorinstitutionell. Wenn man so will, muss man sagen, dass Gott immer schon in einer corporate historical existence präsent ist, dass es immer schon institutionelle korporale Gestalten seiner Gegenwart gibt, ohne die eine Kommunikation über ihn gar nicht möglich wäre. In dieser Sichtweise existiert folglich so etwas wie der Vorrang der Kirche – als solcher „divinen" Gestalt – vor der Eigenkommunikation und der Selbstkonstitution der Menschen. Es gibt eine Priorität dessen, was Paul Tillich einmal die „katholische Substanz" genannt hat, die in einem beständigen Gegenüber zum „protestantischen Prinzip" steht. Das protestantische Prinzip ist bei ihm der reformatorische Freiheitsimperativ, der alle Verkörperungen des Glaubens bzw. Gottes immer wieder einer Kritik unterzieht und vor dem Hintergrund der Frage, ob sie dem ursprünglichen universalen Anspruch des Evangeliums standhalten können, geradezu zersetzt. Paul Tillich hat selbst darauf hingewiesen, dass dieses protestantische Prinzip stets nur als Gegenüber und in kritischer Absetzung zur katholischen Substanz – die im Übrigen in der evangelischen Kirche genauso präsent ist wie in der katholischen – existieren kann. Das eigentlich Protestantische wäre mithin weniger in diesen korporalen institutionellen Gestaltbildungen des Glaubens zu finden als in den Prozessen, in denen diese Gestaltbildungen immer wieder von der verbalen Artikulation des Evangeliums her kritisch beleuchtet werden. Das Evangelische wäre in dieser Hinsicht das die Milieubindungen immer wieder in Frage stellende und sie sprengende Prinzip.[57]

Die Kirche mit ihren korporalen Formen stellt in dieser Sichtweise eine spirituelle Imitatio des Evangeliums dar. Sie kommt vor allen Dingen durch mimetisches Gestalten zustande. Die ursprünglichen Impulse und Lebensweisen des Glaubens werden sozusagen „ganzheitlich" erschlossen und umgesetzt, indem sie durch die Menschen praktisch-sinnlich nachgeahmt werden. Und genauso bildet sich das heraus, was dann Glaube genannt werden kann: eine irdisch-materielle Größe und Funktion. Diese These wird durch die große Bedeutung, die der frühkindlichen religiösen Erziehung für die Stiftung von religiösen Einstellungen zukommt, deutlich unterstrichen. Denn so entscheidend sie auch für spätere, erwachsene Haltungen des Glaubens ist, sie ist im Kern nichts anderes als die Einübung in die Mimese des Glaubens, in die praktische Identifikation mit den tragenden Glaubensgestalten und – wenn man so will – dem Sich-Orientieren-Können in spezifischen „Glaubenssituationen". Eine große Rolle spielen in diesem Prozess Szenen, in denen sich Religiöses besonders deutlich verdichtet hat – in der Regel verbunden mit angenehmen aber auch generell mit lebensverändernden,

[57] Vgl. besonders prägnant zu hier interessierenden Frage der Milieu- bzw. klassisch der Klassenbindung der Kirche: Tillich (1950), S. 86: „Das protestantische Prinzip, dessen Name sich von dem Protest der Protestanten gegen die Entscheidung der katholischen Mehrheit ableitet, enthält den göttlichen und menschlichen Protest gegen jeden absoluten Anspruch, der für eine bedingte Wirklichkeit erhoben wird, auch dann wenn dieser Anspruch von der protestantischen Kirche selbst ausgeht."

wenn man so will generativen Folgen, für die eigene Erfahrungswelt: Erschließungsszenen, die erinnert werden können.[58]

Insofern kann man sagen, dass mein Habitus mein Glaube ist. Christus hat sich sozusagen in das Milieu, in den Habitus hinein inkarniert. Einen anderen Christus als diesen hat die Kirche und hat auch der Einzelne – zunächst einmal – nicht. Die Inkarnation erfolgt mimetisch in das Milieu hinein. Christus offenbart sich in der Partikularität. So kommt er mir näher als ich es selbst mir sein kann – eine Beziehung der Liebe. Frömmigkeit – darin ist Johannes Fischer zuzustimmen – ist deswegen gerade nicht „Innerlichkeit, sondern vielmehr die praktische, sich nach außen manifestierende und dabei insbesondere im sittlichen Handeln hervortretende Lebensgestalt des christlichen Glaubens."[59]

Auf diese Weise bildet sich ein spirituell inspirierter Habitus heraus, in dem sich das Evangelium – „mein" Evangelium – verdichtet. Will ich anderen zum Glauben verhelfen, den missionarischen Impuls des Evangeliums ernst nehmen, dann komme ich nicht darum herum, diese anderen zunächst einmal sozusagen an meinem Habitus teilhaben zu lassen – zu versuchen, die „Begeisterungen", die in mich selbst eingeflossen sind, an andere weiterzugeben. Ein anderer Weg ist nicht möglich, da es lebenspraktisch zwischen mir und dem anderen keinen dritten Ort gibt, an dem sich eine vollkommen neutrale Glaubensgestalt einstellen könnte. Insofern ist mein Habitus für den anderen Hilfe und Hindernis zugleich. Allerdings ist in einem genuinen religiösen Habitus immer schon der „gestische" Verweis eingebaut, dass dieser, mein Glaube nicht in mir selbst ruht, sondern von woanders her, von Gott her, mir selbst eingestiftet wurde. Diese Bewegung, sofern sie habitualisiert ist, signalisiert eine gewisse Distanz zu mir selbst, zu meinen eigenen Glaubensformen und öffnet so die Möglichkeit für den Fremden, die Beziehung zu mir als eine Dreierbeziehung zu verstehen, in der der ganz andere Gott auch immer präsent ist und andere somit vor dem allzu direkten Zugriff durch meinen Glauben beschützt sind. Der Geist, der mich begeistert, ist ein universeller – er steckt in mir und entzieht sich mir doch. Menschen haben an ihm Anteil – aber er wird nicht zu ihrem Besitz.[60] Ja, er wird gerade darin wirksam und macht dadurch lebendig, dass er zur Freiheit befreit – zur Freiheit von mir selbst. Er konkretisiert sich in Atmosphären, d. h. in einem „Fluidum", das „zu Erkenntnissen, Urteilen, Überzeugungen, Handlungen usw. *bewegt* und *herausfordert*".[61]

Allerdings: Dieser Prozess lässt sich mit „schönen" Worten beschreiben, die von Freiheit und Liebe als Charakteristika des Geistes Zeugnis ablegen. Dies jedoch ist die Bin-

[58] „Es spricht einiges für die These, dass am Anfang der Affektentwicklung das szenische Erleben steht, ein Kind also Affekte ursprünglich in der Gerichtetheit von Geschehensabläufen wahrnehmen lernt" (Fischer [2002], S. 122).

[59] Fischer, a.a.O., S. 123.

[60] „Geist, so können wir jetzt sagen, manifestiert sich in einer Ausrichtung der intuitiven Wahrnehmung über die symbolische Strukturierung der Lebenswirklichkeit, und zwar einer Ausrichtung nicht auf bestimmte Objekte oder Ereignisse, sondern auf etwas, das in vielen Situationen, Erfahrungen oder Individuen begegnet" (Fischer, a.a.O, S. 129).

[61] Fischer, a.a.O., S. 125.

nensicht derjenigen, die diesen Geist erleben, ihn in ihren Erfahrungen identifizieren können und deswegen vom ihm angesteckt sind. Von „außen“ kann das alles ganz anders aussehen: eng, verklemmt, spießig – oder auch bedrohlich, geradezu identophag. Denn Atmosphären stellen sich nur dort ein, wo es Grenzen gibt. Ein Habitus enthält Distanzsignale – er konstituiert sich geradezu dadurch. Ich will nicht so sein, wie die anderen. Und auch das Schöne und Positive ist nicht für alle gleich: Christlicher Glaube hat immer auch mit einer spezifischen Einstellung zum Leiden – seiner wie auch immer gearteten Annahme – zu tun, die anderen nicht nur nicht unbedingt einleuchten muss, sondern sogar heftig abgelehnt werden kann.[62]

(3) *Mit der Hilfe der Milieuanalyse kann man die* ***Gebundenheit*** *kirchlich-religiöser Kommunikation in soziokulturellen Strukturen wahrnehmen. Sie lässt erkennen, wie sehr jede Geste, jeder Akt von Menschen der Darstellung des eigenen Selbst und insofern der Mehrung eigenen Nutzens – der Vergrößerung des sozialen, kulturellen oder sogar direkt des ökonomischen Kapitals (Pierre Bourdieu) – dient. Sie zeigt, wie sich die eigene* ***Lage*** *in den je eigenen* ***Geschmack*** *umsetzt. Auch religiöse Formen unterliegen diesen Mechanismen. Die Analyse funktioniert deswegen religions- und kirchenkritisch und kann so auch theologisch genutzt werden. Sie bleibt dabei aber* ***defensiv****: Sie kann plausibel machen, warum spezifische Menschen ihr Christsein so und nicht anders gestalten (können) und welche identifizierenden und distanzierenden Folgen das hat. Dass sich diese Abhängigkeiten ändern ließen, ist eher zweifelhaft.*

Die mimetische Beziehung zwischen den Glaubensgestalten und mir entwickelt sich mit dem heute in der Gesellschaft vorhandenen Material, d. h. mit den kulturellen und sozialen Formen, wie sie sich in den verschiedenen Milieus und sonst wo in der Gesellschaft herausgebildet haben. Eine creatio ex nihilo ist unmöglich – wirkliche Innovationen im Sinne von neuen und überraschenden Arrangements von Stilen, Geschmäckern und anderem sind ausgesprochen selten. Mit ihnen kann man sozusagen statistisch wahrscheinlich nie rechnen, wenn sie auch grundsätzlich nie auszuschließen sind. Allerdings gibt es auch die Kreativität des Handelns.

Weil das so ist, lässt sich die empirische Seite des Glaubens nüchtern und nach allen Regeln der Kunst empirisch sozial- und auch naturwissenschaftlich[63] untersuchen. Man kann sozialpsychologisch und individualpsychologisch untersuchen, was einer oder eine davon hat, wenn er oder sie Christ wird, was jemanden dazu bewegt, dass er in einen Kirchenvorstand eintritt, ehrenamtlicher Mitarbeiter ist usw. Warum artikuliert dieser seinen Glauben eher als bedingungslose Nachfolge Jesu Christi und die andere eher als ein allgemeines Gottvertrauen, das zum Überleben hilft? Solche Prozesse können bis in

---

62 Vgl. hierzu die Bücher von Slavoj Žižek in denen er sich immer wieder mit der Jouissance des Christlichen beschäftigt, die in seiner Sicht geradezu darin bestehen kann, mit Lust zu leiden. Vgl. z. B. Die gnadenlose Liebe, Frankfurt a. M. (2001) und Die Puppe und der Zwerg. Das Christentum zwischen Perversion und Subversion. Frankfurt a. M. (2003).

63 Vgl. für eine Fülle amerikanischer Studien in dieser Hinsicht: Newberg/ D'Aquili/Rause, New York 2001.

Feinheiten hinein auseinandergelegt werden und man kann dann deutlich sehen, welche Abhängigkeiten von grundlegenden sozialen Strukturen und psychischen Dispositionen vorhanden sind. Solche Analysen sind im Einzelnen recht ernüchternd, da sie bestimmte Illusionen über die freie Spontaneität des einzelnen Verhaltens – z. B. auch die freie Spontaneität des eigenen Liebesverhaltens – destruieren. Allerdings verschwindet die Kreativität der eigenen Erfahrung und des Verhaltens – und damit die Freiheit – auch nicht notwendigerweise völlig. Ob man sie sehen und berücksichtigen will, hängt am gewählten sozialwissenschaftlichen Ansatz.[64]

Der entscheidende „Drehpunkt" der Analysen ist an dieser Stelle die Verbindung zwischen der sozialen Lage, die die Menschen erleben und in die sie „eingefügt" sind, und ihrem Geschmack. Wie von keinem anderen ist dieser Zusammenhang von Pierre Bourdieu[65] und in seiner Nachfolge dann auch von Michael Vester[66] und anderen herausgearbeitet worden. Menschen finden sich in bestimmte soziale Lagen hineingestellt und haben es aufgrund des Erlernens entsprechender, diesen Lagen angepasster, Dispositionen im frühkindlichen Bereich, und dann vor allen Dingen im Bildungswesen, schwer, sich neue Zugänge zu anderen Erfahrungs- und Handlungswelten als diesen vorselektierten zu schaffen. Um möglichst gut zu überleben, entwickeln sie einen Geschmack für ihre jeweilige soziale Lage, die als die ihnen zukommende erlebt und auch verteidigt wird. Am deutlichsten wird dies in den unteren sozialen Milieus, die einen „Geschmack für das Notwendige", einen Notwendigkeitsgeschmack, wie Pierre Bourdieu[67] ihn nennt, entwickeln. Sie lehnen übertriebenes Verhalten und übertriebene Aspirationen ab. Auch bestimmte Träume eines ganz anderen Lebens versagen sie sich, weil all dies ihre eigene begrenzte Situation nur noch viel deutlicher herausstellen und sie trauriger machen würde. Entsprechende Zusammenhänge stellen sich aber auch für die mittleren und oberen sozialen Milieus ein. Man „entscheidet" sich sozusagen für das, was einem nun einmal ohnehin zukommt, und diese „Entscheidung" hilft dazu, nicht nur so zu leben, weil und wie man es ja muss, sondern dieses Leben auch in gewisser Weise wertzuschätzen.[68] Ob dies dann überhaupt noch eine wirkliche Entscheidung ist, die Freiheit zur Wahl voraussetzen würde, kann allerdings gefragt werden. Es ist nur die Suggestion einer solchen: „Entscheidung als ob".

Für das theologische Selbstverständnis sind derartige Analysen von gar nicht zu überschätzender Bedeutung, da sie durch die Ernüchterung, die sie herstellen – man kann dies theologisch als „Wirkung des Gesetzes" verstehen –, dafür sorgen, dass das Licht des Evangeliums noch viel heller leuchten kann. Sie räumen mit Illusionen der Men-

---

64 Dies betont zu Recht – z. B. im Gegensatz zu Pierre Bourdieu, der im Grunde eher strukturalistisch-mechanistisch denkt – Hans Joas, 1996. Vgl. zur Kritik an Bourdieu in dieser Richtung auch Wegner (2001).

65 Vgl. zum Grundsätzlichen: Bourdieu (1987).

66 Vgl. Vester/Geiling/Hermann/Müller (2001). Zur Kirche: Vögele/Bremer/Vester (2002).

67 Bourdieu (1982), S. 585ff.

68 All dies sind Variationen der uralten Theorie vom amor fati, von der Wahl des Schicksals, von der Liebe zu ihm.

schen über sich selbst, aber auch mit Illusionen über das Wirken des Geistes und über die Nichtinstrumentalisierbarkeit Gottes auf. Die Zusammenhänge sind beim näheren Betrachten geradezu primitiv: Jeder hat die Religion, die seinen und ihren Interessen entspricht – etwas anders gibt es nicht und kann es in der Logik dieser Studien auch nicht geben. In dieser Hinsicht bleibt diese Analyse deswegen ausgesprochen defensiv: Sie kann nur die Gebundenheiten des Christlichen deutlich machen. Das freie kreative Wirken Gottes – das Wirken des Geistes – können mit ihr überhaupt nicht in den Blick kommen. Mit Hilfe der Milieuanalyse, aber auch mit Hilfe sozialwissenschaftlicher Analyse generell, kann man dies schlicht nicht „sehen". Es wird eine Welt herausgearbeitet, in der es existenzielle Freiheit im Grunde genommen nicht gibt und auch gar nicht geben kann – was so natürlich auch der Erfahrung vieler Menschen entspricht. Die befreiende, Neues schaffende Kraft des Evangeliums jedoch müsste sich gerade in der Umschmelzung, ja Sprengung der Milieubezüge – der habituellen Fesselungen – zeigen.

(4) *Näher hin kann deswegen gesagt werden, dass Menschen nicht nur zu bestimmten Milieus gehören, sondern Milieus sind: Die Gebundenheit steckt in ihren Körpern (Habitus) und zeigt sich deswegen in ihren ästhetischen (und damit sekundär immer auch ethischen) Einstellungen und Optionen. Gesellschaftliche Unterscheidungen transformieren sich in die Formungen der Sinne – in die verschiedenen Geschmäcker. Milieus wirken folglich wie* ***Klang, Musik, Stil****: Sie vereinnahmen zwanglos, aber mit* ***sinnlicher Gewalt****. Das bedeutet: Immer dann, wenn ich am authentischsten bin, schließe ich am deutlichsten aus. Milieus zu verstehen, bedeutet ästhetisch zu analysieren:*

- *Wahrnehmung (Wie nehmen Milieus die Wirklichkeit wahr?)*
- *Wohlgefallen (Woran macht sich Freude und Lust fest?)*
- *Beurteilung (Welche Urteilskriterien gibt es?)*

Die Konstruktionen sind zirkulär: Jedes Milieu ordnet die verschiedenen Kategorien in seiner spezifischen „Welt". Deswegen bedeuten die Begriffe je nach Milieu Verschiedenes: „Klassik" z. B. ist etwas anderes, je nachdem, ob ich Menschen aus den unteren oder oberen Milieus befrage. Dies gilt angesichts der überaus großen Deutungsweite noch mehr für Glaube und Evangelium.

Milieus sind kulturelle Formen. Sie übersetzen Unvertrautes, Kontingentes in Vertrautes und ermöglichen so Erfahrung und Handlung. Entscheidend ist, dass Milieus nichts Harmloses sind – „nur" etwas Ästhetisches –, sondern die Menschen mit sinnlicher „Gewalt" konditionieren, sie ähnlich machen, sozusagen im übertragenen Sinne vergemeinschaften, aber auf diese Weise auch trennen. „Vergemeinschaftung" erfolgt hier wie durch Klänge, Melodien. Bei einer Melodie weiß man intuitiv, wie der nächste Ton sein müsste, und wer ihn nicht trifft, erzeugt einen Stilbruch, was dann deutlich macht, dass es einem selbst an Kompetenz fehlt. Vergemeinschaftung in den Milieus vollzieht sich durch diesen subkutanen Zwang zur Vermeidung von Stilbrüchen, mit denen man sich als Außenseiter outen würde. Man steht eben bei einem akademischen

Vortrag nicht auf einmal auf und sagt „Das ist aber wirklich völliger Blödsinn, was du da erzählst", weil man dann sofort aus der Diskursgemeinschaft ausgeschlossen würde – selbst dann, wenn sich solch ein Eindruck geradezu aufdrängt. Auch wäre es einem selbst, wenn man nicht vollkommen abgehärtet ist, ausgesprochen peinlich. Man hätte die große Mehrheit der Hörer allein aus Stilgründen gegen sich. Es sei denn, es handelt sich um eine moderne avantgardistische Kunstinstallation: Dann kann solch ein Vorgang sehr produktiv sein. Letzteres wird jedoch nur in gehobenen Milieus stattfinden, deren Verhaltensspektren groß genug sind, um Dissonanzen nicht nur aushalten sondern sich an ihnen erfreuen zu können.

Solche sinnlich zwingenden Vergemeinschaftungen kann man bei allen möglichen Gelegenheiten, so z. B. bei unterschiedlichen Arten, Geburtstage zu feiern und dabei die Gäste zu versammeln, immer wieder hautnah erleben.[69] Versucht man an dieser Stelle eine deutende intellektuelle Interpretation, kann man verschiedene Formen zwischen Individualität, Individualisierung, Singularisierung und Gruppenbildung beobachten, die auf unterschiedliche Wertordnungen hindeuten. Allerdings wird deutlich, dass die Milieus sich nicht durch kognitive oder andere bewusste Präferenzen für bestimmte Werthaltungen und entsprechende Stile entscheiden. Der Zusammenhang gestaltet sich, so wie die Milieuanalyse nun einmal aufgebaut ist, genau umgekehrt: Jedes Milieu verfügt über die Werte und über die Moral, die seiner Lage und seinem Interesse entspricht. Allein die mittleren Milieus haben nicht nur, wie alle anderen Milieus auch, die Moral, die ihrem Interesse entspricht, sondern sie entwickeln darüber hinaus ein besonderes Interesse an der Moral als solcher, um sich mit ihm von den unteren und oberen Milieus abzusetzen: Sie „haben nicht nur, wie jedermann eine ihrem Interesse entsprechende Moral, sie haben Interesse *an* der Moral: als Kläger gegen alle Privilegien geben sie allein dem moralisch Gesonnenen ein Recht auf diese Privilegien."[70]

Eine Analyse der sinnlichen Gewalten erfolgt am besten in einem klassisch ästhetischen Muster, indem man zwischen Wahrnehmung, Wohlgefallen und Beurteilung unterscheidet. Wichtig ist zu sehen, dass diese ästhetischen Kategorien immer auch

[69] Wie enorm Verhaltens konditionierend solche Stile greifen – und, obwohl durchaus anstrengend, von den Beteiligten lustvoll goutiert werden – analysiert Bernard: Das System Schumann's. In: SZ vom 16. Juni 2003. Beispiel: „Am Verhalten den Kellnern gegenüber lässt sich die Funktionsweise des Schumann's, das im September in das frühere Käfer Restaurant am Hofgarten ziehen wird, besonders gut veranschaulichen. Wer die Tür am Ende der Maximilianstrasse öffnet, begibt sich gewissermaßen in zwei Räume: zum einen in eine fensterlose Bar, deren Sortiment und Stilsicherheit vielfach gerühmt worden ist, zum anderen aber in ein unablässig arbeitendes System der Bestätigungen und Zurückweisungen. Bekanntlich gibt es in dieser Bar keine äußeren Verfahren des Ausschlusses – weder Türsteher noch überhöhte Preise –, doch im Innersten ist alles Distinktion. Die Gäste sind sich dieses Prinzips der verdichteten Aufmerksamkeit bewusst." „Man muss nur auf den Tonfall hören, in dem die Gäste die Kellner ansprechen. „Du Stefan, kannst Du mir noch ein Bier bringen"; Ach, Roman, was gibt's denn heut zum Essen." Kein zweiter Ort an dem die Vornamen der Bedienung ähnlich häufig fallen würden. Doch das Selbstverständliche dieser Zurufe, die in jeder Ecke des Lokals bekräftigte Allianz zwischen Besucher und Kellnern hat einen Unterton; den Ausrufen ist ein bestimmter Nachdruck, eine Art erzwungener Beiläufigkeit anzumerken."

[70] Bourdieu (1982), S. 554.

ethische Maximen beinhalten. Weiter lässt sich gut erkennen, dass die Konstruktionen, um die es hier geht, zirkulär gebaut sind: Bestimmte Begriffe bedeuten im assoziativen Kontext eines Milieus etwas anderes als in anderen. Sie entwickeln je nach Milieu ganz unterschiedliche Klänge und Töne, so dass eine Analyse allein über Befragungen nach bestimmten Begriffen wenig aussagekräftig ist. Entscheidend ist, dass die Felder der Bedeutungen rekonstruiert werden, in denen sich die Menschen bewegen.

(5) *Die Milieuanalyse beruht so im Kern auf einer Indikatorenbatterie, mit deren Hilfe man die* ***Differenziertheit*** *– oder schärfer: die* ***Gespaltenheit – der Gesellschaft*** *erfassen kann. Man kann dann auch die strukturellen* ***Kommunikationsschranken erkennen****, die zwischen den Menschen existieren: „Kommunikation auf Augenhöhe" ist in der Regel am besten zwischen Gliedern eines Milieus möglich. Besonders deutliche Grenzen werden „nach unten" (Grenze der Respektabilität, „****Ekelschranke****") und „nach oben" (Grenze der Distinktion, „****Die goldene Mauer****") gezogen. Im breiten mittleren Bereich der Gesellschaft unterscheidet man sich anhand „feiner Unterschiede". Identifizierung und Distanzierung sind zwei Seiten desselben Prozesses des Sich-Einordnens und des Eingeordnet-Werdens in die Skala der gesellschaftlichen Unterscheidungen (die sozialer Ungleichheit entspricht). Auch Kirchlichkeit* ***verortet*** *sich in diesen Unterscheidungen und damit in der gesellschaftlichen Hierarchie.*

Mit dem Bisherigen ist schon vieles über die Leistungsfähigkeit der Milieuanalyse gesagt. Man kann mit ihrer Hilfe die Gespaltenheit der Gesellschaft „sehen"[71] und sich dann fragen, was sie eigentlich noch zusammenhält. Dieser Erkenntnisgewinn ist ihr entscheidender Vorteil, und deswegen hat sie die Nachfolge der früheren Klassen- oder Schichtenanalysen angetreten. Alle Illusionen darüber, dass doch eigentlich alle mit allen jederzeit kommunizieren oder auch nur an den üblichen, prinzipiell für alle zugänglichen Möglichkeiten (Bildung, Kultur, Theater, Musik, Museen etc.) teilhaben könnten, wenn sie nur wollten, werden destruiert. Die Gesellschaft – wenn es sie denn überhaupt als eine Einheit gibt – baut sich über diese Spaltungen auf, ja, sie lebt nicht nur damit, sondern profitiert offensichtlich von ihnen.

Die Milieuanalyse betont deswegen die Grenzen zwischen den Milieus, wobei sich an dieser Stelle – jedenfalls in einer an Bourdieu und Vester geschulten Sicht – einige Differenzierungen ergeben.[72] So scheint es so zu sein, dass eine „Kommunikation auf

---

[71] Man „sieht" diese Gespaltenheit freilich nur dann, wenn man genau hinschaut. Ein herausragendes Beispiel für solch ein „Sehen" ist der Artikel von Kruse: Klassenfeier, Klassenkampf in: DIE ZEIT vom 3.3.1995, S. 11. Kruse beschreibt in ihm einen gewaltsamen Konflikt anlässlich einer Abiturfete am Wandsbeker Matthias Claudius Gymnasium in Hamburg zwischen „proletarischen" Türstehern und Gymnasiasten. „Mimik, Gestik, das ganze Körpergehabe sende bei Jugendlichen Signale aus: „Da braucht nur die Oberlippe leicht hochgezogen zu werden." Hauptschüler hätten eine Antenne für das provozierend Herablassende der Gymnasiasten, sie empfingen sehr deutlich diese kleinen Signale der „Herrenmenschen", diese winzigen Grausamkeiten, die nicht justitiabel sind."

[72] Vgl. für den „letzten Stand" der Forschung die Beiträge von Stefan Hradil, Michael Vester und Carsten Ascheberg (in: ApuZ Nr. 44–45, Soziale Milieus, 30.Oktober 2006), 2006.

Augenhöhe“ in der Mitte der Gesellschaft durchaus auch zwischen verschiedenen Milieus möglich ist, aber nach „unten“ und nach „oben“ durch die „Grenzen der Respektabilität“ bzw. der „Distinktion“ scharfe Kommunikationsgrenzen eingezogen sind. Sie haben beide in einer ganz elementaren Weise auch mit körperlichen Abgrenzungsmerkmalen zu tun, die sich in räumliche Distanzen umsetzen. Es gibt im Normalverkehr unserer Gesellschaft im Blick auf „die da unten“ und „die da oben“ kaum Kontakte und Berührungsmöglichkeiten. Zu den einen blickt man in der Regel herab und ist froh, nicht zu ihnen zu gehören. Wenn man sie trifft, stellen sich bestenfalls Gefühle des Mitleids als Kehrseite eines Gefühls der Abwehr ein.

Und was die Oberen anbetrifft, so ist das Verhältnis zu ihnen am besten mit der Metapher der „goldenen Mauer“ von Harry Mulisch[73] bezeichnet. Der „normale“ Mensch blickt zu denen da oben hinauf, als wären sie Menschen in einer anderen Welt, die nach anderen Regeln und Gesetzmäßigkeiten entscheiden und leben würden. In gewisser Weise geht das Gefühl dafür, dass es sich bei denen da unten und bei denen da oben um ganz normale Menschen „wie du und ich“ handelt, verloren. Die da unten sind im Grunde genommen keine wirklichen Menschen mit Würde mehr, und die da oben sind so etwas wie Übermenschen, deren Lebensverhältnisse ich ohnehin nicht erreichen und auch gar nicht verstehen, die ich nur bewundern kann, und denen ich mich in der Regel unterordnen muss und das dann auch will.

Kirche und Glauben ordnen sich in diese Welt der gesellschaftlichen Unterscheidungen, die eine Welt der sozialen Ungleichheit und der Hierarchie ist, ein und bezeichnen in dieser Rangordnung spezifische Plätze. Dabei verfügt die Kirche durchaus über Zeichen und Rituale, die diese Trennungen aufheben, und bietet in dieser Hinsicht einen Ort der Integration für die Gesamtgesellschaft. Diese Zeichen und Rituale werden allerdings von den einzelnen Milieus verschieden ausgelegt und angeeignet. Erkennbar wird aber schon hier, dass sich christlicher Glaube und soziale Milieus nicht in einer klassischen Weise wie Form und Inhalt aufeinander beziehen lassen, insofern der Inhalt letztlich statisch und die Form wechselnd gedacht würden. Damit würde man der Dialektik der Beziehungen nicht gerecht werden können: Glaube hat eine kulturformende Kraft – aber er ist eben auch selbst immer kulturell geformt. Er ist nicht mit den Milieus eins – aber er ist auch nicht von ihnen getrennt. Der Glaube nimmt den Menschen aus seinen Milieubezügen heraus – und weist ihn wieder in sie hinein: Komplette Distanzierung geht mit vollständiger Durchdringung einher.[74]

(6) *Mit der Hilfe der Milieuanalyse kann man folglich sehen, dass mit der jeweiligen Anrufung oder Distanzierung von Stilelementen zugleich immer auch die Protagonisten dieser Elemente in Kommunikationswelten* ***in- oder exkludiert werden****. Dies gilt auch für*

[73] Mulisch (1993), S. 603ff.: „Vor der goldenen Mauer ist alles improvisiertes Chaos, dort wimmelt das Volk im lauten Durcheinander des Alltags herum, und dass dennoch nicht alles drunter und drüber geht, ist der Welt hinter der goldenen Mauer zu verdanken. Hinter der goldenen Mauer liegt nämlich wie das Auge des Zyklons die Welt der Macht …“

[74] Vgl. Schüle (2004), S. 18.

die Kirche: Entsprechende anziehende oder abstoßende Wirkungen entwickelt dann die Gemeinde. Zum einen ist dieser Prozess völlig „normal“: „Von innen“ her gesehen gehört so etwas zur Identitätsgewinnung und -stabilisierung eines jeden Sozialgebildes im Sinne einer Trennung vom „Bösen“, ohne die es nicht leben könnte, dazu. Nur so wird das ***helle Licht*** *strahlend. Es ist aber zum anderen hin auch das genaue Gegenteil: Dadurch, dass sich partikulare – im Grunde genommen: ethnozentrische – Elemente vor die an alle gerichtete Verkündigung schieben,* ***verdunkelt*** *es sich. So etwas kann schlicht darin bestehen, dass sich die Vorherrschaft eines vermeintlich „guten Geschmacks“ – oder auch dessen Gegenteil – exkludierend auswirkt. Mission bedeutet dann Übernahme von herrschenden kulturellen Standards – nicht aber die Entwicklung eigener Glaubensformen.*

Die Wirkungen von Milieus sind Inklusion und Exklusion. Sie haben – wie schon aufgezeigt – mit sozialer Herrschaft in der Gesellschaft zu tun, auch mit der Akzeptanz bzw. der Hinnahme der eigenen Situation und mit Prozessen sozialer Schließung. Handlungssicherheit gewinnen die Menschen in der Regel durch Aufrichtung von Kommunikationsgrenzen und dies tun sie mit der Hilfe ihres Milieus. Deswegen gilt platt gesagt: Wo ein Milieu sich breit macht, kann das andere nicht sein. Wo die Protagonisten des einen Milieus die Räume besetzen, wo sie reden und die Diskurse prägen, können die anderen Milieus sich immer nur versprechen, halten sich deswegen zurück und reden in der Regel dann gar nicht mehr. Es ist dies das klassische Schicksal des einen „Arbeiters“ im Kirchenvorstand, der in den Sitzungen nie etwas sagt, weil er sich von der Art und Weise, wie die anderen reden, als stumm gemacht erlebt. In Abstimmungen richtet er sich nach den Meinungsführen. Deswegen wird er dann auch von anderen verachtet und nicht wieder gewählt. Ändern ließe sich dies nur durch ein parteiliches Verhalten von Meinungsführern zugunsten der „Arbeiter“.[75]

So problematisch diese Situation auf den ersten Blick erscheint, so muss man doch sehen: Ein entsprechendes inkludierendes und exkludierendes Verhalten ist in den sozialen Institutionen und eben auch in der Kirchengemeinde vollkommen normal. Ohne entsprechende Ein- und Ausschlussprozesse, d. h. ohne das Aufrichten von Grenzen ist die Entwicklung eines Sozialgebildes nicht denkbar. Aber es kann eben hierdurch auch zu einer beträchtlichen Verdunkelung dessen kommen, was eine Gemeinschaft eigentlich erreichen will. Der eigentlich missionarische Impuls bleibt dann auf der Strecke. Es stellen sich Bindungen und Einbindungen heraus – man fühlt sich ausgesprochen wohl innerhalb der Gruppe und man kommuniziert intensiv untereinander. Je intensiver und selbstverständlicher jedoch diese Kommunikationen werden, desto höher ist die Grenze zu den anderen und desto verdunkelter wird das Licht, um das eigentlich leuchten soll.

Auf der anderen Seite greift hier das bereits geschilderte Paradox, dass ich meine Glaubensüberzeugung nur von meinen eigenen Glaubenserfahrungen her überzeugend anderen deutlich machen kann. Und diese sind durch meine Einbindung in irgendeine

---

[75] Vgl. zur Problematik des Verhältnisses von Arbeitern und Kirche als Vorläufer der Kirche und Milieu Studien: Wegner (1988) mit umfänglicher Rezeption der Theorie von Pierre Bourdieu.

Art von begeisternder Gemeinschaft geformt. Insofern kann nur eine Gemeinschaft, in der intensiv und in irgendeiner Weise lustvoll-attrahierend kommuniziert wird, und in der sich die Menschen wohl fühlen, auch für andere nach außen hin attraktive Anziehungskraft entwickeln. Nur Begeisterte können andere begeistern. So, wie dies die einen abstößt, zieht es andere an. Wo man stark ist, ist man schwach.

Diese Beziehung gilt in besonderer Angespanntheit für das Verhältnis des christlichen Glaubens zu jenen Milieus, die sich anscheinend von ihm nicht erreichen lassen – und das sind – man könnte fast sagen: heute wieder – vor alle die „unteren" Milieus. Am gelebten Verhältnis zu ihnen entscheidet sich, ob die kommunizierten kirchlichen Formen wirklich universal sind – oder ob sie sich nicht im Grunde genommen auf eine Art von „Stammesreligion" reduzieren. Kein geringerer als Paul Tillich hat die alles entscheidende Bedeutung dieses Verhältnisses schon 1931 erkannt: „Die proletarische Situation ist nicht eine beliebige Wirklichkeit, auf die auch Rücksicht genommen werden muss, sondern sie ist der Ort, von dem aus die Geschichte selbst den Protestantismus vor die Frage gestellt hat, ob er sein Prinzip mit bestimmten Formen seiner Verwirklichung gleichsetzen oder ob er mit seinem Prinzip sich unter die Forderung stellen will, die von der proletarischen Situation an ihn ergeht und die einen großen, ja den größten Teil seiner gegenwärtigen Verwirklichung in Frage stellt."[76] Und anders: „Nur wenn es protestantisch ist, denjenigen Protestantismus preiszugeben, für den die proletarische Situation unzugänglich bleibt, kann der unbedingte und universale Charakter der protestantischen Verkündigung behauptet werden."[77] Heute würde man die Alternative wahrscheinlich nicht so klassenkämpferisch scharf formulieren und eher von Vielfalt sprechen, die es zu erweitern gilt. Aber ist die Lage wirklich so harmlos?

(7) ***Wie*** *die Milieubindungen des Glaubens jeweils* ***beurteilt*** *werden, kann nicht die Milieuanalyse, sondern muss die – sich missionarisch verstehende – Kirche entscheiden. Folglich muss sich die Perspektive drehen: Nicht die Zugehörigkeit zu Milieus entscheidet – letztlich, wirklich – über den Glauben, sondern der* ***Glaube ruft sozusagen die Milieus*** *in seinen Dienst und nutzt sie als Potential zum Zeugnis. Empirisch gilt: Jedes Milieu hat seinen Glauben – theologisch gilt: der Glaube schafft sich seine Milieus. Die Erkenntnis in die soziokulturelle Behaftetheit oder gar Gefangenschaft des Glaubens führt zur Unterscheidung zwischen ihm und seinen Formen und funktioniert damit letztere zu reinem*

[76] Tillich (1950), S. 104. Inhaltlich geht es – und in allgemeiner Hinsicht hat sich nicht allzu viel geändert – um die Kopplung von humanistischem Persönlichkeitsideal und Protestantismus. „Denn mit diesem Ideal ist die Ausschließung der Massen, ja, erst eigentlich die Entstehung der Masse als Masse gegeben. Das Ideal der religiösen Persönlichkeit ist für das Denken des Proletariats völlig unannehmbar. Der Protestantismus hat in allen seinen Formen die bewusste religiöse Persönlichkeit betont, ihre intellektuellen Fähigkeiten und ihre moralischen Entscheidungen. Er wurde zu einer „Theologie des Bewusstseins" in Analogie zur cartesianischen „Philosophie des Bewusstseins" usw. (S. 101).

[77] Tillich (1950), S. 85. Vgl.: Niebuhr, H. Richard (1952), S. 237: „If we have no faith in the absolute faithfulness of God-in-Christ, it will doubtless be difficult for us to discern the relativity of our faith. Because that faith is weak, therefore we shall always endeavour to make our personal or our social faith into an absolute."

Material um. Das setzt allerdings voraus, dass es einen **Ort** *gibt, an dem man sozusagen mit dem Material der Milieus „spielen“ kann – und d. h. von der lebensweltlichen Bindung an sie distanziert ist. Dieser Ort ist die* ***Begegnung mit dem lebendigen Christus*** *– als Krise und Neuschöpfung zugleich.*

Alles, was bis hierhin sozialwissenschaftlich gesagt wurde, lässt sich empirisch belegen bzw. überprüfen. Sich in der Ausgestaltung der kirchlichen Arbeit hieran zu orientieren, hätte den Vorteil, dass man sich auf einer relativ sicheren – fast könnte man sagen: „Reiz-Reaktions“-Basis bewegen würde. Aber man wäre dann auch in einen engen kausalen Nexus verstrickt und würde letztlich die Logik der Milieuanalyse, demgemäß bestimmte soziale Lagen mit bestimmten Lebensstilen wahlverwandt sind, und damit eine möglicherweise recht reduktive Logik der Lebensverhältnisse der Menschen übernehmen. Die kirchliche Arbeit entsprechend zu gestalten, wäre dann zwar prinzipiell einfach, aber sie würde einem schlichten opportunistischen Verhalten gleichkommen. Man könnte immer noch, wie dies die Wirtschaft tut, mit den Lebensstilen der Menschen gleichsam zaubern und so gewaltige eindrucksvolle Gebilde der Bedürfnisbefriedigung bauen. Aber man bliebe einer Logik verhaftet, in der die produktive, selbst gestaltende Kraft des Glaubens, die jenseits jedes Milieus und jeder Kultur wirkt, ausgeblendet würde. Dagegen kann man theologisch sagen: „Was den Glauben wesentlich bestimmt, ist nichts Kulturelles, und umgekehrt führt auch von der Kultur kein Weg zum Glauben hin.“ Die Grundrelation ist eine durch die Offenbarung Gottes bestimmte, die existentielles Vertrauen schafft – vor jeder kulturellen oder sonstigen Aktivität.[78]

Nötig ist also eine Drehung der Perspektive: weg von einer reduktiven Sicht auf den Menschen und sein Leben hin zu einer produktiven und kreativen Sicht dieses Verhältnisses. Etwa so: Der „Glaube“ reduziert sich natürlich nicht auf ein Milieu; er ist nicht seine Funktion oder sein Aspekt, sondern universal. Deswegen: Es ist „der Glaube“, der die Milieus „in seinen Dienst ruft“, von woher die Menschen mit den Milieus und ihrem Material produktiv im Interesse seiner Gestaltgewinnung umgehen. Milieus sind eine Funktion des Glaubens. Theologisch kann es eigentlich gar nicht anders sein. Sofern man dem Glauben an Gott überhaupt eine schöpferische und nicht nur reaktive Wirkung zugesteht, kann diese nur in der Hoffnung bestehen, dass der Glaube zu einem spezifischen Erfahren und Handeln in der Nachfolge Jesu Christi – oder wie immer man es formuliert – motiviert und d. h., sich in der Gestalt der ihm folgenden Menschen seine eigene Verwirklichung schafft. Aufgrund des Glaubens entscheiden sich Menschen, in einer bestimmten Weise zu leben. So wäre zumindest eine konsequente missionarisch-theologische Sichtweise zu beschreiben.

Allerdings weiß auch der Glaubende um die vielfältige Gebrochenheit und die Trägheit der Entscheidungsmöglichkeiten des Menschen, ja im Grunde genommen sogar der Unmöglichkeit dieser Entscheidung. Und doch unterstellt der Glaubende die Möglichkeiten zu einer radikalen Änderung der eigenen Selbstkonstitution, was sich auch im

[78] Schüle (2004), S. 9 unter Bezug auf Christoph Schwöbel und Wolfgang Härle.

Verhalten der Christen niederschlagen muss und auch immer wieder niedergeschlagen hat.

So soll es sein, aber das ist natürlich leicht, sehr leicht gesagt. Es gibt sehr viele, die Problematik lediglich überwölbende und euphemisierende Formulierungen, die die faktisch vorhandenen Möglichkeiten, anders zu leben, als man es im eigenen Milieu gewohnt ist, allzu leichtfertig überspielen und die die tatsächliche Freiheit der Christenmenschen mit der Freiheit Bessersituierter, sich für etwas entscheiden zu können, verwechseln. Klassisch in dieser Hinsicht sind berühmte Äußerungen von Helmut Thielecke, der in den 50er Jahren zur These, dass es mehr Christen gibt, die in Häusern mit Gärten leben als in Mietskasernen, feststellte, dies läge daran, dass sich die Christenmenschen dafür entschieden hätten, in Häusern mit Gärten zu leben, weil dies einfach gesünder und menschlicher wäre. Aber es liegt auf der Hand, dass der Zusammenhang so einfach nicht sein kann. Wenn man ihn so beschreibt, mutet es geradezu lächerlich an, weil man dann die Milieugrenzen besser gestellter Milieus zu besonders geheiligten Formen erklärte und die Problematik der Stiftung des Glaubens in den unteren Sozialschichten, sprich in den Mietskasernen, nicht nur aus dem Blick verliert, sondern die Frage des Glaubens dort zu einer Zumutung an den Einzelnen macht, die er gar nicht erfüllen kann.

Der Zwang der Bedingungen, unter denen jemand lebt – im positiven wie im negativen –, greift viel stärker durch, als man häufig theologisch denken kann. Und Glaube ist kein Idealismus, er ist auch keine idealistische Übersteigerung der Wirklichkeit, gerade auch nicht der Wirklichkeit des Notwendigkeitsgeschmacks der unteren Sozialschichten bzw. der Situation der Armen. Die Freiheit, die der Glaube propagiert, ist nicht die Freiheit desjenigen, der in der modernen Gesellschaft über Eigentum verfügt und sich deswegen in besonderer Weise für dieses oder jenes entscheiden kann. Es kann Situationen geben, die es unmöglich machen, der eigenen Berufung zu folgen, bzw. die es unmöglich machen, bestimmten Bildern einer christlichen Persönlichkeit, die sich faktisch eher an Leitbildern höherer gesellschaftlicher Kreise entwickeln, zu folgen. Die Frage, was Glaube in Situationen sozialer und ökonomischer Bedrängnis bedeutet, stellt sich in ganz besonders drängender Weise. Wie Armut und christlicher Glaube zusammenkommen können, ist nicht nur eine Frage in diakonischer oder gar empathischer Hinsicht, sondern hat große konstitutive Bedeutung für die Situation der Kirche insgesamt, da in der Situation der Armen die herrschenden gesellschaftlichen Leitvorstellungen von Freiheit und Selbstverantwortung besonders schwierig zu realisieren sind und deswegen christlicher Glaube, der sich an diese Werte bindet, in die Krise kommt. Die Situation der Armen ist deswegen die missionarische Herausforderung sui generis. Ihr sich auszusetzen, öffnet Einsichten in die Konstitution des Ganzen einer Gesellschaft und in die Funktion von Kirche und Religion.

Davon abgesehen muss geklärt werden, wie es überhaupt dazu kommen kann, sich von den eigenen Bindungen an bestimmte Lebensstile und Milieus distanzieren zu können, um sich dann wieder für sie oder für andere entscheiden zu können. Stellt man die Frage so, dann geht es um die Arbeit an der Transformation oder anders beschrieben der Wiedergeburt, der Neuschöpfung, der Befreiung von den Zwängen, unter denen man bisher gelebt hat. Es geht um die Frage, wie ein Freiheitsgewinn von sich selbst, von der Sorge um sich selbst überhaupt möglich ist, und noch weiter zugespitzt, wie man in eine Situation steuern kann, in der die eigenen Normalitätserwartungen fraglich werden, Raum und Zeit sich verändern und man nach dem Paulinischen Motto des „Haben, als hätte man nicht" leben könnte. Es geht folglich um nichts Geringeres als um die Frage der Konversion, d. h. der Umwertung wesentlicher Werte in meinem Leben unter dem Einfluss des Christusgeschehens bzw. unter dem Einfluss der Neuinklusion in den Glauben oder in die religiöse Kommunikation, wenn man es so distanziert beschreiben will.

Theologisch können dies eigentlich nur ein spezifischer Ort und eine besondere Zeit sein, nämlich die Begegnung mit dem lebendigen Christus, d. h. dem Gekreuzigten, der sich mir als Erfüllung meines Lebens offenbart. Wie diese Situation im Einzelnen auch immer ausgestaltet sein mag und wie verschieden sich Christus auch immer artikuliert, so scheint doch im Blick auf den missionarischen Impuls bzw. die Überschreitungsfähigkeit von Milieus eines von großer Bedeutung zu sein, nämlich dass sich dieser Christus immer als der Gekreuzigte offenbart. Es ist das Kreuz, das alle Bindungen und Normalitätserwartungen relativiert. Im Kreuz werden die Krise der Kultur, die Krise der Milieus und die Krise dessen deutlich, was ich jeweils für das Normalste der Welt halte. Das Kreuz liegt – in der biblischen Darstellung ja auch ganz real – außerhalb der gesellschaftlichen Milieus und ihrer Normalität.

Im Kreuz wird die Exklusionsmacht der Normalität deutlich. Christus wurde im Namen der Normalität ans Kreuz geschlagen und genau dieser Prozess macht deutlich, wie sehr der Glaube an ihn immer wieder hinausdrängt in andere Welten und andere Erfahrungen. Im Kreuz wird auch deutlich, dass sich dieser Christus, der mir so ganz nahe ist, auch immer wieder entzieht. Das Kreuz ist ein paradoxes Symbol für beides, für die Liebe und den Selbstentzug. Es macht nur allzu deutlich, wie wenig Christus mein Besitz sein kann und wie sehr ich selbst deswegen mit meiner Beurteilung anderer Milieus zurückhaltend sein muss. Der Christus, der am Kreuz hängt – könnte man es in der Sprache der Milieutheorie formulieren – hat sozusagen keinen Habitus, da er aus allen Milieus herausgefallen ist und der verabsolutierte Einzelne ist. Genauso aber hat er eigentlich den einzigen wirklichen angemessenen Habitus, nämlich einen, der sich nicht von den anderen distanziert, sondern in Liebe für alle anderen geöffnet ist.

Ich schließe mich hier dem Denkweg von H. Richard Niebuhr an. Er hält daran fest, dass Christus keine Abstraktion, sondern lebendige Gegenwart ist. Und sie wiederum ist durch die Gottesbeziehung Jesu gesetzt: „Glaube, Hoffnung und Liebe Jesu besitzen in ihrer Ausrichtung auf Gott eine Qualität, die allein aus der Beziehung des Sohnes zum Vater lebt und insofern für sich genommen keine kulturspezifische Prägung besitzt."[79] Mein Glaube wiederum partizipiert an diesem Geschehen und ist deswegen in der Lage,

---

79 Schüle (2004), S. 16.

kulturelle Gestalten ins Leben zu rufen. Oder um es mit Niebuhr selbst zu sagen: „The Christian does everything with a difference; not because he has a different law, but because he knows grace und hence reflects grace; not because he must distinguish himself, but because he does not need to distinguish himself."[80] Ohne Selbstdistanzierung von den anderen mit den Mitteln der Kultur bzw. des Milieus wird Glaube nicht Wirklichkeit – aber er wird es nicht um der Distanzierung sondern um der Identifizierung willen. Die kulturellen Signale, die benutzt werden, sind dieselben wie auch sonst – und doch verändern sie dadurch ihre Bedeutung, dass sie nun auf größere und weitere Zusammenhänge jenseits von Selbstbegründung und Eigenmächtigkeit hinweisen. Darin kann eine Kraft zu Transformation liegen.

(8) *So betrachtet muss für die Kirche insgesamt gelten: Unter dem „Feuer lebendiger Verkündigung" kann es zu einem „**Einschmelzungsprozess**" kulturellen und sozialen „Materials", den vorhandenen Gerüchen, Klängen und Farben kommen. Dies kann ein ungeheuer kreativer Prozess – ein Prozess der „kreativen Zerstörung" – sein, in dem Identitäten neu erschaffen und große Gestaltungskräfte frei werden können. Gerade weil hier das Evangelium als Neues und bisher Fremdes für das Leben und die Welt erlebt wird – gerade weil es nicht alltäglich oder gar niedrigschwellig ist; ja vielleicht gar kein „Angebot", sondern ein gewaltiger „Anspruch" – fühlen sich Menschen angezogen und erfahren Erneuerung. Das ist das, was in Erneuerungsprozessen der Kirche immer wieder erfahren wurde. Ihre Raum- und Zeiterfahrung ändert sich. „Du stellst meine Füße auf weiten Raum." Der Kern einer missionarischen Kirche sind entsprechende **kreative Prozesse**.*

Es geht nicht um eine Anpassung opportunistischer Art an die Milieus, sondern darum, mit ihnen und dem in ihnen vorhandenen kulturellen und sozialen Material zu arbeiten. Der Gewinn aus der Milieuanalyse besteht zunächst darin, Distanzen zu seinen eigenen und auch zu den Bindungen anderer an kulturelle Formen zu gewinnen. In dieser kritischen Sichtweise lässt sich die Milieuanalyse geradezu im Sinn eines Freiheitsgewinns nutzen: Das, was bisher als normal und selbstverständlich galt, kommt nun verfremdet in den Blick. All das, was mich und andere prägt, wird auf diese Weise überhaupt erst zu „Material", mit dem man etwas machen kann. Zwar kann ich nicht aus meiner Haut, nicht aus meinem Habitus, aber ich kann doch sehen, dass Gott weit größer ist, als das, was mich geprägt hat und dass es ganz andere fremde Gestalten des Glaubens[81] geben kann, von denen ich nicht einmal eine Ahnung habe, ja, vor denen ich mich vielleicht sogar fürchte oder ekle. In dieser Drehung der Perspektive – die nicht immer angenehm sein muss – könnte ein kreativer Prozess entstehen, der aus einer transformierenden Liebe zu den Menschen heraus die missionarischen Impulse des Glaubens neu entdeckt. Allerdings ist deutlich, dass es sich hierbei um ein Geschehen handelt, das in der Geschichte immer wieder kontingent aufgetreten ist – aber eben nicht machbar ist. Der

80 Niebuhr, H. Richard (1952), S. 91.
81 Vgl. Wegner (1997), S. 106–123.

alles transformierende Glaube ereignet sich – in den klassischen Worten: Es kommt zu Erweckung. Oder das passiert eben nicht.

Insofern ist es angemessen, an dieser Stelle Verkündigung nicht nüchtern als einen Prozess der Information zu verstehen, sondern durchaus vom „Feuer lebendiger Verkündigung" zu reden, worin Material aus verschiedenen Milieus aufgenommen und im Sinne der Gestaltgewinnung des Glaubens produktiv umgeformt wird. Das muss gar nicht immer spektakulär sein – meist reichen kleine Zeichenverschiebungen bereits aus, um ganze Milieuanrufungen zu verändern. Max Raabe z. B. singt dieselben Lieder, die auch Andre Rieu singt – die Differenz, mit der eine völlig unterschiedliche Anrufung von Milieus einhergeht, liegt im Auftreten der Sänger: Raabe ironisiert die schönen Schnulzen und macht so ihren Genuss für ihre Verächter möglich. Endlich kann man sich ihnen guten bildungsbürgerlichen Gewissens hingeben: „Wenn bei Capri die rote Sonne ...". Umformungen von populären Liedern in der Kirchenmusik sind gang und gäbe und sie sind nicht selten wieder zu guten Gestalten geronnen.

Solche Prozesse werden zwar weniger dem Einzelnen möglich sein, auch weniger den einzelnen Pastoren, bei denen es durchaus Sinn machen kann, dass sie einzelnen Milieus zugeordnet bleiben. Aber solche Prozesse müssen in der Kirche insgesamt immer wieder stattfinden. Eine missionarisch-faszinierende Kirche muss sich selbst als einen Raum für entsprechende kreative Prozesse verstehen. Sie muss zumindest den Raum für die Emergenz solcher Prozesse offen halten. Wenn man von ihrer missionarischen Struktur redet, dann geht es um solche Charakteristika und nicht nur um irgendwelche zusätzlichen Arbeitseinheiten, Beauftragungen und gar technische Abwicklungen. Wenn Mission im Kern bedeutet, dass sich das Christusgeschehen in neue Welten ergießt, dann ist eine den Glauben transformierende Kreativität die angemessene Haltung. Freilich ist sie keine Kreativität aus eigener Vollmacht, sondern sie folgt aus der Bevollmächtigung der Glaubenden und spürt den Wegen nach, die Christus längst gegangen ist. In dieser Hinsicht handelt es sich um kreative Passivität[82]: ein schöpferisches Tun, das sich aus seiner Inkraftsetzung durch Gottes Geist ergibt – nicht Innovation sondern Reformation.

Spannend ist nun auf der anderen Seite zu sehen, wie die Charakterisierungen, die in dieser These gewählt sind, um den Einschmelzungsprozess zu charakterisieren – vor allem die Betonung von Kreativität –, mittels der Milieuanalyse wieder eingeholt, das heißt sozial verortet werden können. Denn vordergründig handelt es sich hierbei in meiner Beschreibung um attraktive Kennzeichen für gehobene Elitemilieus, vor allen Dingen im Bildungs- und im künstlerischen Bereich. Hier finden sich diejenigen, die mit Lust und Energie kreative Zerstörungen sozusagen als Lebenselixier betreiben. Untere und mittlere Sozialmilieus bekommen es in dieser Richtung eher mit der Angst zu tun, den Boden des Vertrauten unter den Füßen zu verlieren. Interessant werden solche Prozesse jedoch erst dann, wenn sie diese Einbindung sprengen und sich Transforma-

[82] Der Begriff stammt von Eberhard Jüngel. Vgl. Ders., (1983), S. 445ff. Vgl. für eine Nutzung des Begriffs zur Analyse von Organisationen: Wegner (2006), S. 5–106.

tionen des Gewohnten gerade auch bei den „Einfachen" und „Ängstlichen" ergeben. Sonst wird die Ethnozentrizität des Glaubens nicht überschritten – so bereichernd es für die Beteiligten auch sein kann.

Insgesamt kann man, wie gesagt, solche Prozesse nicht von jeder einzelnen Gemeinde oder jeder einzelnen Pastorin oder Pastoren erwarten. Aber die Kirche als paradoxer „organisierter Leib Christi" müsste sich in dieser Hinsicht begreifen und entsprechende experimentelle Orte und Zeiten schaffen. Die Krise, in der die Kirche steckt, hat auch damit zu tun, dass diejenigen intellektuellen und künstlerischen Potenzen, die auf ein Überschreiten der bestehenden Grenzen drängen, oftmals fehlen und sich der ganze Apparat immer wieder auf ein ähnliches mittleres Anspruchsniveau und damit einer gewissen Langweiligkeit und Biederkeit einpendelt. Eine missionarische Kirche braucht Menschen, die sich um des Glaubens willen in ihnen zunächst fremde und unvertraute Zusammenhänge begeben und dort Christus suchen.

Entscheidend ist zu sehen, dass solche Prozesse nur dann zustande kommen, wenn man sich entschlossen von regressiven Glaubensgestalten löst und zu progressiven, das heißt auch durchaus zu fordernden und aktivierenden Glaubensformen kommt. Allein schon solch ein Prozess kann die Tür zu modernen Milieus, die sich an Leistungswerten und an Selbstverwirklichung orientieren, öffnen. Die an der Frage des Zugangs zu den Armen verdeutlichte Herausforderung, immer wieder die universelle Dimension des Glaubens vor seiner partikularen Einschließung zu bewahren, stellt sich auch hier: Leistungswerte[83] gehören zum Kern des christlichen Glaubens ebenso hinzu wie die Option für die Armen. Mission in dieser Richtung ist allerdings kein Spaziergang, denn diese Werte müssen durch den Glauben richtiggehend herausgefordert werden. Das aber könnte wahrscheinlich nur dann erfolgen, wenn die Krise ihrer Selbstbezüglichkeit provoziert werden wird. Weit mehr noch als bei den Armen müsste hier die transformierende Liebe, von der Spaemann spricht, greifen: Es braucht einen Zugang dazu, das christliche Selbst als exzentrisch konstituiert und gerade so als Freiheit eröffnend zu sehen.

(9) *Zum Ziel kommt eine missionarische Nutzung der Milieus folglich dann, wenn es zu* ***„authentischen Transformationen"*** *des Glaubens kommt (H.R. Niebuhr): Die herkömmlichen Formen der Kommunikation des Glaubens werden erweitert und nur so können bisher Fremde in sie einbezogen werden. Bisherige kulturelle Bindungen des Glaubens werden als zu eng erfahren und es stellen sich neue Identifikationen zwischen diesen Stilen und jenen Glaubenserfahrungen ein. Nur so erfahren sich bisher Fremde als Bereichernde – weil sie als Erneuert-Werdende doch sie selbst bleiben können – jedenfalls sich nicht einfach den herrschenden kulturellen und sozialen Settings der Gemeinde angleichen müssen. Es bilden sich neue Gestalten des Glaubens heraus – die Kirche wächst in bisher unbekanntes Land hinein.*

---

83 Das herkömmliche Image von Kirche ist dem häufig entgegengesetzt. In der Sicht der Bevölkerung verkörpert sie gerade nicht Leistungswerte und Aktivität, sondern sie stellt einen Schutzraum für diejenigen dar, die diesen Werten gerade nicht entsprechen können.

Es geht mithin um Prozesse der authentischen Transformationen[84] des Glaubens in „andere" Zusammenhänge und andere kulturelle Formen hinein. Der Begriff ist paradox und nur theologisch rekonstruierbar: ein radikaler Transformationsprozess, bei dem man in völliger Veränderung doch man selbst bleibt. Die Volkskirche hat es mit solchen radikalen Transformationen natürlich schwer, aber die Zukunft lässt sich nur gewinnen, wenn man sich diesen Erfahrungen aussetzt. Der Begriff stammt aus der Debatte um „Christ and Culture", dem großen Buch von H. Richard Niebuhr. Ihm gelang es vor mehr als fünfzig Jahren meisterhaft, Spannungen und Synthesen zwischen Glauben und Kultur zu beschreiben, und so historisch typische Transformationsprozesse herauszuarbeiten.[85] Unter Bezug auf seine Forschungen ist versucht worden, Regeln für authentische Transformationen[86] herauszuarbeiten, die die Identität des Christlichen in solchen Prozessen sicherstellen könnten. Die Debatte steht in dieser Hinsicht aber ganz am Anfang.

Entscheidend ist, dass es in solch einem Transformationsprozess, den man auf der individuellen Ebene als Konversion[87] beschreiben kann, zu einem Transfer von Eigensorge und Misstrauen zu Gottvertrauen und zum Dienst an dem Nächsten, zum Vertrauen und Loslassen seiner selbst kommt. Es ist deutlich, dass solch ein Prozess nur als Befreiungsprozess erfahren werden kann – in einer ganz elementaren Weise als ein Prozess, in dem ein bisher enges Korsett, in dem man steckte, abgestreift wird und sich andere Welten erschließen. Die entscheidende Frage ist folglich, wie sich heutige spirituelle Kommunikation auf die Einstellungen von Menschen und ihre Normalitäts- und Plausibilitätserwartungen bezieht. Eine reine anpassende Haltung würde den hier vorgestellten Erwartungen nicht gerecht werden können. Es geht folglich gar nicht darum, die Erwartungen der Menschen zu erfüllen, sondern sozusagen mit ihren Wünschen und Träumen zu „zaubern"[88] – sie mit sich selbst im Horizont des Evangeliums zu überraschen.

---

84 Vgl. Yoder/Yeager/Sassen: Authentic Transformation. A New Vision of Christ and Culture (1996).

85 Niebuhr, H. Richard (1952), S. 53ff. ordnet das Verhältnis von Glaube und Kultur folgendermaßen:
- Opposition: Christ as seen as opposed to any human achievements
- Agreement: Jesus Teachings as seen as the greatest human achievements
- Christ above Culture: Christ as fulfilment of cultural aspirations and restorer of the true society
- Polarity/ Tension: The duality and authority of both Christ and Culture are recognized
- Christ transforming Culture: Christ is seen as the converter of man in his culture and society.

Der Versuch, diese Kategorien auf das Verhältnis von Kirche und Milieus umzuschreiben steht noch aus.

86 Bei Yoder et. al., a.a.O., finden sich eine Reihe von Regeln, die allerdings auf den ethischen Aspekt solcher Prozesse bezogen sind, z. B. Gewaltfreiheit.

87 Vgl. als ein Beispiel für Konversion Lewis (1998), S. 268ff.: „Mir wurde bewusst, dass ich etwas auf Abstand hielt oder etwas aussperrte. Oder, wenn sie so wollen, dass ich irgendeine steife Kleidung trug, wie ein Korsett oder gar eine Rüstung, als wäre ich ein Hummer. ... Ich fühlte mich wie ein Schneemann, der endlich zu schmelzen beginnt. Die Schmelze begann in meinem Rücken – zuerst *tropf-tropf* und dann *plätscher-plätscher*. Ich mochte das Gefühl nicht besonders." Eine Deutung dieser Szene finde sich bei Žižek (2003), S. 23ff.

88 Entgegen allen herkömmlichen Vorstellungen davon, die Wirtschaft würde Bedürfnisse befriedigen und nutze die Milieuanalyse, um diesen Vorgang effektivieren zu können, ist erfolgreiches Marketing kein

(10) *Damit gilt:* ***Kirche*** *kommt sozusagen immer „****vor****" den Milieus. Eine missionarische Kirche gibt es nur dann, wenn deutlich wird, dass es Kirche ist, die die Milieus inkludiert und nutzt – und nicht umgekehrt. Wo nur noch selbstgenügsam der jeweilige* ***Milieuglauben*** *gepflegt und simple taktische Angleichungen an Lebensstile vollzogen wird, ist Kirche elementar bedroht. Dies entspricht auch erkennbar der Wahrnehmung der Menschen: Man geht nur sehr begrenzt zu einer kirchlichen Veranstaltung, die das eigene Milieu anspricht, wenn man nichts mit Kirche zu tun hat. Inklusion in Kirche bleibt vorgeordnet. Wer mit Glauben nichts anfangen kann, lässt sich auch nicht durch Milieubezug ködern. Ohne einen solchen geht es allerdings auch nicht, weil dann der Glaube nicht mit dem Leben vermittelt ist. Nur dann, wenn sich* ***plausible Synthesen, Synkretismen zwischen den lebendigen sozialen und kulturellen Formen der Menschen und dem Evangelium*** *einstellen, können missionarische Erfolge erzielt werden.* ***Authentischer Glaube ist gefragt.***

Authentischer Glaube ist in allen Milieus gefragt, das heißt aber, dass simple Zielgruppenorientiertheit oder Marktanpassungen, die lediglich Bestehendes neu formatieren, den missionarischen Impuls nicht voranbringen werden. So etwas gibt es ja im Übrigen. Kirche passt sich immer wieder den modernen gesellschaftlichen Trends an. In der Regel tut sie es nach oben hin, aber in vielfältigen Aktivitäten auch oft in den Bereich der Armut hinein. Sie muss diese Anpassungsleistung auch vollbringen, weil sie sonst an den Rand der gesellschaftlich akzeptierten Kommunikation gerät. Missionarisch ist sie damit aber noch lange nicht, denn sie sichert auf diese Weise nur ihren eigenen Bestand.

Wirklich missionarisch wird Kirche nur dann, wenn sie einen solchen taktisch-strategischen Bezug auf die sie tragenden Milieus erweitert und sich für Prozesse öffnet, die so etwas wie überraschende Befreiung erfahrbar erscheinen lassen. Dabei bleibt allerdings die skeptische Frage, ob so etwas „machbar" ist. Auf der einen Seite muss es „gemacht" werden – auf der anderen Seite muss es sich „ergeben". Glaubwürdigkeit in Glaubensdingen lässt sich nicht erzwingen. Neue Synkretismen setzen Erweckung voraus.

„Kirche soll nicht vertraute Vergangenheit, sondern ersehnte Zukunft sein!"
(Ernst Lange)

„I'm coming home and the perfect smell seems so familiar."
(Enny Jameson)

Dialog mit den Kunden sondern ein Zaubern mit all dem, was er oder sie such wünscht. Mit platter Bedürfnisbefriedigung lässt sich längst nicht mehr genügend Geld verdienen sondern nur noch mit dem Spielen damit. Marketing ist insofern darauf angewiesen, die Menschen besser zu verstehen als diese sich selbst. Hierin hat es die Theologie längst eingeholt – und überholt.

Literatur

Ahrens, Petra-Angela: Auswertung der landeskirchlichen Diskussion über das Arbeitsbuch zur Pastorinnen- und Pastorenbefragung der Evangelisch-lutherischen Landeskirche Hannovers, Texte aus dem SI, Hannover 2006(a).

Ahrens, Petra-Angela: Der Deutsche Evangelische Kirchentag in Hannover 2005. Über den Erfolg des kirchlichen Großevents, Texte aus dem SI, Hannover 2006(b).

Ahrens, Petra-Angela /Wegner, Gerhard: Die Zukunft der Kirche liegt in der Mitte der Gesellschaft, Texte aus dem SI, Hannover 2006.

Ahrens, Petra-Angela: „Performance: Zeitreise II“ und „Brasilianische Nacht“. Zwei Schlaglichter auf die 3. Lange Nacht der Kirchen. In: Wolfgang Puschmann (Hg.): Lange Nacht der Kirchen, Hannover 2007, S. 101–116.

Ascheberg, Carsten: Milieuforschung und transnationales Zielgruppenmarketing. In: Aus Politik und Zeitgeschichte, Beilage zur Wochenzeitung Das Parlament, Soziale Milieus, Nr. 44–45, 30. Oktober 2006, S. 18–25.

Bernard, Andreas: Das System Schumann's. In: Süddeutsche Zeitung vom 16. Juni 2003.

Bismarck, Klaus von: Kirche und Gemeinde in soziologischer Sicht. In: Zeitschrift für Evangelische Ethik 1, 1957, S. 17–30.

Bongaerts, Gregor: Eingefleischte Sozialität. Zur Phänomenologie sozialer Praxis. In: Sociologia Internationalis, Heft 1/2003, S. 25–53.

Bourdieu, Pierre: Die feinen Unterschiede. Kritik der gesellschaftlichen Urteilskraft, Frankfurt a. M. 1984.

Bourdieu, Pierre: Sozialer Sinn. Kritik der theoretischen Vernunft, Frankfurt a. M. 1987.

Bourdieu, Pierre / Darbel, Alain: The Love of Art. European Art Museums and their Public, Cambridge 1997.

Bourdieu, Pierre: Das religiöse Feld. Texte zur Ökonomie des Heilgeschehens, Konstanz 2000.

Brown, Frank Burch: Good Taste, Bad Taste and Christian Taste. Aesthetics in Religious Life, New York 2000.

Diakonisches Werk der Evangelischen Kirche in Deutschland (Hg.): Das Image der Diakonie. Auswertung einer Telefonbefragung zur Bekanntheit und Wichtigkeit (Imageanalyse), Diakonie Korrespondenz, 05/2002.

Diakonisches Werk der Evangelischen Kirche in Deutschland (Hg.): Bekanntheit und Image der Diakonie. Ergebnisse der Telefonumfragen in den Jahren 2001 und 2005 (Imageanalyse), Diakonie Texte, 13.2006.

Dollase, Rainer / Rüsenberg, Michael / Stollenwerk, Hans J.: Demoskopie im Konzertsaal, Mainz - London - New York - Tokyo 1986.

Eder, Klaus (Hg.): Klassenlage, Lebensstil und kulturelle Praxis. Theoretische und empirische Beiträge zur Auseinandersetzung mit Pierre Bourdieus Klassentheorie, Frankfurt a. M. 1989.

Engelhardt, Klaus /Loewenich, Hermann von / Steinacker, Peter: Fremde Heimat Kirche. Die dritte Erhebung über Kirchenmitgliedschaft, Gütersloh 1997.

Fischer, Johannes: Theologische Ethik. Grundwissen und Orientierung, Stuttgart – Berlin – Köln 2002.

Gebauer, Gunter / Wulf, Christoph (Hg.): Praxis und Ästhetik. Neue Perspektiven im Denken Pierre Bourdieus, Frankfurt a. M. 1993.

Gehring, Hans-Ulrich: Der Gestus des Glaubens. Über das mimetische Vermögen als Aufgabe der Praktischen Theologie. In: Zeitschrift für Theologie und Kirche, Bd. 100, 2003, S. 241–260.

Gerechte Teilhabe. Befähigung zu Eigenverantwortung und Solidarität. Eine Denkschrift des Rates der EKD, Gütersloh 2006.

Graf, Friedrich Wilhelm: Leitartikel in: Forschung und Lehre, Heft 2, 2006.

Grosse, Heinrich: „Wenn wir die Armen unser Herz finden lassen …" Kirchengemeinden aktiv gegen Armut und Ausgrenzung, epd-Dokumentation Nr. 34 / 2007.

Hauschildt, Eberhardt: Milieus in der Kirche. Erste Ansätze zu einer neuen Perspektive und ein Plädoyer für vertiefte Studien. In: PTh 87 Jg. 1998, S. 392–40.

Hradil, Stefan : Soziale Ungleichheit in Deutschland, Opladen 1999, 7. Auflage.

Hradil, Stefan: Soziale Milieus – eine praxisorientierte Forschungsperspektive. In: Aus Politik und Zeitgeschichte, Beilage zur Wochenzeitung Das Parlament, Soziale Milieus, Nr. 44–45, 30. Oktober 2006, S. 3–9.

Huber, Wolfgang /Friedrich, Johannes/Steinacker, Peter (Hg.): Kirche in der Vielfalt der Lebensbezüge. Die vierte EKD-Erhebung über Kirchenmitgliedschaft, Gütersloh 2006.

Joas, Hans: Die Kreativität des Handelns, Frankfurt a. M. 1996.

Jüngel, Eberhard: Die Kirche als Sakrament? In: Zeitschrift für Theologie und Kirche 80 / 1983, S. 445ff.

Krais, Beate / Gebauer, Gunter: Habitus, Bielefeld 2002.

Kreckel, Reinhard: Politische Soziologie der sozialen Ungleichheit, Frankfurt a. M. – New York 1997.

Kruse, Kuno: Klassenfeier, Klassenkampf. In: Die Zeit, Nr. 10 vom 03.03.1995, S. 11.

Lewis, Clive Staples: Überrascht von Freude. Eine Autobiografie, Giessen 1998.

Lüdtke, Hartmut: Expressive Ungleichheit. Zur Soziologie der Lebensstile, Opladen 1989.

Lukatis, Ingrid: Der ganz normale Gottesdienst in empirischer Sicht. In: Praktische Theologie, 38. Jg., Heft 4, S. 255–268.

Michler, Elli: Dir zugedacht. Wunschgedichte, München 2004.

Mulisch, Harry: Die Entdeckung des Himmels, München und Wien 1993.

Müller, Hans-Peter: Sozialstruktur und Lebensstile. Der neuere theoretische Diskurs über soziale Ungleichheit, Frankfurt a. M. 1992.

Müller, Hans-Peter / Schmid, Michael (Hg.): Hauptwerke der Ungleichheitsforschung, Wiesbaden 2003.

Neckel, Sighard: Status und Scham. Zur symbolischen Reproduktion sozialer Ungleichheit, Frankfurt a. M. und New York 1991.

Newberg, Andrew / D'Aquili, Eugene / Rause, Vince: Why God won't go away. Brain Science and the Biology of Belief, New York 2001.

Niebuhr / H. Richard / Niebuhr, Richard R.: Faith on Earth. An Inquiry into the Structure of Human Faith, Yale University Press 1991.

Niebuhr, H. Richard : Christ and Culture, London 1952.

Otte, Gunnar: Sozialstrukturanalysen mit Lebensstilen. Eine Studie zur theoretischen und methodischen Neuorientierung der Lebensstilforschung, Wiesbaden 2004.

Otte, Gunnar: Hat die Lebensstilforschung eine Zukunft? Eine Auseinandersetzung mit aktuellen Bilanzierungsversuchen. In: Kölner Zeitschrift für Soziologie und Sozialpsychologie, 57. Jg., März 2005(a).

Otte, Gunnar: Entwicklung und Test einer integrativen Typologie der Lebensführung für die Bundesrepublik Deutschland. In: Zeitschrift für Soziologie, Jg. 34, Heft 6, Dezember 2005(b), S. 442–467.

Richter, Rudolf: Die Lebensstilgesellschaft, Wiesbaden 2005.

Schloz, Rüdiger: Das Bildungsdilemma der Kirche. In: Joachim Matthes (Hg.): Kirchenmitgliedschaft im Wandel. Untersuchungen zur Realität der Volkskirche. Beiträge zur zweiten EKD-Umfrage „Was wird aus der Kirche?“, Gütersloh 1990, S. 215–230.

Schüle, Andreas: Kultur, Lebenswelt und christlicher Glaube. Perspektiven kulturtheologischer Forschung, In: Verkündigung und Forschung 49, Jg. 2004, S. 3–31.

Schulz, Claudia: Ausgegrenzt und abgefunden? Innenansichten der Armut, Münster 2007.

Schulz, Claudia / Hauschild, Eberhardt / Kohler, Heike: Milieus praktisch. Analyse und Planungshilfen für Kirche und Gemeinde, Göttingen 2008.

Schulze, Gerhard: Die Erlebnisgesellschaft. Kultursoziologie der Gegenwart, Frankfurt a. M. – New York 1993.

Sennett, Richard / Cobb, Jonathan: The Hidden Injuries of Class, New York 1972.

Tillich, Paul: Protestantisches Prinzip und proletarische Situation. In: Ders., Der Protestantismus als Kritik und Gestaltung. Schriften zur Theologie I, Gesammelte Werke Band VII, Stuttgart 1950, S. 84–104.

Vester, Michael: Soziale Milieus und Gesellschaftspolitik. In: Aus Politik und Zeitgeschichte, Beilage zur Wochenzeitung Das Parlament, Soziale Milieus, Nr. 44–45, 30. Oktober 2006, S. 10–17.

Vester, Michael / Geiling, Heiko / Hermann, Thomas / Müller, Dagmar: Soziale Milieus im gesellschaftlichen Strukturwandel. Zwischen Integration und Ausgrenzung, Frankfurt a. M. 2001.

Vögele, Wolfgang / Bremer, Helmut / Vester, Michael (Hg.): Soziale Milieus und Kirche. Reihe Religion in der Gesellschaft, Würzburg 2002.

Wegner, Gerhard: Alltägliche Distanz. Zum Verhältnis von Kirche und Arbeitern, Hannover 1988.

Wegner, Gerhard: Kirchliche Wahrnehmung und Wahrnehmung von Kirche. Studien zum Verhältnis von Eigen- und Fremdwahrnehmung der evangelischen Volkskirche. Hannover 1996.

Wegner, Gerhard: Fremde Gestalt Christi: Interreligiöser Dialog als Form der Mission. In: Brändle, Werner Wegner, Gerhard (Hg.: Unverfügbare Gewissheit. Protestantische Wege zum Dialog der Religionen, Hannover, 1997, S. 106–123.

Wegner, Gerhard: Pierre Bourdieu und die Religion. Einige Aporien klassischer Religionskritik. In: Ders.: Freiheit, Kreativität, Gemeinschaft. Schöpferische Ordnungen in Arbeitswelt, Technik und Religion, Münster 2001, S. 57–72.

Wegner, Gerhard: „Niemand kann aus seiner Haut" Zur Milieubezogenheit kirchlichen Lebens. In: PTh 89 Jg. 2000, S. 53–70.

Wegner, Gerhard: „Das Wichtigste passiert nebenbei". Theologische Anmerkungen zur Milieubezogenheit der Kirche. In: Ders.: Freiheit, Kreativität, Gemeinschaft. Schöpferische Ordnungen in Arbeitswelt, Technik und Religion, Münster 2001, S. 73–84.

Wegner, Gerhard: Was dem Einen sein Bach ist dem Anderen sein Baltruweit. Glaube und kulturelle Formen. Ein praktisch-theologischer Problemaufriss. In: Wolfgang Vögele, Helmut Bremer, Michael Vester (Hg.): Soziale Milieus und Kirche. Würzburg 2002, S. 25–54.

Wegner, Gerhard: Mission und empirische Religionsforschung. Christlicher Glaube und die Formung der Erfahrung. In: Michael Böhme, Bettina Naumann, Wolfgang Ratzmann, Jürgen Ziemer (Hg.): Mission als Dialog. Zur Kommunikation des Evangeliums heute, Leipzig 2003, S. 99–118.

Wegner, Gerhard: Kreative Passivität. Spiritualität und moderne Arbeit. In: Ders.: „Outsourcen Sie nicht Ihre Seele!" Münster 2006, S. 5–106.

Wegner, Gerhard / Baltruweit, Fritz: Kult-Event-Kirche. In: Lutz Friedrichs (Hg.): Alternative Gottesdienste, Hannover 2007, S. 114–129.

Wippermann, Carsten / Magalhaes, Isabel de: Zielgruppen Handbuch. Religiöse und Kirchliche Orientierungen in den Sinus-Milieus 2005. Eine qualitative Studie des Instituts Sinus Sociovision zur Unterstützung der publizistischen und pastoralen Arbeit der Katholischen Kirche in Deutschland. Im Auftrag der Medien-Dienstleistung GmbH und der Katholischen Sozialethischen Arbeitsstelle, München und Heidelberg 2005.

Yoder, John Howard / Yeager, Dianne / Sassen, Glen: Authentic Transformation. A New Vision of Christ and Culture, Nashville Tennessee 1996.

Žižek, Slavoj: Die gnadenlose Liebe, Frankfurt a. M. 2001.

Žižek, Slavoj: Die Puppe und der Zwerg. Das Christentum zwischen Perversion und Subversion, Frankfurt a. M., 2003.

Anhang

Anhang A

„Was ist wichtig in Ihrem Leben?"

Ergebnisse von Gruppendiskussionen mit kirchendistanzierten Milieus durchgeführt durch e-mares Innovationsforschung, Hannover, Ulf Endewardt

1 Untersuchungsanlage und Stichprobenbeschreibung *Teilnehmerprofil* der vier Milieugruppen

Innerhalb der Evangelischen Kirche Deutschland (EKD) wird über neue Konzepte für kirchliche Veranstaltungen nachgedacht. Im Vordergrund stehen dabei experimentelle Veranstaltungsformen und nicht zwingend der Gottesdienst. Ziel ist es, Veranstaltungen zu konzipieren, die besonders für kirchendistanzierte Milieus interessant und attraktiv sind. Die Untersuchung sollte dazu den Erfahrungshintergrund der vier Milieus beschreiben und Ideen für die weitere Projektentwicklung liefern.

Für diesen explorativen Untersuchungsansatz wurden Gruppendiskussionen mit Vertretern der Zielgruppe auf Basis eines Diskussionsleitfadens durchgeführt.

Zielgruppen waren „kirchendistanzierte" Personen, die Angebote der Kirche gar nicht oder nur sehr selten (z.B. Weihnachten) nutzen und sich entweder der evangelischen Kirche oder aber gar keiner Religion zugehörig fühlen. Die Zielgruppe wurde in Anlehnung an die Konzeption der Erlebnismilieus nach Gerhard Schulze (Die Erlebnisgesellschaft. Kultursoziologie der Gegenwart, Frankfurt/Main, New York; 2000) strukturiert und dazu vier der fünf Milieutypen (Unterhaltungs-, Selbstverwirklichungs-, Harmonie- und Niveaumilieu) zugeordnet. Aufgrund der unscharfen Positionierung des Integrationsmilieus wurde diese Zielgruppe nicht berücksichtigt.

Je Milieu wurde eine Gruppendiskussion mit 10 Teilnehmern (Selbstverwirklichungsmilieu 8) durchgeführt. Die vier Diskussionsrunden fanden im Juni 2005 Hannover statt.

2 Ergebnisse im Detail

2.1 Lebensumfeld und Lebensgestaltung der Milieugruppen

Unterhaltungsmilieu

Das *Alltagsleben* dieser Gruppe ist geprägt von der *Suche nach Stimulation und Action:* Schützenfest, Heimkino, Motorradfahren, Disco, „Feiern", auf Partys gehen, Rock-/ Pop-Konzerte besuchen oder sich mit PC und Internet beschäftigen. Man sucht *Spaß, Kontakte,* einen *Ausgleich zum täglichen Einerlei* und will sich irgendwie bestätigen, dass es *einem „doch gut geht"*.

Jeder zweite Teilnehmer ist in einem Verein (Aquaristik, Kleingarten, Tanz, Nachbarschaftstreff). Bei den Teilnehmern mit eigenen Kindern sind diese Aktivitäten allerdings weitgehend zum Erliegen gekommen. Neue Beschäftigungsformen, bei denen die Kinder positiv integriert wurden, waren nicht sichtbar.

Man ist *gerne und viel mit Freunden* zusammen, trifft sich dann im Biergarten, auf Privatpartys oder geht *„zusammen aus"*. Zum Kreis der Personen, mit denen man seine Freizeit verbringt, gehören neben den Freunden auch Arbeitskollegen und Familienangehörige. Einige Teilnehmer haben sich allerdings auch ins Private zurückgezogen. Ihr Lebensinhalt sind Garten, Haustiere oder die Betreuung der Kinder.

Die eigene *Sportausübung* spielt in der Freizeit nur eine *untergeordnete Rolle* (Fußball, Basketball). Auch Beschäftigungen, die sich dem Bereich *Kultur oder Weiterbildung* zuordnen lassen, findet man nur *selten.* Eher schon wird eine bewusste Distanzierung zum Hochkulturschema (*„für Kultur bin ich zu faul und geizig"*) deutlich.

Die *berufliche Situation* ist gekennzeichnet durch Arbeiten mit *geringem beruflichen Status und hohem körperlichem Einsatz* (Wäscherei, Kfz-Teileverkauf, Kinderpflegerin, Hauswirtschaftshelfer, Innenausbau), durch die *Suche nach Arbeit* oder Ausbildung oder durch *Schulbesuch.*

Harmoniemilieu

Die *Lebensgestaltung* des Harmoniemilieus ist gekennzeichnet durch eine *Vielzahl an Aktivitäten: „Wer rastet, der rostet"* könnte ihr Motto sein. Sei es Heimwerken, Handarbeiten, Radfahren, Kegeln, Karten spielen, spazieren gehen, Modellflug, Gartenarbeit, Schießsport oder Chor. Für alle Teilnehmer aus dem Harmoniemilieu ist es selbstverständlich, dass sie ihr Hobby zusammen mit anderen und *organisiert im Verein* ausüben. Dabei setzen sie sich häufig für andere ein und übernehmen oft Engagement, beispielsweise in der Schularbeitenhilfe, beim Roten Kreuz oder in der Vereinsleitung.

Die *Gründe für diese auffällige Ruhelosigkeit* liegen zum einen darin, dass man *Spaß* hat, mit anderen etwas zu unternehmen. Zum anderen sind es aber auch die Angst, *„zu Hause zu veröden"* und der *Wunsch nach Erfolgserlebnissen und Anerkennung.* Sie wollen das Gefühl haben, dass sie leben und gebraucht werden.

Zum *Kreis der Menschen,* mit denen die Teilnehmer des Harmoniemilieus ihre Freizeit verbringen, gehören häufig die Familie (Partner, Kinder, Enkel, Schwester, Schwager) oder die „Vereinskameraden".
Die Teilnehmer dieser Milieugruppe sind *oft im (Vor-)Ruhestand oder eher einfachen Berufen* wie Verkäuferin, Dreher, Montageleiter, Krankenpflegerin, Kauffrau zuzuordnen.

Selbstverwirklichungsmilieu

Im Leben der Teilnehmer des Selbstverwirklichungsmilieus spielen *drei Freizeitbereiche* eine größere Rolle:

- *Treffen mit Freunden* in Clubs, Bars, Disco, Kneipe, Partys oder bei Angeboten der Kulturszene bzw. dem alternativen Milieu (Theater, Pavillon, Stadtteil-Szene).
- *Sport,* dann *häufig eine moderne oder szenige Sportart* wie Kite-Surfen, Snowboard, Squash, Badminton und auch Radfahren und Schwimmen.
- *Künstlerische, kulturelle oder musische Interessen* wie Fotografieren, Musik machen und besonders auch Musik anderer Kulturkreise hören (Salsa, Masala Festival), sowie Lesen.

Die *Motive dieser Freizeitorientierung* sind zum einen die *Bedürfnisse nach Gesellschaft* und *Abwechslung zum Alltag,* zum anderen aber auch der Wunsch nach *Weiterentwicklung,* Fortbildung und kreativer Beschäftigung.

Der *Personenkreis,* der für dieses Milieu eine *bedeutende Rolle* spielt, setzt sich aus *Freunden, „querbeet" und „alten Bekannte"* zusammen. Familie, Kollegen oder Vereine kommen in ihren Schilderungen *nicht* vor. Ganz bewusst wird auch eine *Trennung zwischen Job und Freizeit* gezogen.

Die *berufliche Situation* dieser Milieuteilnehmer ist von *Weiterbildung, sozialen oder gestalterischen Berufen* geprägt: *„mache Fachabi"*, *„bereite mich auf mein Studium vor"*, *„Sozialassistent"*, *„Raumausstatterin"*, *„Architektur-Student"*.

Niveaumilieu

Das *Niveaumilieu* ist durchaus *hedonistisch* geprägt und eher auf die eigene *Selbstverwirklichung* ausgerichtet. Man möchte *Außergewöhnliches erleben,* sucht nach *neuen Erfahrungen,* will sich *gerne selber einbringen* und lässt sich *gerne überraschen* und inspirieren. Das klassische Schema der Kontemplation, das bisher in diesem Milieu vorherrschend war, wird mit einem Bedürfnis nach Action angereichert, Kultur muss einen 'Kick' vermitteln, sie muss komplex und spontan sein, sie muss einen hohen Erlebniswert besitzen.

So ist das *Freizeitinteresse dieses Milieus breit gefächert.* Es herrscht zwar eine deutliche *Nähe zum Hochkulturschema* (Oper, Theater, Kunstausstellungen, Literatur) vor, daneben finden sich aber *auch Aktivitäten, die sich eher dem Bereich des Spannungsschemas* zuordnen lassen, wie Pop-Konzerte, Motorradfahren oder Besuch des Maschseefestes. Für die meisten stellt das Reisen und Entdecken neuer Länder oder Kulturen einen wichtigen Punkt in ihrem Leben dar.

Sport spielt für viele eine Rolle, wird aber genau wie im Selbstverwirklichungsmilieu am liebsten *außerhalb von Vereinen* ausgeübt. Vereine empfinden sie meist als *„stickig"* und *„kleinbürgerlich"*. Unter den Sportarten finden sich häufig moderne Formen: Squash, Bogenschießen, Tennis, Radfahren und Volleyball.

Die Teilnehmer aus dem Niveaumilieu sind *gerne mit anderen zusammen* (*„Freundeskreis"*, *„Gleichgesinnte"*), unternehmen aber auch *oft alleine* etwas (z.B. Vernissagen) und *lernen gerne neue Leute kennen.* Sie *trennen* strickt *zwischen Arbeit und Freizeit* und unternehmen in der Regel nichts mit Kollegen.

Ihre *beruflichen Ziele* haben die *meisten längst erreicht.* Dabei sind sie meist als „Kopfarbeiter" (Betriebswirt, Anwältin, Bauleiter, Architekt, Sekretärin) tätig. Die *anderen steuern gerade neue Ziele an* und machen sich als Web-Designerin oder im Seniorenmarkt selbständig.

2.2 Lebensbewältigung: Erleben von glücklichen Momenten und Umgang mit persönlichen Niederlagen

Unterhaltungsmilieu

Das *Unterhaltungsmilieu* beschreibt seine positiven Erlebnisse und Ängste in einem Spannungsfeld zwischen dem *„selbst Erschaffenen"* und der daraus resultierenden *Anerkennung,* dem *Erlösenden,* wenn etwas „geklappt" hat und der *Angst vor Verlust, Existenzangst und dem „nicht-anerkannt werden"* bei Misserfolgen, beispielsweise durch Absagen bei Bewerbungen.

Im *Umgang mit den genannten Krisensituationen* ziehen sich die meisten erst einmal zurück, um dann später „*mit Freunden*" darüber zu reden oder einfach nur Trost zu suchen. Den Zeitpunkt der Hilfe von außen möchten sie gerne selber bestimmen. Mögliche *Ansprechpartner* sind für sie entweder professionelle Kräfte, wie Ärzte, Selbsthilfegruppen oder Psychologen oder das persönliche Umfeld wie Nachbarn, Freunde, Familie oder Lehrer. Auch Fernsehsendungen wie „Vera am Mittag" werden als Hilfestellung genutzt. Die *Kirche* käme für sie „*nicht in Frage*". Sie empfinden sie als „*altmodisch*", „*uncool*" und haben keinen persönlichen Bezug (mehr) zur ihr („*ich mag sie nicht*").

Der *Traum* wäre für viele aus dem Unterhaltungsmilieu „*noch einmal von vorne anzufangen*", „weit weg zu fahren, wo man abgelenkt ist", „nach Afrika zu fahren, wo man gastfreundlich und herzlich ist", „keine Verpflichtungen mehr zu haben", „ein selbstbestimmtes und freies Leben zu führen" und vor allem „*unabhängig vom Geld zu sein*".

Harmoniemilieu

Glück empfindet das Harmoniemilieu, „*wenn man an mich gedacht hat*": Da reichen meist auch Kleinigkeiten, wie beispielsweise „*eine Blume als Überraschung*" oder „*ein Glücksschweinchen vom Partner*" als Zeichen der Verbundenheit. Auch Situationen, die eine *besondere Harmonie und Ruhe symbolisieren* („*der Sonnenaufgang am See*", „*schöne Momente mit Tieren und Menschen, da geht mein Herz auf*") oder wenn sie die „*Freude im Gesicht des anderen sehen*" machen sie besonders zufrieden.

Dementsprechend erleben sie es als *Niederlage,* wenn sie diese Harmonie nicht herstellen können. Wenn sie anderen „*nicht helfen können*", wenn das Umfeld „*interesselos*" und „*gleichgültig reagiert*" oder wenn sie das Gefühl der *Machtlosigkeit* erfahren müssen.

Ihr *Traum* wäre es, wenn es überall „*Gemeinschaft und Harmonie*" und „*keine Kriege*" geben würde, dass es „*nur gute Menschen*" gibt, „*wir in Harmonie mit der Umwelt leben*", „*als Familie zusammen alt werden*" und man selber *Vorbild* z.B. für seine Enkel wäre und von vielen Menschen *Anerkennung* für sein Tun erfährt. Man möchte ein „Gutmensch" sein und so auch von seiner Umwelt gesehen werden.

Selbstverwirklichungsmilieu

Glück empfindet das Selbstverwirklichungsmilieu im Kern ähnlich wie das Unterhaltungsmilieu, aber doch noch differenzierter. Wichtige Auslöser sind auch für dieses Milieu die *Erfolgserlebnisse,* wenn man „*etwas geleistet*" und „*Erfolg*" hat. Allerdings sieht diese Gruppe das Thema Erfolg eher intrinsisch und weniger extrinsisch, wie es beim Unterhaltungsmilieu der Fall ist. Für das Selbstverwirklichungsmilieu ist es *Erfolg, „wenn man seinem eigenen Anspruch gerecht wurde“*, für das Unterhaltungsmilieu erst dann, wenn die Leistung auch *von anderen* anerkannt wird. Verknüpft mit diesen Erfolgserlebnissen ist für das Selbstverwirklichungsmilieu das positive Gefühl, wenn man sich *„belohnen“* oder *„entspannen“* kann und *„einfach nur den Augenblick genießt“*.

Misserfolge sehen die Diskussionsteilnehmer entsprechend als Nichterreichen der eigen Ansprüche, wenn sie *„etwas nicht hinbekommen“*, *„etwas nicht klappt wie geplant“* oder *„man beim Sport verliert“*.

Im *Umgang mit Misserfolgen* kommen sowohl die *Strategien des Verdrängens und Abschaltens* (*„verkriechen“*, *„exzessiv Sport treiben“*, *„vergessen“*) als auch die des *Thematisierens* und *Aufarbeitens* (*„brauche sofort Feedback“*, *„muss das loswerden“*, *„verschiedene Meinungen dazu hören“*) zum Einsatz.

Ansprechpartner für das gewünschte Feedback sind Freunde und Familie. Aber auch für dieses Milieu darf der Anstoß nicht von außen kommen (*„keine guten Ratschläge“*, *„keine Beichte“*).

Der *Traum* für das Selbstverwirklichungsmilieu geht wie beim Unterhaltungsmilieu in Richtung *Flucht aus der Verantwortung und den Anforderungen der Umwelt: „ständig auf Reisen sein“*, *„sich ums nichts groß Gedanken machen“*, *„frei sein von Konsum, Äußerlichkeiten und Gedanken an Geld“*. Sie sind mit *ihrem Leben insgesamt aber überwiegend zufrieden* und artikulieren im Gegensatz zum Unterhaltungsmilieu nicht den Wunsch, am liebsten noch einmal vorn vorne anzufangen.

Niveaumilieu

Das *Glücksgefühl* des Niveaumilieus ist eng mit *Erfolg* (in Beruf und Sport) und *Erlebnissen verbunden, die die Sinne schärfen: „Angst zu überwinden“*, *„sich selbst überwinden, indem man sich ungewöhnlichen und neuen Situationen aussetzt“*, *„Beeindruckendes auf Reisen erlebt“* oder einfach durch die Enkelkinder wieder in kindliche Lebenswelten einzutauchen. So sehr die Teilnehmer dieses Milieus nach Erfolg und besonderen Erlebnissen suchen, so sehr *deprimiert* es sie, wenn sie an *ihre Grenzen stoßen und die eigene Hilflosigkeit erfahren* müssen: Wenn beispielsweise ihr Körper ihnen signalisiert, dass *„alles mal ein Ende hat“* oder Menschen aus ihrem Umfeld *„nicht begreifen, was ich ihnen geben möchte“*.

Hilfe in Grenzsituationen wünschen sie am ehesten durch *Gleichgesinnte*, wie beispielsweise in Selbsthilfegruppen. Aber auch sie wollen *„keine guten Ratschläge“* oder Ansprache von außen, *sondern selber initiativ werden* und *„jemanden ansprechen“*.

Die *Träume* des Niveaumilieus sind zum einen ebenfalls der *Rückzug, „sich aus dem Ganzen rausziehen"*, „ab *in den Süden"*, *„frei sein"*. Zum anderen aber, *mehr Zeit für sich und kreatives Arbeiten* zu haben: *„nix tun"*, *„Passivität genießen"*, *„Kochkurse"*, *„mehrere Zeitungen abonnieren und lesen"*.

2.3 Wahrnehmung und Bedeutung der Kirche im Leben der Zielgruppe Unterhaltungsmilieu

Mit Kirche verbindet das Unterhaltungsmilieu in erster Linie *Zwang und Vereinnahmung: „Gruppenzwang", „mit welchem Recht erheben die Kirchensteuer?", „warum nehmen die Stellung zu Themen, die die nichts angehen?", „warum manipulieren die so viele Menschen?"*. Sie nehmen Kirche und vor allem den Gottesdienst als *„bedrückend"* und als *„Predigt von Grausamkeiten"* wahr.

Der *Zugang zur Kirche erschließt sich für die Teilnehmer dieses Milieus in erster Linie über den Glauben.* So ist Kirche aus ihrer Sicht für *„Leute, die daran glauben"*. Mit ihrem eigenen Leben hat Kirche *„gar nichts zu tun"*, denn *„solange ich nicht dran glaube, kann mich auch niemand in den Gottesdienst bringen, weil mich dieses ‚Getexte' nur nerven würde"*. Auch wenn man ihre vielen Vorschläge zur Aktualisierung der Kirche realisieren würde, bleibt der *fehlende Glaube das zentrale Hindernis ihrer Nutzung von kirchlichen Angeboten: „ich möchte Hilfe, aber da läuft es auf den Glauben hinaus, da erzählen sie mir dann „Gott wird es schon richten", aber da ich nicht an den glaube, brauche ich da nicht hingehen, das ist für mich keine Hilfe"*.

Von den *Angeboten* der Kirche fühlen sie sich *nicht angesprochen.* Sie erleben Kirche als *„altmodisch"* und *„uncool"*. Es gibt *„keine neuen Sachen, wie Gospel und so"* und die Pastoren empfinden sie als passiv und nicht offen für Veränderungen. Als Nutzer der Kirche sehen sie „Ältere" und „Kinder", nicht aber ihre Altersgruppe der 20 bis 35-Jährigen.

Harmoniemilieu

Die meisten Teilnehmer des Harmoniemilieus stehen *grundsätzlich hinter den Werten, die sie mit der Kirche verbinden* (*„Achtung vor dem Menschen", „Treue", „die 10 Gebote"*) und empfinden diese auch als wichtig in ihrem Leben. Sie *können mit der Kirche als Institution jedoch „nichts anfangen", „das sind nur Äußerlichkeiten"*. Sie können *„auch mit Gott in Verbindung stehen, ohne dass ich in sein Gotteshaus gehe"*, für sie ist *„Kirche nicht gleich Glauben"*.

Sie haben in ihren *Gemeinden Kontakt zur Kirche,* sei es, dass ihr Chor beim Gemeindefest singt, sie den Pastor beim Abholen des Enkels vor dem Kindergarten treffen, sie im Schützenverein einmal im Jahr zusammen in den Gottesdienst gehen oder einfach nur das Gemeindefest besuchen. Das alles tun sie *aber nur, weil sie sich ohnehin stark vor Ort engagieren – „mit der Kirche haben (sie) nichts zu tun"*.

Angebote der Kirche kennen sie zwar einige (Kirchenchor, Bibellesung, Orgelkonzerte, Basare, Kirchenfeste), aber *„ganz konkret für mich gibt es nichts"*. Die *Veranstaltungen* empfinden sie als *uninteressant* und zu *„bedrückend"*, man muss *„schön artig sein"*. Sie stören sich daran, *„wenn es zu beengend"* und ihnen *„die Freiheit genommen wird, wenn ich irgendwo reingepresst werden soll"*.

Die *Kirche hat für sie keinen Bezug zum Alltag, „habe noch nicht gemerkt, dass sie was für mich tut"*. Da sie in ihrer Freizeit aber schon *„sehr ausgebucht sind"*, haben sie sich selber auch noch nicht besonders um passende Veranstaltungen der Kirche bemüht.

Selbstverwirklichungsmilieu

Mit *„Kirche"* verbinden die Teilnehmer dieses Milieus zum Teil eine gewisse *Ambivalenz:* Einerseits haben sich einige von ihnen als *Kinder aktiv* beispielsweise als *Kinderbibelwochenhelferin* engagiert, haben den *Konfirmandenunterricht noch positiv in Erinnerung,* früher *an Gott geglaubt* und auch *regelmäßig gebetet.* Auch bewerten sie die Angebote der Kirche *„für Ältere"*, *„Kinder"*, *„für Menschen mit Problemen"* und auch die Jugendarbeit durchweg positiv. Andererseits haben *alle heute keinen Bezug mehr zur Kirche, „nach und nach ist der Glaube entschwunden"*. Sie verbinden mit Kirche *„seltsame Rituale"*, zu denen sie keinen Zugang haben, sehen *„widersprüchliche Aussagen"* und eine *„gewisse Verbohrtheit"* und empfinden Kirche als *„verlogenen Haufen"*.

Sie sehen *ihre Distanz zur Kirche und zum Glauben* dabei zum einen als Konsequenz ihres *zunehmenden Selbstvertrauens* und des daraus *resultierenden „in-Frage-Stellens" der Institution Kirche.* Sie *„haben ihre eigenen Wertvorstellungen"* und *„brauche(n) nicht unbedingt die Kirche, um glauben zu können"*. Zum anderen sind sie aber auch *irritiert* durch die Widersprüchlichkeit der kirchlichen Positionen und die Vielfalt der Religionen, *„man weiß auch nicht mehr, was wofür steht, an was man glauben soll"*.

Von den *Angeboten der Kirche* sind ihnen neben den Gottesdiensten und Gesprächen noch *„Service für Hochzeiten"* und Beerdigungen bekannt. Einzelne haben auch schon *„Beamer-Abende"* und *„Konzerte"* in der Kirche erlebt. Das macht für sie die Kirche *„zwar moderner"*, aus ihrer Sicht haben *„solche Veranstaltungen dann aber nichts mehr mit dem Glauben zu tun"*. *In ihrem Leben spielen die Angebote der Kirche „keine Rolle"*.

Niveaumilieu

Kirche und Glauben sind für diese Milieugruppe überwiegend *„kein Thema“*, *„man kommt mit ihr ja auch nicht in Berührung“*, *„braucht sie nicht“* und fühlt sich zum Teil sogar *„von der Kirche belästigt“*. Die Kirche ist *„weltfremder“*, man selber *„kritischer“* geworden. Sie selbst *„stehen nicht hinter dem Glauben“* und sind der Ansicht, dass *„der Glaube dann groß ist, wenn auch die Armut groß ist – aber wir sind ja nicht arm“*. Ihre *Wahrnehmung der Kirche* erscheint lange *nicht* mehr *aktualisiert* und wirkt für so ein intellektuelles Milieu erstaunlich *wenig reflektiert.* Ihre Erzählungen und Assoziationen sind stark von einer Vorstellung der Kirche im Mittelalter geprägt: *„Tradition aus Knechten und Unterdrücken“*, *„Menschen werden durch Kirche beeinflusst“*, *„furchtbare Indoktrination“*, *„Habgier“*, *„Kreuzzüge – Morde im Namen Gottes“*, *„Reichtümer, die die Kirche angehäuft hat“*, *„Dörfer waren arm, die Kirche dick“*, *„die größte Lüge“*.

Die *Angebote der Kirche* bis hin zur Diakonie sind *überwiegend bekannt,* ihr *soziales Engagement* für Senioren, Kinder und Jugendliche wird auch *positiv bewertet.* Als *Nutzer der Kirche* sehen sie *„alte Menschen“* und *„Menschen, die viel Zeit haben“*. Dass sich beispielsweise beim *Kirchentag so viele junge Leute beteiligen, erstaunt und irritiert sie: „Was macht die Kirche da?“*. Sie selber haben mit der Kirche soweit abgeschlossen, dass sie sich über das Verhalten einer jungen Zielgruppe wundern, die selber weder arm noch schwer krank ist und sich trotzdem für die Kirche interessiert.

Die *eigene Nutzung* von *kirchlichen Veranstaltungen* beschränkt sich auf *Events,* bei der die Kirche eine schöne Kulisse bietet: *„A capella Band“*, *„Gospelkonzerte“*, *„Orgel hört sich wahnsinnig an“*: *„Als Veranstaltungsraum ist das Ding ideal“*.

2.4 Perspektive: Anforderungen und Wünsche an die Kirche zur Steigerung ihrer Bedeutung im Leben der Zielgruppe

Unterhaltungsmilieu

Um kirchliche Veranstaltungen attraktiver zu gestalten, wünschen sie sich einen *grundsätzlichen Wandel vom „Tod und Passiven“ zum „Leben und Aktiven“: Nicht* düster, kühl, langatmig, belehrend, unverständlich, unglaubwürdig, traurig und bedrückend, sondern

- *freundlicher, wärmer:* anderes Licht, wärmere Farben, das Kreuz (*„grausam, wie der Jesus daran hängt“*) durch ein *„Natursymbol“* (Sonne) ersetzen oder ergänzen, nicht so unbequeme, kalte Bänke (Sitzkissen)
- *kürzere, „aufgepepptere“* Veranstaltungen: Leute mit einbeziehen, offen für neue Sachen, Diavortrag

- *fröhlicher:* nicht so traurige Lieder, Gospel, fröhliche Stimmung, Lachen, Pflanzen in der Kirche (Leben)
- *verständlicher:* volksnäher, umgangssprachlicher, weniger zitieren, sondern mehr aus dem „echten Leben"
- *toleranter:* offener Umgang mit neuen Lebensformen (z.B. Homosexualität), offen für Nicht-Gläubige
- *glaubwürdiger und weniger zwanghaft:* offene Auseinandersetzung mit den verschiedenen Religionen, weniger dogmatisch („*Gott ist nicht alles*").

Doch ob die *Kirche nach diesen Änderungen stärker genutzt würde,* solange der *Zugang zum Glauben nicht hergestellt* und der *Nutzen der Kirche* nicht vermittelt werden kann, *darf bezweifelt werden: „ich würde mich zwar darüber freuen, wenn sie sich so verändert, aber ich brauche es nicht".*

Harmoniemilieu

Die Kirche sollte auch für das Harmoniemilieu „*moderner*" und „*aufgeschlossener*" sein. Konkret haben sie folgende Vorstellungen für eine Verbesserung der Veranstaltungen:

- Sie wünschen sich eine bessere „*Mitmachmöglichkeit*", z.B. in Form einer Laienspielgruppe – allerdings ohne religiösen oder kirchlichen Bezug.
- Sie erwarten, dass der *Pastor* die Initiative übernimmt und *sich und die Kirchenveranstaltungen* in *Hausbesuchen kurz vorstellt* („*nicht nur zum 70'sten Geburtstag kommen*").
- Auch sollte die Kirche *praktische Hilfe* z.B. in der Not, bei Schulden, zu Hartz IV-Problemen geben.
- Sie würden sich freuen, wenn man die *Kirchentexte „in die heutige Zeit übersetzen könnte"* und die Kirche auch *aktuelle Themen* wie Gewalt anspricht.
- Sie fänden auch eine *fröhlichere Grundstimmung* positiv, z.B. durch andere Musik, mehr Humor, mehr Selbstironie.
- Für das „*Kirchenblatt*" könnten sie sich *mehr Informationen zu den Veranstaltungen* vorstellen. Bisher sind die „*meist nur so gelistet*", das könnte man „*schmackhafter*" und „*peppiger*" machen.

Dieses Milieu ist *Veranstaltungen der Kirche grundsätzlich nicht abgeneigt,* sofern sie das Miteinander in der Gemeinde fördern und der Zugang „*locker*" ist. Ob neue Veranstaltungsformen aber *ausreichen,* sie zu *bekennenden Kirchennutzern* zu machen, *ist fraglich.* Zum einen sehen sie ihren *Glauben losgelöst von der Kirche,* zum anderen *„ist die Kirche nicht mein Verein".*

Selbstverwirklichungsmilieu

Die Teilnehmer des Selbstverwirklichungsmilieus weisen der *Kirche* durch ihre Wünsche eine *weitreichende Rolle für die Aufstellung der Werte einer Gesellschaft zu,* die über eine bloße Änderung der Inhalte und Äußerlichkeiten von Veranstaltungen weit hinausgeht: Die Kirche *„müsste ein neues Ziel für die Gesellschaft aufstellen, für das es sich lohnt zu arbeiten"* und den *„Glauben wieder erwecken"*.

Neben dieser „Kernaufgabe" wünscht sich diese Zielgruppe *folgende Änderungen* der Kirche:

- Sie sollte *Orientierung* geben und sich *glaubwürdig* auch *kirchenkritischen Diskussionen stellen.* Diese könnten dann außerhalb der Kirchenräume an ungewohnten Orten, z.B. beim Pastor zuhause oder in einer verlassenen Fabrik stattfinden Die Kirche darf dabei aber *keinen Zwang ausüben,* nicht so missionieren.
- Den *Gottesdiensten* fehlen *interessante Anhaltspunkte,* sie werden als langweilig und ohne Bezug zur Realität empfunden. Sie würden auch *gerne in Gottesdiensten mitmachen,* was sagen dürfen.
- Spannend fänden sie auch, wenn *Kirche ihre Symbolik thematisiert* und beispielsweise einen Gottesdienst im Supermarkt zu den Weihnachtsartikeln (Weihnachtsmann, Baumschmuck) abhält.
- Insgesamt soll die Kirche *nutzenorientiertere Angebote* machen: Gewaltprävention, Konflikttraining, praktische Lebenshilfe z.B. durch Schuldnerberatung, Problembewältigung oder auch Unterstützung für die Weiterentwicklung der Persönlichkeit bieten.
- Wie auch das Unterhaltungsmilieu würden die Teilnehmer dieser Milieugruppe gerne das *Symbol des Kreuzes aktualisieren:* Wärmer und lebensbejahender. Auch sie schlagen eine Sonne als „Arbeitstitel" vor.

Die *Chancen, dass diese „neue" Kirche* im Leben des Selbstverwirklichungsmilieus in *Zukunft eine stärkere Rolle spielen kann, sind groß,* die *Anforderungen an die Kirche,* solch eine Orientierung zu bieten und *„den Glauben wieder zu erwecken", allerdings auch.*

Niveaumilieu

Die *Ideen,* die die Teilnehmer des *Niveaumilieus zur Attraktivitätssteigerung* der Kirche entwickeln, sind zwar *vielfältig,* aber *eher Lösungen, die eigentlich für „die anderen" sind:* Mehr für Ältere, Kinder, Mütter. Sie selber geben zu verstehen, dass *sie mit der Kirche abgeschlossen haben* und auch *keinen Wunsch entwickeln, irgendwie einen Zugang zum Glauben zu erlangen.*

Die *Anregungen,* die das Niveaumilieu für die Kirche formuliert, konzentrieren sich auf fünf Bereiche:

- Kirche soll *aktueller* werden und z.B. Themengottesdienste anbieten.
- Sie soll *mehr Nutzen für die Lebensführung* bieten: Jungen Leuten beim Berufsstart helfen, Gesprächsrunden für Frauen „um die 50 Jahre" anbieten, Unterstützung bei der Neuorientierung im Leben leisten und auch die Menschen wieder zusammenführen, z.B. durch *„Alt-hilft-Jung bei den Schulaufgaben"*.
- Sie sollte sich wieder auf *„ihre Inhalte"* konzentrieren. So *„08-15-Angebote"* wie Basar, Häkelgruppen oder reine Freizeitangebote haben für sie nichts mit der Kirche zu tun.
- Für die *Gottesdienste schlagen sie mehr Variation* vor: Andere Zeiten, verschiedene Abläufe, Kindergottesdienst - und dokumentieren damit einmal mehr, dass sie sich lange nicht mehr mit den kirchlichen Angeboten beschäftigt haben, die es in dieser Form ja längst gibt.
- Sie erwarten auch, dass die *Kirche mehr auf die Menschen zugeht: „mich hat noch kein Mensch angesprochen", „der Pastor soll mal vorbeikommen"*.

Die *Chancen,* die Teilnehmer aus diesem *Niveaumilieu durch eine neue Ausrichtung zu erreichen,* muss als *unwahrscheinlich* bewertet werden, man will den Kontakt gar nicht:: *„für mich kann die Kirche nix tun"*.

3 Resümee

Alle *vier Milieugruppen* sind dadurch gekennzeichnet, dass sie *die Kirche weder brauchen noch vermissen.* Sie haben ihr Leben ohne die Institution Kirche eingerichtet. Der Kontakt zur Kirche ist für viele spätestens nach der Konfirmation abgerissen. Die *Kirche* wird von ihnen nur *sehr abstrakt wahrgenommen,* sie sehen eigentlich *keinen Bezug zu ihrer aktuellen Lebenswelt.* Auch findet *keine klare Differenzierung zwischen den beiden großen Religionen* statt. Kirche ist für sie *„Papst", „Kondomverbot", „Glaubenskriege", „Ausbeutung"* und *„Kindergarten"* in einem Atemzug. Das *„Angebot an Religionen"* empfinden sie als schwer durchschaubar.

Es *fehlt* ihnen ein *grundsätzlicher Zugang zum Glauben.* Dass sie ihr Leben Gott widmen oder annehmen, dass *„da jemand auf der Wolke sitzt, der mein Leben lenkt"*, ist für sie unvorstellbar. Sie sehen für sich auch *keinen persönlichen Nutzen im Glauben.* Kirche bietet ihnen auch *keine (bewusste) Orientierung für ihre Lebensgestaltung.*

Von den *Angeboten der Kirche* sind ihnen die *„klassischen" Formen bekannt:* Gottesdienst, Taufe, Kindergarten, Konfirmation, Trauung, Krankenhaus, Altenpflege und Beerdigung. Der *Bezug zum Glauben* wird ihnen dabei aber *nicht immer deutlich,*

„*Hochzeit*“ sehen einige eher als „*Serviceleistung*“ der Kirche. Die *Angebote, die sie sich wünschen,* werden von einigen Gemeinden längst angeboten – aber von ihnen *nicht wahrgenommen.*

Sie können sich zwar *grundsätzlich vorstellen,* dass sie *zukünftig neue Angebotsformen der Kirche nutzen.* Das *Grundproblem, wie sie einen Zugang zum Glauben finden können, wird dadurch aber nicht gelöst:*

> *„Was soll ich in der Kirche, wenn ich nicht glaube?“*

Diese *Erkenntnisse der vorliegenden Untersuchung verändern die ursprüngliche Aufgabenstellung.* Es *reicht nicht, attraktivere Veranstaltungen* zu entwickeln, vielmehr ist das *Problem der fehlenden Akzeptanz im Kern der Kirche zu suchen:*

Wofür steht der evangelische Glauben und wie kann die Kirche diesen Menschen den Zugang zu dem Glauben ermöglichen und den Nutzen (Sinn) der Kirche aufzeigen?

Vor der Entwicklung von neuen Veranstaltungsformen steht auf Basis dieser Ergebnisse *die Aufgabe, das Ziel der kirchlichen Arbeit zu präzisieren* und Strategiekonzepte für dieses Ziel zu erarbeiten. *Veranstaltungen können bei dieser Aufgabe, den Zugang zum Glauben zu erleichtern, als eine Maßnahme eine Rolle spielen.* Sie sollten sich aber auch daran messen lassen, ob sie aufgrund ihrer Inhalte und deren Vermittlung geeignet sind, diesen Zugang zum Glauben zu ermöglichen.

Ob einige der bisherigen Angebote der Kirchen, wie beispielsweise „Disco“ oder „Technopartys“ diese Anforderung erfüllen, darf aufgrund der vorliegenden Erkenntnisse bezweifelt werden – aus Sicht der kirchendistanzierten Zielgruppe werden sie jedenfalls als ungeeignet angesehen („*die müssten meinen Glauben wieder erwecken, ich will da keine Party feiern*“).

Anhang B

1 Auszug aus dem Fragekatalog der telefonischen Repräsentativbefragung der Kirchenmitglieder ab 16 Jahren in der Landeskirche Hannovers

Zunächst möchte ich Ihnen gern ein paar Fragen zu Ihren Interessen und zu Ihrem Lebensstil stellen.

random

1. *Ich nenne Ihnen jetzt verschiedene Musikarten. Sagen Sie mir bitte jeweils, ob Sie diese Musik gern hören oder nicht.*

Antwort: genannt
- Volkslieder / Volksmusik
- Deutsche Schlagermusik
- Blues, Liedermacher, Chanson
- Popmusik
- Rockmusik
- Klassische Musik
- Jazzmusik
- Oper
- Operette
- Musical
- Techno, House, Lounge

random

2. *Ich nenne Ihnen nun verschiedene Sendungen im Fernsehen. Sagen Sie mir bitte jeweils, ob Sie sich dafür interessieren.*

Skala:
Interessiert mich
Teils-teils
Interessiert mich nicht

- Fernsehshows, Quizsendungen
- Spielfilme
- Politische Magazine
- Sportsendungen
- Nachrichten
- Kunst- und Kultursendungen

- Heimatfilme
- Actionfilme
- Krimis, Krimiserien
- Familien- und Unterhaltungsserien
- religiöse Sendungen

3a Ich lese Ihnen nun einige Beschreibungen vor. Bitte sagen Sie mir für jede, inwieweit sie auf Ihre persönliche Lebensführung zutrifft.

- Ich pflege einen gehobenen Lebensstandard.
- Ich lebe nach religiösen Prinzipien.
- Ich halte an alten Traditionen meiner Familie fest.
- Ich genieße das Leben in vollen Zügen.
- Ich gehe viel aus.
- Mein Leben gefällt mir dann besonders gut, wenn ständig etwas los ist.

Skala:
Trifft voll und ganz zu
Trifft eher zu
Trifft eher nicht zu
Trifft überhaupt nicht zu

3b Bitte sagen Sie mir für jede der Tätigkeiten, die ich Ihnen nun vorlese, wie oft Sie das machen.

- Kunstausstellungen, Galerien besuchen
- Bücher lesen
- eine überregionale Tageszeitung lesen (z.B. FAZ, Süddeutsche)

Skala:
Oft
Manchmal
Selten
Nie

3c *Wenn Sie einmal in ein Restaurant* richtig gut *essen gehen, wie viel Euro geben Sie dann* maximal pro Person – *inklusive Getränke – aus?*

........................Euro

(Int: nicht vorlesen:)
- gehe nie ins Restaurant
- werde immer eingeladen

4. *Wo haben Sie in den letzten vier Wochen Ihre Kirchengemeinde überhaupt nicht wahrgenommen?*

Skala:
Einmal
mehrmals

- in Meldungen oder Berichten der regionalen/lokalen Tageszeitung
- im Gemeindebrief
- im Schaukasten
- durch Teilnahme an Gottesdiensten/Veranstaltungen
- durch persönliche Kontakte mit Mitarbeitern/Mitarbeiterinnen der Gemeinde

5. *Das Gefühl der Verbundenheit mit der eigenen Kirchengemeinde kann ja verschieden stark sein. Wie stark fuhlen Sie sich – rein gefühlsmäßig – mit Ihrer Kirchengemeinde verbunden?*

Ich fühle mich mit der Kirchengemeinde
Skala:
sehr verbunden
ziemlich verbunden
etwas verbunden
kaum verbunden
gar nicht verbunden

7. *Welchen Eindruck haben Sie von den Räumlichkeiten Ihrer Kirchengemeinde?*

Skala:
einen sehr guten Eindruck
einen eher guten Eindruck

teils/teils
einen eher schlechten Eindruck
einen sehr schlechten Eindruck
kenne ich nicht / gibt es nicht

- von der Kirche
- vom Gemeindehaus
- von der Kindertagesstätte
- vom Friedhof

9. *Wie gut kennen Sie die Mitarbeiter Ihrer Kirchengemeinde? (Int: Wenn es jeweils mehrere Personen gibt, wählen Sie bitte diejenige aus, die Sie am besten kennen. Darauf hinweisen, dass Bezeichnungen für Männer und Frauen gelten)*

Skala:
kenne ich gut
kenne ihn / sie vom Sehen, aber nicht persönlich
kenne ich nur dem Namen nach
kenne ich nicht

(Int: nicht vorlesen)
gibt es gar nicht

- Pastor / Pastorin
- Mitarbeiter im Kirchenvorstand
- Diakon
- Kirchenmusiker
- Mitarbeiterinnen in der Kindertagesstätte
- Pfarramtssekretärin
- Küster

10. *Was ist für Sie ein guter Pastor bzw. eine gute Pastorin?*
(Originalliste der Pastorenbefragung gekürzt)

- Verkündiger des Evangeliums
- Hirte
- Seelsorger
- Manager bzw. Verwalter der Kirchengemeinde
- Vorbild
- Missionar

- Anwalt der Schwachen
- ein von Gott Berufener
- Repräsentant der Kirche
- Vertreter christlicher Werte

Skala:
Ja
Zum Teil
Nein

12. Was hören Sie über die Veranstaltungen in Ihrer Kirchengemeinde?

Skala:
nur Gutes
überwiegend Gutes
teils-teils
nicht nur Gutes
kaum etwas Gutes
noch nie davon gehört

- Gottesdienste
- Freizeiten / Ausflüge
- Gesprächskreise
- Chor bzw. Musikgruppe
- Angebote für Kinder
- Angebote fur Jugendliche
- Angebote für Familien, Frauen, Männer
- Angebote für Senioren
- Vorträge, Seminare
- Kirchenkonzerte
- Gemeindefeste

Filter: wenn Frage 12 ≠ noch nie davon gehört
13. Wie oft nehmen Sie selbst an Angeboten Ihrer Kirchengemeinde teil?

Ich nehme teil
Skala:
häufig
gelegentlich
selten
nie
gibt es nicht

- an Gottesdiensten
- an Freizeiten / Ausflügen
- an Gesprächskreisen
- als Teilnehmer im Chor bzw. in der Musikgruppe
- an Angeboten für Jugendliche
- an Angeboten für Familien, Frauen, Männer
- an Angeboten für Senioren
- an Vorträgen, Seminaren
- an Kirchenkonzerten
- an Gemeindefesten

Filter: Wenn Frage 12 ≠ noch nie davon gehört oder Frage 13 „gibt es nicht"
14. Wünschen Sie sich .... in Ihrer Kirchengemeinde?

Antwort: genannt

- Gottesdienste
- Freizeiten / Ausflüge
- Gesprächskreise
- Chor bzw. Musikgruppe
- Angebote für Jugendliche
- Angebote für Familien, Frauen, Männer
- Angebote für Senioren
- Vorträge, Seminare
- Kirchenkonzerte
- Gemeindefeste

Filter: Wenn Frage 12 „nie davon gehört" oder Frage 13 „nie"
15. Gehen Sie zu besonderen Anlässen in die Kirche bzw. in den Gottesdienst?

Antwort: genannt
- Ja, bei besonderen familiären Anlässen wie Taufe, Konfirmation, Trauung oder Beerdigung
- Ja, an großen kirchlichen Feiertagen wie Weihnachten, Erntedank oder Ostern

16. *Sind Sie selbst bei Aktivitäten Ihrer Kirchengemeinde ehrenamtlich engagiert? Wo würden Sie sich gerne engagieren?*
Zusatz: Gemeint sind Angebote, wie ich Sie gerade vorgelesen habe und ehrenamtliche Tätigkeiten in der Diakonie.

Int: Wenn Zielperson von sich aus sagt, dass sie überhaupt nicht ehrenamtlich tätig und auch nicht daran interessiert ist; auf das Vorlesen der Liste verzichten.

Ich bin ehrenamtlich ...

Skala:
nicht tätig und habe auch kein Interesse daran
nicht tätig, würde mich aber gerne engagieren
bereits tätig
bereits tätig und würde mich gerne noch mehr engagieren

- in Gottesdiensten
- bei Freizeiten / Ausflügen
- im Chor bzw. in der Musikgruppe
- bei Angeboten für Kinder
- bei Angeboten für Jugendliche
- bei Angeboten für Familien, Frauen, Männer
- bei Angeboten für Senioren
- bei Kirchenkonzerten
- bei Gemeindefesten
- in der Mitarbeit z. B. in leitenden Gremien, in Ausschüssen oder im Gemeindebeirat
- in der Diakonie (z.B. Besuchsdienst, Seniorenbetreuung, Schularbeitenhilfe)

17. *Nehmen Sie kirchliche Angebote außerhalb Ihrer Kirchengemeinde wahr?*

Skala:
häufig
gelegentlich
selten
nie
kenne ich nicht

18. *Wissen Sie, dass am 26. März die Kirchenvorstände der Gemeinden in der Landeskirche Hannovers neu gewählt werden?*

- Ja / nein

(Int: nicht vorlesen)

- werde mich an der Wahl beteiligen

random

19. *Die Kirche ist nicht nur in Ortsgemeinden tätig. Bitte sagen Sie mir zu den Angeboten, Einrichtungen und Initiativen/Aktionen, die ich Ihnen jetzt nenne, ob Sie schon einmal davon gehört oder gelesen haben, oder selbst etwas damit zu tun gehabt haben (Int: Nutzung und Teilnahme entspricht „etwas damit zu tun gehabt").*

Skala:
Kenne ich gar nicht
Habe schon mal davon gehört oder gelesen
Habe selbst damit etwas zu tun gehabt

- Lange Nacht der Kirchen
- Evangelischer Kirchentag 2005 in Hannover
- Ev. Akademie Loccum
- evangelische Heimvolkshochschulen
- Familienbildungsstätten
- evangelische Klöster, wie z.B. Wienhausen, Bursfelde
- weltweites Engagement, z.B. über die Hermannsburger Mission oder „Brot für die Welt"
- Schuldnerberatung der Diakonie
- Lebens- und Eheberatung
- Bahnhofsmission
- Aktion „Advent ist im Dezember"

Soziodemographie

2 Kurzfragebogen zu den Veranstaltungen

Unsere Fragen:

1. *Wie sind Sie auf die Veranstaltung aufmerksam geworden? Über:*

Verwandte/Bekannte /Freunde ☐	Zeitung/Zeitschrift ☐	TV/Hörfunk ☐	Plakate ☐
Veranstaltungskalender ☐	Gemeindebrief ☐	Internet/E-Mail ☐	im Vorbeigehen ☐

2. *Warum sind Sie hierher gekommen?*

	trifft voll zu	trifft eher zu	trifft eher nicht zu	trifft gar nicht zu
a) Weil hier etwas los ist	☐	☐	☐	☐
b) Weil es in meiner Nachbarschaft stattfindet	☐	☐	☐	☐
c) Weil ich mich für religiöse Veranstaltungen interessiere	☐	☐	☐	☐
d) Weil ich hier Kunst und Kultur erleben kann	☐	☐	☐	☐

3. *Wie wirkt die Veranstaltung von der Stimmung her auf Sie?*

←――――――　――――――→

	1	2	3	4	5	6	7	
interessant	☐	☐	☐	☐	☐	☐	☐	langweilig
warm	☐	☐	☐	☐	☐	☐	☐	kalt
exklusiv	☐	☐	☐	☐	☐	☐	☐	gewöhnlich
anstrengend	☐	☐	☐	☐	☐	☐	☐	entspannend
gekünstelt	☐	☐	☐	☐	☐	☐	☐	natürlich
fröhlich	☐	☐	☐	☐	☐	☐	☐	ernst
ruhig	☐	☐	☐	☐	☐	☐	☐	beschwingt

4. *Und wie bewerten Sie die Veranstaltung insgesamt?*

sehr gut	gut	teils/teils	eher schlecht	sehr schlecht
☐	☐	☐	☐	☐

5. *Auf welchen Zeitraum bezieht sich Ihre Beurteilung der Veranstaltung?*

Von ca. ....Uhr　　　bis ca. ....Uhr

6. *Welche der folgenden Musikarten hören Sie besonders gern? …*

Volkslieder / Volks-/ Schlagermusik	☐	Klassische Musik	☐
Jazzmusik	☐	Musical	☐
Blues, Liedermacher, Chanson	☐	Oper	☐
Operette	☐	Rockmusik	☐
Popmusik	☐	Techno, House, Lounge	☐

7. *Das Gefühl der Verbundenheit mit der Kirche kann ja verschieden sein. Wie ist – rein gefühlsmäßig – Ihre persönliche Verbundenheit mit der Kirche?*

sehr verbunden	ziemlich verbunden	etwas verbunden	kaum verbunden	überhaupt nicht verbunden
☐	☐	☐	☐	☐

8. *Nun bitten wir Sie noch um einige Angaben für unsere Statistik*

Ihr Geschlecht: männlich ☐ weiblich ☐ **Ihr Alter:** ....Jahre

Ihr höchster Bildungsabschluss: ....

Anhang C

1 „Milieulandschaften“ aus bisherigen Untersuchungen

1.1 Milieus und Sozialstruktur nach Schulze (1992)

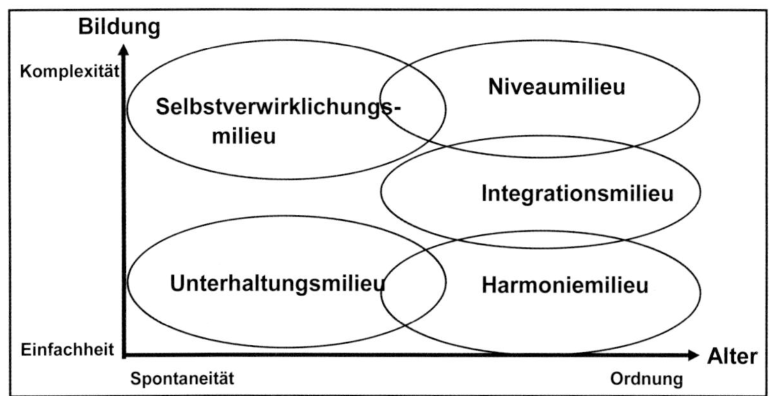

1.2 Milieus nach Vögele, Bremer, Vester (2002)

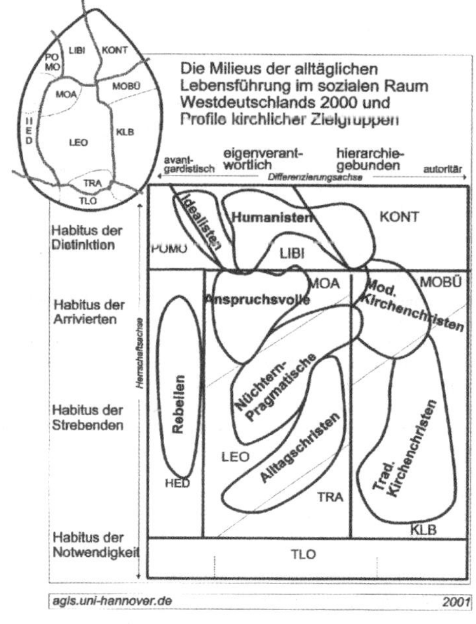

Abkürzungen:

LIBI:	Liberal-Intellekt. Milieu (10%)	HED:	Hedonistisches Milieu (12%)
KONT:	Konservativ-Technokr. Milieu (10%)	LEO:	Leistungsorient. Arbeitn.milieu (18%)
POMO:	Postmodernes Milieu (6%)	KLB:	Kleinbürgerliches Arbeitnehmermilieu (14%)
MOA:	Modernes Arbeitnehmermilieu (8%)	TRA:	Traditionelles Arbeitermilieu (4%)
MOBÜ:	Modernes Bürgerliches Milieu (8%)	TLO:	Traditionsloses Arbeitnehmermilieu (12%)

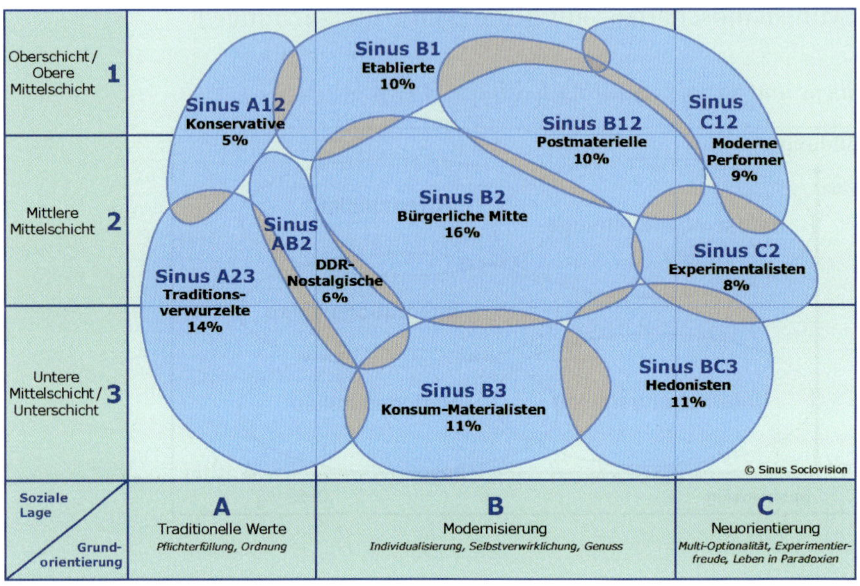

Schaubild 1: Lebensstile evangelischer Kirchenmitglieder im sozialen Raum

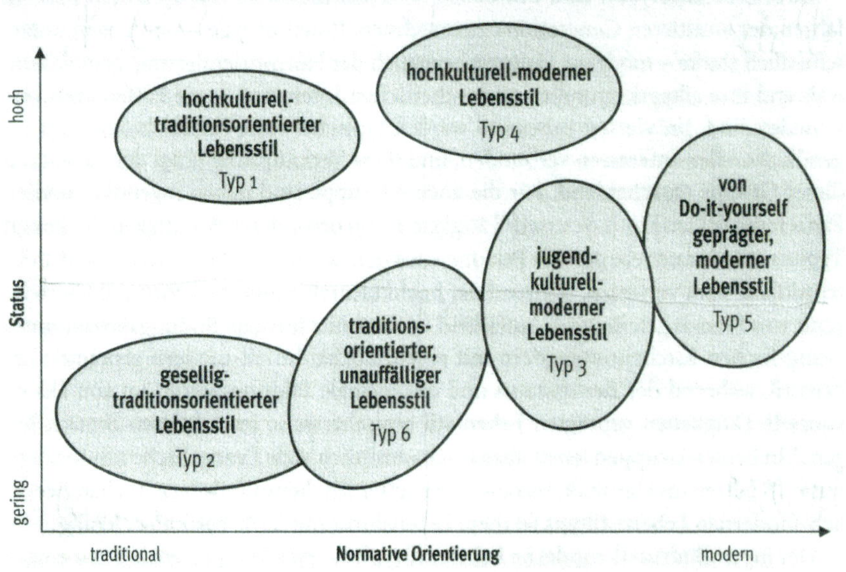

1.5 Lebensführungstypen nach Otte (2004)

Ausstattungsniveau				
gehoben	**1 Konservativ Gehobene**	**4 Liberal Gehobene**	**7 Reflexive**	
mittel	**2 Konventionalisten**	**5 Aufstiegsorientierte**	**8 Hedonisten**	
niedrig	**3 Traditionelle Arbeiter**	**6 Heimzentrierte**	**9 Unterhaltungs-suchende**	
	traditional/biogr. Schließung	teilmodern/biogr. Konsolidierung	modern/biogr. Offenheit	**Modernität/biogr. Perspektive**

2 Nachweis statistischer Analysen

2.1 Korrelationen zwischen den Indikatoren zur Lebensführung

		gehobener Lebens-stan-dard	lebe nach religiösen Prinzipien	halte an Traditionen der Familie fest	genieße das Leben in vollen Zügen	gehe viel aus	Es gefällt mir, wenn ständig etwas los ist	Kunstausstellungen, Galerien besuchen	Bücher lesen	überregionale Tageszeitung lesen
gehobener Lebensstandard	r									
	N									
lebe nach religiösen Prinzipien	r	**0,120(**)**								
	N	1720								
halte an Traditionen der Familie fest	r	**0,129(**)**	**0,365(**)**							
	N	1722	1733							
genieße das Leben in vollen Zügen	r	**0,300(**)**	-0,027	-0,005						
	N	1716	1724	1728						
gehe viel aus	r	**0,242(**)**	-0,052	-0,010	**0,327(**)**					
	N	1727	1737	1741	1732					
Es gefällt mir, wenn ständig etwas los ist	r	**0,179(**)**	-0,035	0,064(*)	**0,297(**)**	**0,353(**)**				
	N	1720	1729	1734	1723	1737				
Kunstausstellungen, Galerien besuchen	r	**0,234(**)**	**0,190(**)**	**0,090(**)**	**0,106(**)**	0,076(*)	-0,013			
	N	1727	1738	1742	1733	1746	1737			
Bücher lesen	r	**0,087(*)**	**0,135(**)**	0,026	0,038	0,019	**-0,092(**)**	**0,346(**)**		
	N	1727	1738	1742	1733	1746	1737	1747		
überregionale Tageszeitung lesen	r	**0,168(**)**	0,033	0,010	0,085(*)	0,091(*)	0,074(*)	**0,265(**)**	**0,159(**)**	
	N	1726	1738	1740	1731	1744	1736	1745	1745	
Max. Restaurantausgaben pro Person	r	**0,242(**)**	-0,072(*)	-0,067(*)	**0,164(**)**	**0,147(**)**	0,060(*)	**0,213(**)**	0,081(*)	**0,135(**)**
	N	1619	1627	1631	1627	1634	1630	1635	1634	1632

** Die Korrelation (nach Pearson) ist auf dem Niveau von 0,001 (2-seitig) signifikant.
* Die Korrelation ist auf dem Niveau von 0,01 (2-seitig) signifikant.
N = Fallzahl

2.2 Faktorenanalyse: Musikvorlieben

	Faktor 1	Faktor 2	Faktor 3
Rockmusik	**0,770**	-0,102	-0,083
Popmusik	**0,764**	-0,231	0,019
Volkslieder, Volksmusik	**-0,608**	0,057	**0,493**
Oper	-0,189	**0,776**	-0,028
Klassische Musik	-0,041	**0,767**	-0,051
Blues, Liedermacher, Chanson	**0,366**	**0,466**	0,285
Techno, House, Lounge	0,133	**-0,302**	-0,165
Deutsche Schlagermusik	-0,286	-0,186	**0,754**
Musical	0,275	0,240	**0,661**
Operette	-0,254	**0,476**	**0,507**
Varianzaufklärung:	19,6 %	18,9 %	16,3 %
Σ			54,7 %

2.3 Faktorenanalyse: Fernsehinteressen

	Faktor 1	Faktor 2	Faktor 3	Faktor 4
Heimatfilme	**0,742**	-0,111	0,116	-0,068
Familien- und Unterhaltungsserien	**0,738**	0,189	-0,037	-0,047
Fernsehshows, Quizsendungen	**0,662**	0,064	-0,022	0,094
Krimis, Krimiserien	-0,038	**0,718**	0,127	0,001
Spielfilme	0,249	**0,717**	-0,095	-0,006
Actionfilme	-0,084	**0,547**	**-0,422**	0,032
Kunst- und Kultursendungen	-0,099	0,022	**0,743**	0,155
religiöse Sendungen	**0,339**	-0,130	**0,542**	0,169
Sportsendungen	0,148	-0,033	**-0,413**	**0,709**
Politische Magazine	-0,140	0,018	**0,301**	**0,677**
Nachrichten	0,030	0,019	0,253	**0,587**
Varianzaufklärung:	16,1 %	12,7 %	12,6 %	12,5 %
Σ				53,9 %

Anhang D

Das Blickfeld erweitern

Menschen begeistern – Ehrenamtliche gewinnen

Handreichung für Kirchenvorstände
in der Evangelisch-lutherischen Landeskirche Hannovers

Herausgeber: Haus kirchlicher Dienste der
Evangelisch-lutherischen Landeskirche Hannovers
in Zusammenarbeit mit dem Sozialwissenschaftlichen Institut der EKD (SI)

Redaktion: Albert Wieblitz
Hausanschrift
Postanschrift
Fon: 0511 1241 146 Fax 0511 1241 766
Email: wieblitz@kirchliche-dienste.de
Internet: www.kirchliche-dienste.de/ehrenamt
Satz und Layout:
Druck: HkD
Auflage: 3000 Ausgabe: Mai 2010
Artikelnummer: 546180

Inhalt

Redaktionelles Vorwort

Diese Broschüre entstand durch einen Impuls der Landessynode der Evangelisch-lutherischen Landeskirche Hannovers und sie richtet sich im Wesentlichen an Kirchenvorstände und andere Leitungsgremien.
Der Beschluss der 24. Landessynode bei ihrer Tagung am 5. Juni 2008 mit dem Schwerpunktthema „Förderung des Ehrenamtes" hatte folgenden Wortlaut:
Das Landeskirchenamt wird gebeten, einen Leitfaden für die Kirchengemeinden zu entwickeln, der konkrete Handlungsvorschläge dafür enthält,
1. zu analysieren, welche Milieus in der Kirchengemeinde vorhanden sind und
2. wie vorhandene Milieus zur Gewinnung von Ehrenamtlichen genutzt werden können.

Das Sozialwissenschaftliche Institut sowie Mitarbeitende des Landeskirchenamts und des Hauses kirchlicher Dienste haben daraufhin Ergebnisse der aktuellen Milieuforschung aufgenommen und
Instrumente für Kirchenvorstände entwickelt, die die eigene milieubezogene Gemeindesituation analysieren und bewerten helfen. Dafür bietet Ihnen diese Broschüre konkrete Anregungen.

Diese Analyse ist natürlich nur ein erster Schritt. Sie kann aber dazu führen, dass Kirchenvorstände die Handlungs- und Gestaltungsräume in ihrer Gemeinde bewusster wahrnehmen. Es könnte sich dann der Blick weiten auf alle diejenigen, die bisher noch nicht im Blick sind.

Mit Phantasie und Offenheit kann die Gewinnung von Ehrenamtlichen verbessert werden.
Die dafür nötigen weiteren Schritte lassen sich in diesem Heft nur andeuten. Sie brauchen für jede einzelne Gemeinde mit ihrem jeweiligen sozialen Umfeld eine Anpassung. Denn:

- Jede Gemeinde ist anders.
- Das Zusammenspiel der beteiligten Menschen ist unterschiedlich.
- Die Entscheidungsprozesse und Umsetzungsmöglichkeiten differieren.
- Ehrenamtlich und beruflich in der Gemeinde Tätige haben verschiedene Begabungen.

Der Weg hat ein lohnendes Ziel und die Instrumente modernen Freiwilligenmanagements können Ihnen dabei helfen, dieses Ziel zu erreichen.

Für das Projektteam
Albert Wieblitz

Mitglieder des Projektteams:
OKRin Petra-Angela Ahrens, Sozialwissenschaftliches Institut der EKD
Paul Dalby, Pastor, Landeskirchenamt
Wolf-D. Köhler, Sozialwissenschaftliches Institut der EKD
Henning Schlüse, Referent für Kirchenvorstandsarbeit im Haus kirchlicher Dienste
Prof. Dr. Gerhard Wegner, Sozialwissenschaftliches Institut der EKD
Albert Wieblitz, Landespastor für Ehrenamtliche im Haus kirchlicher Dienste

Einleitung
Milieus – Entdeckungen und Herausforderungen

Ein Blick an den Anfang:
... denen, die unter dem Gesetz sind, bin ich wie einem unter dem Gesetz geworden – obwohl ich selbst nicht unter dem Gesetz bin –, damit ich die, die unter dem Gesetz sind, gewinne. – (1. Kor. 9,20)

So beschreibt Paulus der Gemeinde in Korinth seine „Methode", die nicht etwa Selbstzweck ist, sondern ein Mittel, um das angestrebte Ziel zu erreichen:
„... damit ich die, die unter dem Gesetz sind, gewinne".
Dabei will Paulus ja grundsätzlich nicht primär Kirchenmitgliedschaftszahlen steigern und Kirchenmitgliedschaft stärken. Ihm geht es darum, zum Glauben einzuladen und Glauben zu unterstützen. Dass Gemeinden wachsen, ergibt sich nicht nur für ihn, sondern zu allen Zeiten als Folge daraus. Gerade Paulus, der darum weiß, dass Glauben nur von Gott her entsteht, bedient sich verschiedener Methoden, um zum Glauben freundlich und überzeugend einzuladen.

Wie erleben wir im Zusammenhang der beiden zitierten Paulusworte unsere Gemeinden? Gibt es da Herkunftsunterschiede, die sich auswirken? Erreichen wir Menschen unterschiedlichster Prägung? Wen erreichen wir eher gar nicht? Unter anderem mit solchen Fragen beschäftigt sich seit mehr als 20 Jahren die so genannte „Milieuforschung", die danach fragt, welche gesellschaftlichen Gruppierungen welche gemeinsamen Interessen und Lebensstile haben, die sie als ein eigenes „Milieu" erscheinen lassen. Es scheint schwer überwindbare Hemmschwellen zu geben. Wieso dominieren bei vielen unserer Angebote die Älteren und die Frauen. Was schließt offensichtlich andere aus?
Die Milieuforschung macht uns unsere Vorlieben und Eigenarten bewusst und hilft uns zu fragen, wie wir mit unserer Gemeindearbeit Menschen neu erreichen können. Anders ausgedrückt: Wie können wir das Evangelium einladend weitersagen, so dass Menschen nicht von vornherein durch die Art unserer Einladung abgestoßen werden?

In den Geschichten von Herrn Keuner erzählt Bertolt Brecht, dass Herr Keuner einmal gefragt wurde: „Was machen Sie, wenn Sie einen Menschen lieben?" Herr Keuner sagte: „ich mache mir einen Entwurf von ihm und sorge dafür, dass er ihm ähnlich wird". Rückfrage: „Wer wem ähnlich? Der Entwurf dem Menschen?" „Nein", sagte Herr Keuner, „der Mensch dem Entwurf."

Wir werden Menschen gewinnen, wenn wir sie von Herzen so annehmen, wie sie sind, sie nicht nur „zulassen", sondern herzlich willkommen heißen.

Wenn wir lernten, Menschen nicht nach dem Entwurf, den wir von ihnen haben zu beurteilen, wäre schon viel getan. Wir werden den Kreis der aktiv Beteiligten auf Dauer nur erweitern können, wenn wir auch Menschen, die ganz anders sind als wir, bei uns Freiräume ermöglichen. Das kann man wörtlich verstehen: Beteiligung braucht Räume, in denen sie sich entfalten kann. Dafür sind Kirchenvorsteherinnen und Kirchenvorsteher verantwortlich: die kirchlichen Räume und ihre Nutzung angemessen zu bewirtschaften und zu verwalten. Kirchenvorstände sollen Menschen die Räume (zum Beispiel des Gemeindehauses) nicht eng, sondern weit machen, sollen Menschen bei der Kirche Raum geben – im übertragenen und im wörtlichen Sinne. Verfügungsgewalt über Räume wahrzunehmen und auszuüben ist mehr als eine Verwaltungsaufgabe. Sie ist eine Aufgabe voller Gestaltungsverantwortung, keine Machtfrage.

Nach den Ergebnissen der Milieuforschung spielen über das Alter und die Bildung hinaus Lebensorientierungen und ästhetische – hier ist gemeint: geschmackliche – Vorlieben eine wichtige Rolle dafür, mit welchen Menschen man gerne zusammenkommt. Ist man eher konservativ eingestellt und möchte das Alte bewahren oder orientiert man sich eher am Modernen und Neuen, das Spannung verspricht? Welche Musikrichtungen – sie sind eine besonders aussagekräftige ästhetische Vorliebe – verbindet diese und unterscheidet jene Menschen? Diese Fragen werden Ihnen in dieser Handreichung mehrfach begegnen.

Zu achten ist auf das Risiko, „Schubladeneinteilungen" im negativen und abwertenden Sinne vorzunehmen. Wenn Sie sich oder andere ganz unterschiedlich einordnen, dann kann das nur eine „Ist-Beschreibung" ohne Wertung sein: Sie mögen zum Beispiel klassische Musik und keine Volksmusik, oder umgekehrt – so ist das eben! Das sagt nichts über den Wert eines Menschen aus.
Mit dieser Broschüre wollen wir Ihnen Mut machen, die Wirklichkeit Ihrer Gemeindearbeit und Ihre eigene Rolle darin nüchtern zu überdenken.
Wenn sich aus den Überlegungen neue Handlungsansätze ergeben, ist das genauso gut, wie wenn Sie den Mut bekommen, gewisse Dinge oder Aktionen zukünftig nicht mehr zu machen und zu lassen. Durch beides kann Ihre Arbeit attraktiver werden.

Allem Tun und Lassen geht das Wahrnehmen und Verstehen notwendig voraus. Und es ist schon etwas Gutes und Wichtiges, wenn Sie nach dem Arbeiten mit dieser Broschüre mehr von sich und von den Menschen verstehen, mit denen Sie in Ihrer Gemeinde und Ihrem Ort zu tun haben.
Fast das Beste noch zum Schluss:
Bei der Frage, was „Milieutheorie" für Sie und Ihre eigene Gemeinde bedeuten könnte, haben Sie gegenüber allen Milieuforschern einen entscheidenden Vorteil: Sie haben die authentische Innenansicht Ihrer Situation.
Folgen Sie nun unserer Einladung, dieses „Innen" in den Blick zu nehmen und von dort her einen Blick auf das zu werfen, was noch „außen" ist.

Zum Gebrauch dieser Broschüre

Wir geben Ihnen im Folgenden **Fragebögen und Grafiken** an die Hand. Damit können Sie sich selbst und Ihre Ortsgemeinde in der „Landkarte" der Milieus und Lebensstile einordnen.

Der erste Schritt
Der **erste Fragebogen** hilft Ihnen, **sich persönlich zu „verorten**" mit Ihrer Lebenssituation, Ihren Interessen und Ihrem Lebensstil. Wir haben dazu Kernfragen aus der Milieuforschung zusammengestellt. Interessant wird es, wenn Sie Ergebnisse Ihres persönlichen Fragebogens z.B. im Kirchenvorstand miteinander vergleichen: Sie erhalten ein „Profil" Ihrer Gruppe und gleichzeitig Auskunft darüber, wie homogen oder unterschiedlich Ihr Gremium zusammengesetzt ist.
Zunächst wird sich dabei eine Grobeinteilung ergeben. Mit einer weiteren Grafik wird diese Selbstverortung noch differenzierter vorgenommen.

Der zweite Schritt
Danach bitten wir Sie, den Bogen noch weiter zu spannen und sich zu vergegenwärtigen, welche Menschen welchen Alters und welcher Bildungsgruppen in Ihrer Gemeinde wohnen. Dazu hilft Ihnen der **zweite Fragebogen (Seite 194).** Mit nur wenigen Daten erkennen Sie die soziale Struktur Ihrer Gemeinde.

Im Anhang finden Sie Hintergrundinformationen, die Ihnen weiteren Aufschluss geben über die Ergebnisse der Befragungen und Untersuchungen des Sozialwissenschaftlichen Instituts in den letzten Jahren.

Schritt 1 – Selbsteinordnung

Anleitung zur Selbsteinordnung in die Karte der sozialen und kulturellen Orientierungen

Beantworten Sie bitte jede der folgenden Fragen und kreuzen Sie den für Sie zutreffenden Buchstaben an.

1. *Welche der folgenden Musikarten hören Sie besonders gern?*
   (Mehrfachnennungen sind möglich)

Volkslieder / Volksmusik	☐D	Klassische Musik	☐A
Jazz	☐B	Musical	☐A
Blues, Liedermacher, Chanson	☐A	Oper	☐A
Operette	☐A	Rockmusik	☐B
Popmusik	☐B	Techno, House, Lounge	☐C
Schlager	☐D		

2. *Für welche Fernsehsendungen interessieren Sie sich?*
   (Mehrfachnennungen sind möglich)

Fernsehshows, Quizsendungen	☐D	Heimatfilme	☐D
Spielfilme	☐C	Actionfilme	☐C
Politische Magazine	☐A	Krimis, Krimiserien	☐B
Sportsendungen	☐D	Familien- und Unterhaltungsserien	☐D
Nachrichten	☐A	religiöse Sendungen	☐A
Kunst- und Kultursendungen	☐A		

3. *Kreuzen Sie bitte für jede der folgenden Beschreibungen an, inwieweit sie auf Ihre persönliche Lebensführung zutrifft:*

	Trifft voll und ganz zu	Trifft eher zu	Trifft eher nicht zu	Trifft gar nicht zu
Ich pflege einen gehobenen Lebensstandard.	☐A	☐A	☐C	☐D
Ich lebe nach religiösen Prinzipien.	☐A	☐A	☐C	☐C
Ich genieße das Leben in vollen Zügen.	☐C	☐B	☐D	☐D
Ich gehe viel aus.	☐C	☐B	☐A	☐D
Mein Leben gefällt mir dann besonders gut, wenn ständig etwas los ist.	☐C	☐B	☐A	☐D

4. *Kreuzen Sie nun bitte für jede der folgenden Tätigkeiten die für Sie gültige Antwort an:*

	oft	gelegentlich	selten	nie
Eine überregionale Tages-, Wochenzeitung lesen (z.B. FAZ, Süddeutsche, Die Zeit)	☐A	☐B	☐C	☐D
Kunstausstellungen, Galerien besuchen	☐A	☐A	☐B	☐C

5. *Wenn Sie einmal in ein Restaurant* richtig gut *essen gehen, wie viel Euro geben Sie dann* maximal pro Person – *inklusive Getränke – aus?*

Unter 20 Euro	20–29 Euro	30–49 Euro	Mindestens 50 Euro
☐D	☐C	☐ B	☐B

Wenn Sie die Auswertung in einer Gruppe vornehmen wollen, nehmen Sie nun kleine farbige Klebepunkte – so, dass jede Person eine eigene Farbe hat – und halten Sie sie für den nächsten Verfahrensschritt bereit. (Es geht auch mit Farbstiften oder mit jeweils persönlichen Symbolen – Kreis, Dreieck, Punkt etc.)

Kopieren Sie das folgende Koordinatenkreuz, wenn Sie diese Auswertung im Kirchenvorstand durchführen oder zeichnen Sie es auf einem großen Bogen Papier nach.

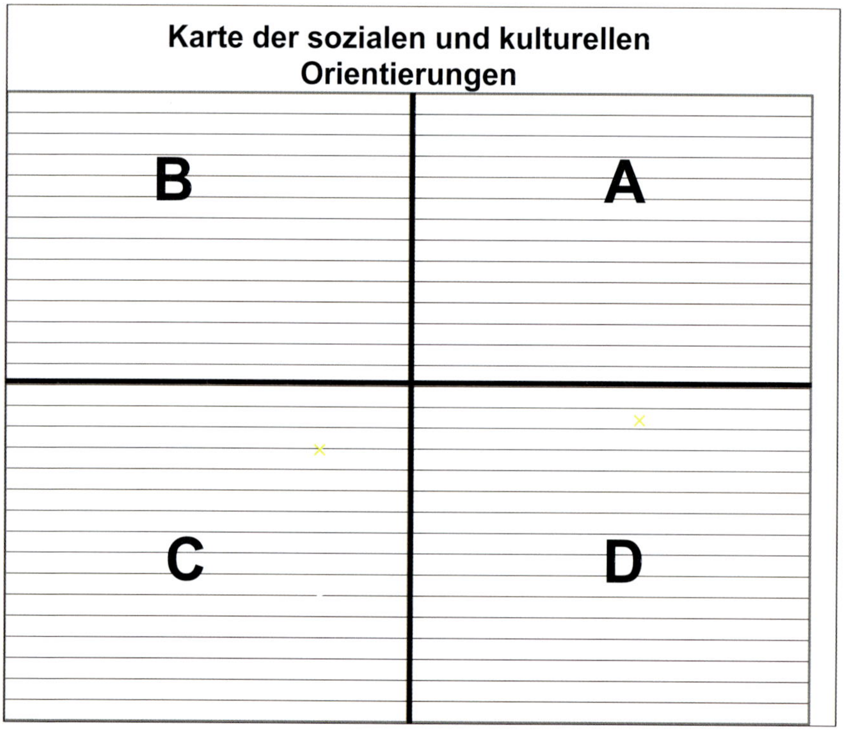

Karte der sozialen und kulturellen Orientierungen

B	**A**
C	**D**

Wiederholen Sie in der Gruppe für jede/n Teilnehmer/in die fünf Fragen mit den Antwortmöglichkeiten und kleben oder malen Sie nun in dieses Koordinatenkreuz ihre jeweiligen Farbpunkte oder Symbole in die Quadranten A – B – C – D ein.

Der erste Auswertungsschritt zur persönlichen Selbsteinordnung

Variante 1: Wenn sich Ihre Farbpunkte in nur einem Feld häufen, dann passen bei Ihnen die verschiedenen Lebensorientierungen und persönlicher Geschmack nahtlos zueinander. Sie bevorzugen es, sich unter Menschen Ihres „Milieus" zu bewegen.

Variante 2: Wenn sich Ihre Farbpunkte auf mehrere Kästchen verteilen, dann steht bei Ihnen die Vielseitigkeit in Lebensorientierungen und Geschmack im Vordergrund. Sie mögen es, sich in unterschiedlichen „Milieus" zu bewegen.

Variante 3: Wenn sich Ihre Farbpunkte auch in diagonal gegenüberliegenden Feldern befinden (A und C oder B und D), dann sind Sie für Widersprüchliches, für Gegensätze bei Lebensorientierungen und bzw. oder in Geschmacksfragen zu haben. Sie mögen es, sich in „Milieus" zu bewegen, die sich normalerweise eher voneinander abgrenzen.

Nach Ergebnissen von empirischen Milieuanalysen ist die erste Variante am häufigsten anzutreffen. Die meisten Menschen fühlen sich am wohlsten, wenn Sie unter ihresgleichen sind. Das muss nicht in jeder Situation so sein, gilt jedoch für die generelle Lebensausrichtung.

Wenn Sie sich selbst in der dritten Variante wieder finden, dann zählen Sie zu den eher seltenen Menschen, die in ihrer generellen Lebensausrichtung Ungewöhnliches miteinander kombinieren und starke Kontraste bevorzugen.

Diese Zuordnungen sind allerdings nur eine erste, sehr grobe Einschätzung.

Der detaillierte Selbsteinordnungs-Schritt

Zur genaueren Beurteilung ist es wichtig zu wissen, wo sich die Lebensorientierungen und geschmacklichen Vorlieben im jeweiligen Feld befinden. Liegen sie eher zur Mitte des Koordinatenkreuzes hin, ist das meist ein Zeichen dafür, dass sie auch für viele andere Menschen zutreffen. Liegen Sie sehr weit von der Mitte entfernt, ist das häufig ein Hinweis darauf, dass es weitaus weniger Menschen mit diesen Vorlieben gibt.

Der nächste Schritt ist deshalb etwas aufwändiger: In der folgenden Grafik finden Sie die Positionen der Antworten in den verschiedenen Feldern. Sie beruhen auf den er-

rechneten Koordinaten aus einer Untersuchung des Sozialwissenschaftlichen Instituts der EKD. (Mehr dazu später. die genauen Koordinaten haben wir Ihnen im Anhang aufgelistet.)
Suchen Sie nun die entsprechenden Aussagen, die für Sie zutreffen und markieren Sie das entsprechende Feld.

Es sind hier nicht alle Fragebereiche aufgenommen, weil dazu der Platz nicht ausreicht.
Sie finden 7 Themenbereiche mit jeweils einer Farbe.

Diese Felder kennzeichnen **Musikrichtungen**. Hier können Sie mehrere Felder markieren

Diese Felder kennzeichnen **Fernsehsendungen**. Auch hier gibt es viele Auswahlmöglichkeiten.

Diese Felder beziehen sich auf die Frage nach den **Kunstausstellungen**. Ein Feld auswählen!

Die Aussage lautet: **„Ich gehe viel aus,“** Markieren Sie die für Sie passende Antwort

„Ich lebe nach religiösen Prinzipien.“ Markieren Sie die für Sie passende Antwort

„Mein Leben gefällt mir, wenn ständig etwas los ist“. Markieren Sie nur eine Antwort

Richtig gut **Essengehen darf pro Person kosten?** Markieren Sie die für Sie passende Antwort

(Die Grafik können Sie aus dem Internet herunterladen und kopieren.)
Sie finden Sie als farbige pdf-Datei unter: www.kirchliche-dienste.de/gemeindeleitung

Karte der sozialen und kulturellen Orientierungen

Ankreuzen: Gelb und Orange: Mehrfach-Ankreuzen möglich; je nach Vorlieben 

alle anderen Farben: Markieren Sie die für Sie passende Antwort 

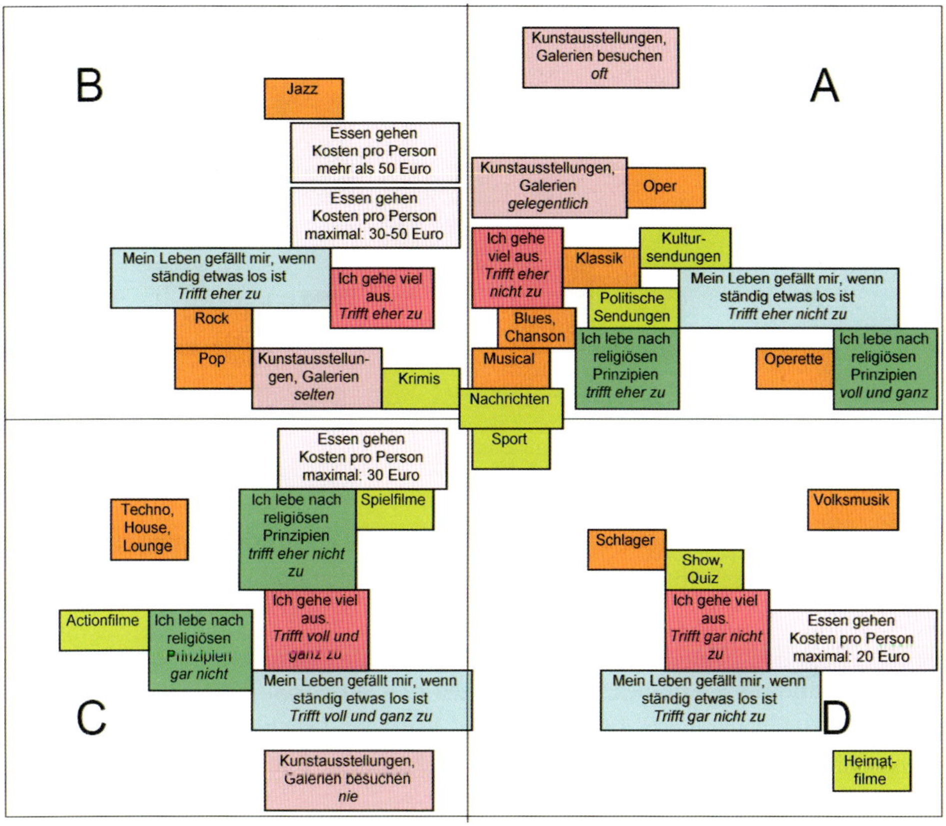

B

Jazz

Essen gehen Kosten pro Person mehr als 50 Euro

Essen gehen Kosten pro Person maximal: 30-50 Euro

Mein Leben gefällt mir, wenn ständig etwas los ist *Trifft eher zu*

Ich gehe viel aus. *Trifft eher zu*

Rock

Pop

Kunstausstellungen, Galerien *selten*

Krimis

A

Kunstausstellungen, Galerien besuchen *oft*

Kunstausstellungen, Galerien *gelegentlich*

Oper

Ich gehe viel aus. *Trifft eher nicht zu*

Klassik

Kultursendungen

Mein Leben gefällt mir, wenn ständig etwas los ist *Trifft eher nicht zu*

Politische Sendungen

Blues, Chanson

Ich lebe nach religiösen Prinzipien *trifft eher zu*

Musical

Operette

Ich lebe nach religiösen Prinzipien *voll und ganz*

Nachrichten

Sport

C

Essen gehen Kosten pro Person maximal: 30 Euro

Techno, House, Lounge

Ich lebe nach religiösen Prinzipien *trifft eher nicht zu*

Spielfilme

Actionfilme

Ich lebe nach religiösen Prinzipien *gar nicht*

Ich gehe viel aus. *Trifft voll und ganz zu*

Mein Leben gefällt mir, wenn ständig etwas los ist *Trifft voll und ganz zu*

Kunstausstellungen, Galerien besuchen *nie*

D

Volksmusik

Schlager

Show, Quiz

Ich gehe viel aus. *Trifft gar nicht zu*

Essen gehen Kosten pro Person maximal: 20 Euro

Mein Leben gefällt mir, wenn ständig etwas los ist *Trifft gar nicht zu*

Heimatfilme

Anschließend verbinden Sie Ihre Punkte, so dass sich eine Figur ergibt. Diese Figur dient lediglich dazu, die Linien der Vorlieben und Orientierungen zu verfolgen, die Ihr ganz persönliches Ergebnis beschreiben.

Beispielergebnis

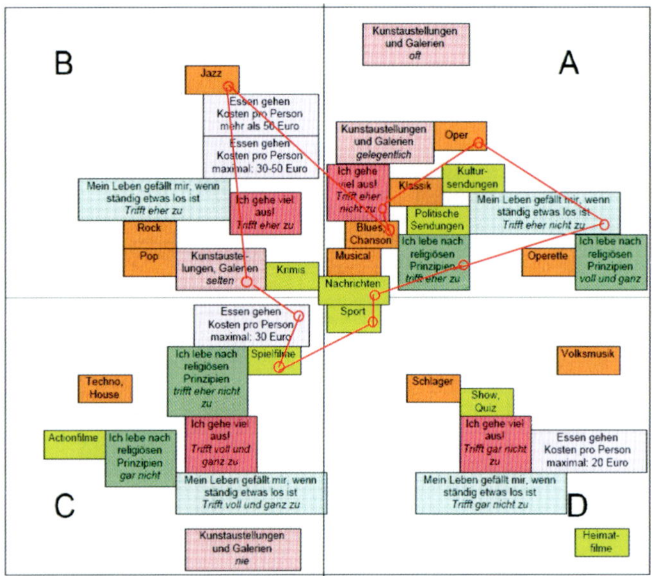

Jetzt können Sie die genauen Positionen für Ihre Lebensorientierungen, Musikgeschmack und Fernseh-Interessen in der Karte der sozialen und kulturellen Orientierungen erkennen.

Welche Positionen Sie in dieser Karte belegen bzw. auslassen, hat nicht nur mit Ihren persönlichen Einstellungen zu tun. Für die Lage der Lebensorientierungen und geschmacklichen Vorlieben spielen auch Alter und formaler Bildungsstand eine Rolle:

Zur groben Orientierung können Sie die Alterskategorie 16 bis 19 Jahre nahe zum linken Ende der waagerechten Achse des Koordinatenkreuzes festlegen. Die Alterskategorie 50–59 Jahre liegt etwa in der Mitte, 70–79 Jahre zum rechten Rand der Horizontalen hin (siehe auch die Grafik auf Seite 193).

Der formale Bildungsstand findet sich überwiegend in senkrechter Richtung des Koordinatenkreuzes. Der (Fach-) Hochschulabschluss liegt im oberen Bereich, Realschulabschluss bzw. Mittlere Reife etwa in der Mitte, Haupt- bzw. Volksschulabschluss im unteren Bereich.

Damit sind Sie nun bei der Auflösung zur Selbsteinordnung in die Karte der sozialen und kulturellen Orientierungen angekommen.

Auflösung:

- Wenn Ihre Positionen überwiegend das Feld A belegen, die anderen Felder also weitgehend frei bleiben, dann entspricht dies dem Bild, das sich auch in der Repräsentativbefragung für die kirchlich Engagierten ergibt. Dieses Ergebnis hat damit zu tun, dass kirchliches Engagement zuallererst an eine (eher) positive Haltung zur Frage nach den religiösen Prinzipien gekoppelt ist. Außerdem sind kirchlich Engagierte eher etwas älter und verfügen über einen (etwas) höheren formalen Bildungsstand als andere.
- Achten Sie darauf, wo Ihre bevorzugten Musikrichtungen liegen. Dies sagt viel darüber aus, welche Stimmungen bzw. Atmosphären Sie mögen und welche Sie eher meiden. Das ist ein wichtiger Aspekt für die Gestaltung kirchlicher Angebote. Liegen Ihre Musikrichtungen ausschließlich im Feld A? Gilt dies auch für die anderen in Ihrer Gruppe? Dann entsprechen Sie auch in diesem Punkt den Vorlieben der kirchlich Engagierten in der Repräsentativbefragung. Man kann davon ausgehen, dass sich dies in der Ausstrahlung Ihrer Angebote niederschlägt.
- Wenn Sie oder andere in Ihrer Gruppe mit den bevorzugten Musikrichtungen zusätzlich das eine oder andere Feld belegen, bringen Sie gute Voraussetzungen dafür mit, neue Angebote zu entwickeln. Sie können sie so gestalten, dass sie bei entsprechender atmosphärischer Ausrichtung für Menschen attraktiv sind, die selbst (noch) nicht oder nur selten in Ihrem Gemeindeleben anzutreffen sind.

Dies ist eine Möglichkeit, Angeboten eine andere Ausstrahlung zu geben, so dass Sie für Menschen attraktiv werden können, die mit Ihren Vorlieben nicht in das übliche Bild der Kerngemeinde passen. Mit einer milieuorientierten Ausrichtung Ihrer Angebote allein werden Sie aber vermutlich Niemanden, der dem Glauben eher negativ gegenübersteht, für die Frohe Botschaft begeistern.

Ein besonderer Exkurs mit Überraschung

Es folgen jetzt zwei Grafiken.
Auf der ersten können Sie genauer ansehen, wo sich in der Karte der sozialen und kulturellen Orientierungen die evangelischen Christinnen und Christen wiederfinden, die gemeindliche Angebote gelegentlich oder häufig nutzen (Grafik mit der roten Ellipse).

Auf der nächsten Grafik (wir nennen sie „Schmetterlings-Grafik“) finden sich Aussagen von Menschen, die sich selbst ehrenamtlich in der Gemeinde engagieren oder – zweifellos eine besonders spannende Frage – sich selbst noch nicht betätigen, sich das jedoch gut vorstellen können, also zumindest darauf ansprechbar sind.

„Die Überraschung“

Teilnahme der evangelischen Christinnen und Christen an gemeindlichen Angeboten

In der Repräsentativbefragung von 2006 wurde die Teilnahme an verschiedenen gemeindlichen Angeboten bzw. Veranstaltungen erfragt. Es sind die jeweils erreichten Prozentanteile für alle Evangelischen angegeben, die von sich sagen, dass sie gelegentlich bzw. häufig teilnehmen.

Gelegentliche / häufige Teilnahme an gemeindlichen Angeboten (Angaben in Prozent)	
Gottesdienste	46
Freizeiten / Ausflüge	13
Gesprächskreise	14
Chor / Musikgruppe	7
Angebote für Jugendliche	2
Angebote für Familien, Frauen Männer	13
Angebote für Senioren	8
Vorträge, Seminare	12
Kirchenkonzerte	37
Gemeindefeste	43

Wundern Sie sich nicht darüber, dass viele Werte deutlich höher liegen als statistische Zählungen. Das ist meistens so bei Befragungen. Hier lässt sich nur die subjektive Einschätzung der Befragten erheben: Wenn es sich um erwünschte Aktivitäten handelt, neigen Menschen zur Überschätzung. Wichtig ist, dass Sie sich das Verhältnis, das Mehr oder Weniger in der Beteiligung bei den verschiedenen Angeboten bewusst machen. Ganz besonders niedrige Werte, wie zum Beispiel bei der Jugendarbeit, können auch darauf beruhen, dass Angebote von vornherein nur auf bestimmte Zielgruppen ausgerichtet sind, also gar nicht für alle Gemeindemitglieder Betracht kommen.

In der folgenden Grafik können Sie nun erkennen, in welchem Bereich der Karte die gelegentliche bzw. häufige Teilnahme der evangelischen Christen für praktisch alle Angebote liegt (rote Ellipse). Unabhängig davon, ob diese zu den Rennern zählen oder nur für wenige attraktiv sind: Sie liegen allesamt so dicht beieinander im Feld A, dass es gar nicht mehr möglich war, sie einzeln aufzuführen. Ausgenommen davon sind nur die Angebote für Jugendliche und die für Senioren. Das liegt daran, dass bei ihnen die Beteiligung in erster Linie vom Alter abhängt.

Die untenstehende Grafik ist eine schematisierte, sehr grobe Darstellung der Befragungsergebnisse. Im Anhang finden Sie die „Feinjustierung" mit den ganz korrekten Daten.
Die rote Ellipse kennzeichnet ungefähr den Milieubereich, zu dem die Menschen gehören, die bisher unsere kirchlichen Angebote wahrnehmen.
Es ist gleichzeitig der Bereich, in dem die meisten Kirchengemeinden nach Ehrenamtlichen suchen.

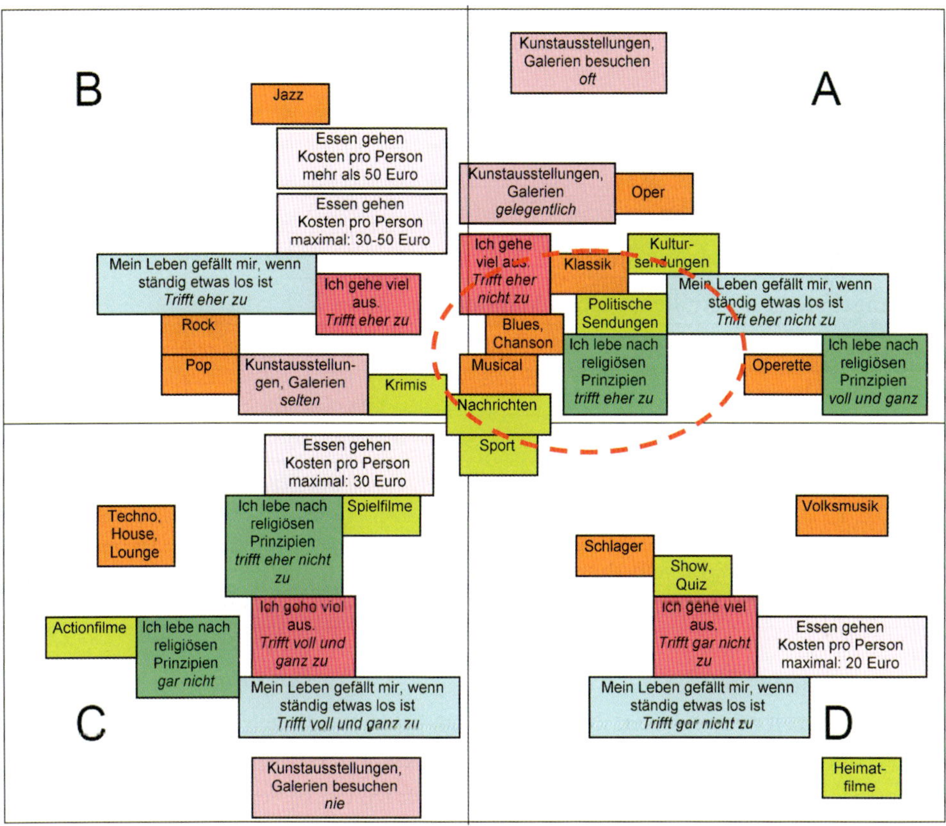

Ehrenamtliches Engagement und die Bereitschaft dazu

Für die Frage nach dem ehrenamtlichen Engagement wurden in der Repräsentativbefragung die folgenden Bereiche vorgegeben.

Ehrenamtliches Engagement in der Kirchengemeinde	Schon tätig In Prozent	Würde mich gerne engagieren In Prozent
In Gottesdiensten	7	8
Bei Freizeiten / Ausflügen	5	32
Im Chor / in der Musikgruppe	5	13
Bei Angeboten für Kinder	5	36
Bei Angeboten für Jugendliche	4	33
Bei Angeboten für Familien, Frauen Männer	5	18
Bei Angeboten für Senioren	4	31
Bei Kirchenkonzerten	6	15
Bei Gemeindefesten	11	38
in der Mitarbeit z. B. in Ausschüssen oder im Gemeindebeirat	4	9
in der Diakonie (z.B. Besuchsdienst, Seniorenbetreuung, Schularbeitenhilfe	3	28

Sie sehen für jeden Bereich zwei Werte: Der erste gibt an, wie viel Prozent der Evangelischen sich **bereits engagieren**, der zweite zeigt, wie hoch jeweils der Anteil derjenigen ausfällt, die noch nicht tätig sind**, sich aber gerne engagieren würden**.
Sind auch Sie erstaunt, wie hoch die Anteile derjenigen ausfallen, die sich gerne ehrenamtlich engagieren würden? Nun können Sie ermessen, wie groß die Potenziale dafür sind, das heißt, wie viele Menschen für ein ehrenamtliches Engagement zumindest ansprechbar wären. Mit über 30 Prozent liegen die Prozentwerte bei den Angeboten für Kinder, für Jugendliche und für Senioren sowie bei Freizeiten und Ausflügen und bei Gemeindefesten besonders hoch. Doch auch in der Diakonie würden viele mitarbeiten.

Wenn Sie sich nun in der Grafik anschauen, in welchem Bereich der Karte sich diejenigen ansiedeln, die bereits ehrenamtlich tätig sind und das mit der Lage derjenigen vergleichen, die sich engagieren würden, erkennen Sie die Möglichkeiten, die sich bieten, die bisherigen „Milieugrenzen" der kirchlichen Angebote und des ehrenamtlichen Engagements zu überschreiten.

Kommentar: Der „Schmetterling" beschreibt den Bereich, in dem potenzielle Ehrenamtliche mit großen Erfolgsaussichten geworben werden können.
Deutlich wird: Der Schmetterling ragt in Bereiche hinein, die nicht von allein in unserem Blickfeld sind.
Auch diese Grafik ist eine schematisierte, sehr grobe Darstellung der Befragungsergebnisse (die korrekten Daten finden Sie im Anhang).
Dennoch: Selbst die Fachleute der Milieuforschung sind erstaunt darüber, wie groß die Möglichkeiten sind, Menschen aus bisher nicht erschlossenen Lebensbereichen für das ehrenamtliche Engagement zu gewinnen. Es wird zum Beispiel deutlich, dass junge Menschen oder Singles sehr wohl ansprechbar sind für ein Ehrenamt in der Kirche.

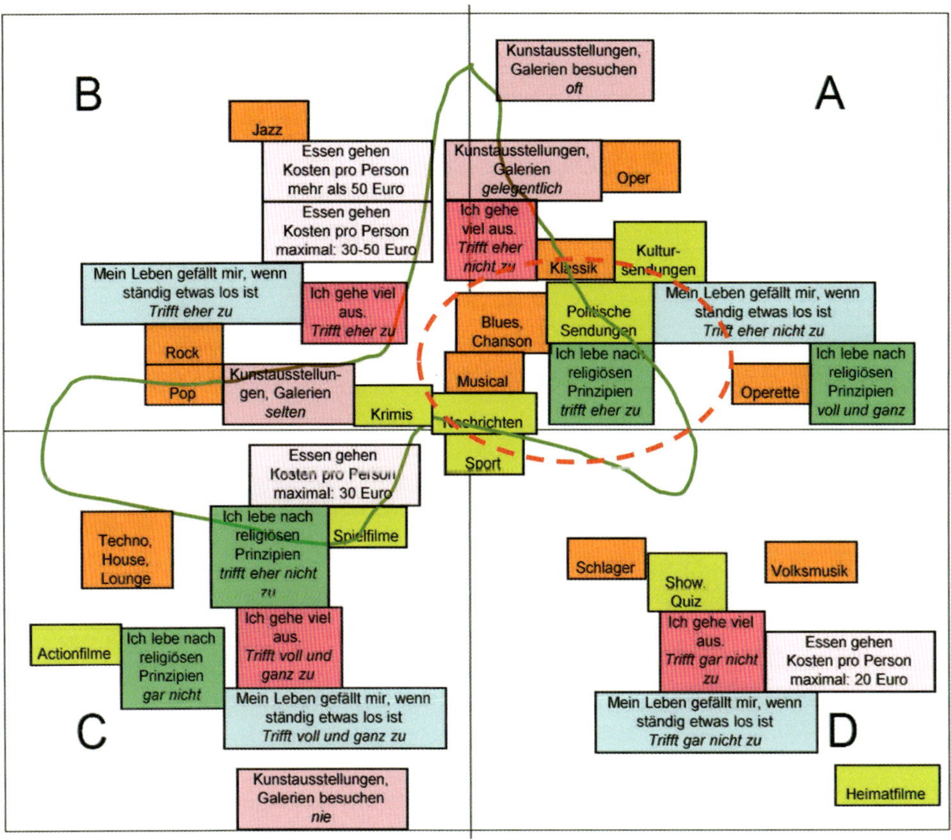

Schritt 2

Milieuwahrnehmung in Ihrer Gemeinde
Nachdem Sie sich im ersten Arbeitsschritt mit Hilfe des Fragebogens selbst „eingeordnet" haben, weitet sich der Blick. Wie sieht Ihre Kirchengemeinde durch die „Milieubrille" gesehen aus?
Wo sind die Potenziale zur Gewinnung neuer Teilnehmer und Ehrenamtlicher?

1. Erheben Sie mit Hilfe des Meldewesenprogramms (in der Regel: MEWIS NT) die Personenanzahl Ihrer Kirchengemeinde für die Altersgruppen:

Alter	Personenzahl	in Prozent
0–19		
20–29		
30–39		
40–49		
50–59		
60–69		
70–79		
80+		

2. Ordnen Sie aufgrund Ihrer Ortskenntnis oder, wenn Sie es nicht genau wissen, „gefühlt" den Gemeindegliedern formale Bildungsabschlüsse zu.

Formale Bildungsabschlüsse	Personenzahl ca.	in Prozent ca.
Volks- / Hauptschule ohne Lehre		
Volks- / Hauptschulabschluss mit Lehre		
Weiterführende Schule – ohne Abitur		
Abitur / (Fach)-Hochschulreife		
Hochschulabschluss / Studium		

3. Übertragen Sie die Ergebnisse der beiden Tabellen in die folgende Grafik

Karte der Altergruppen und der Schulabschlüsse in Ihrer Gemeinde

Altersgruppen (blau): Füllen Sie hier bitte pro 5 Prozent ein Kästchen aus

Bildungsgrad (rot): Schätzen Sie die Anzahl der jeweiligen Personengruppe mit dem entsprechenden Schulabschluss und füllen Sie ebenfalls pro 5 Prozent ein Kästchen aus

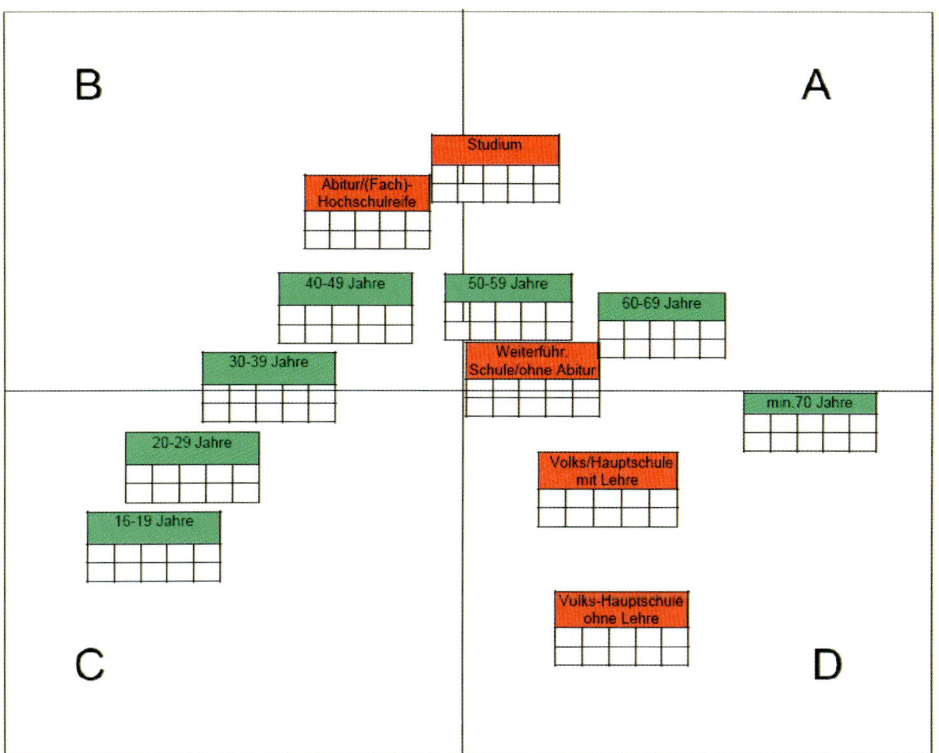

So könnte ein Ergebnis aussehen:

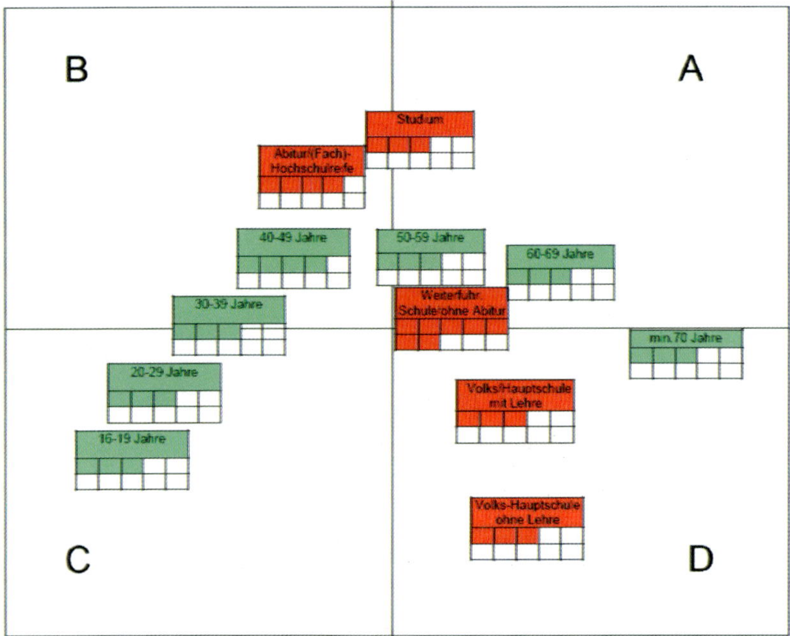

Auswertung

Nehmen Sie jetzt die Folie mit den Schmetterlingsflügeln im Anhang dieser Broschüre und legen Sie sie auf Ihre Gemeindeauswertung. Nach den Ergebnissen der Repräsentativbefragung sind im „Flügel“ die potentiell an Kirche Interessierten grafisch erfasst. D.h. insgesamt gesehen können Gemeinden besonders gut Menschen für eine Mitarbeit gewinnen, die sich durch Alter, Bildung und Lebensstil im Bereich der „Flügel“ befinden. Wie groß das Potenzial in Ihrer Gemeinde ausfällt, das heißt, wie viele Menschen sich bei Ihnen in diesem Bereich finden, hängt auch davon ab, wie hoch die Anzahl / Prozentzahl der Personen in Ihrer Gemeinde ist, die mit ihrem Alter bzw. ihrem formalen Bildungsabschluss in diesen Bereich passen.

Zur Erinnerung: Das ist eine Beschreibung, keine Wertung. Sie hilft Ihnen zu erkennen, wen Sie wahrscheinlich schon erreichen oder erreichen könnten. Wer sich also eher für die Kirche interessieren ließe. Das ist eine Chance, keine Garantie.
Die „Flügel“ haben keinen klaren Rand, sie werden an ihren Rändern diffus, denn einzelne Menschen oder Gruppen lassen sich für Kirche begeistern, auch wenn sie „außerhalb“ der Flügel leben. Das hängt von Ihrer konkreten Gemeinde und ihren konkreten Angeboten ab. Die „Flügel“ sind eine Wahrnehmungshilfe, kein starres Gesetz. Allerdings ist es in der Regel einfacher, Menschen in „Flügelnähe“ anzusprechen – als andere, die sehr weit davon entfernt leben.

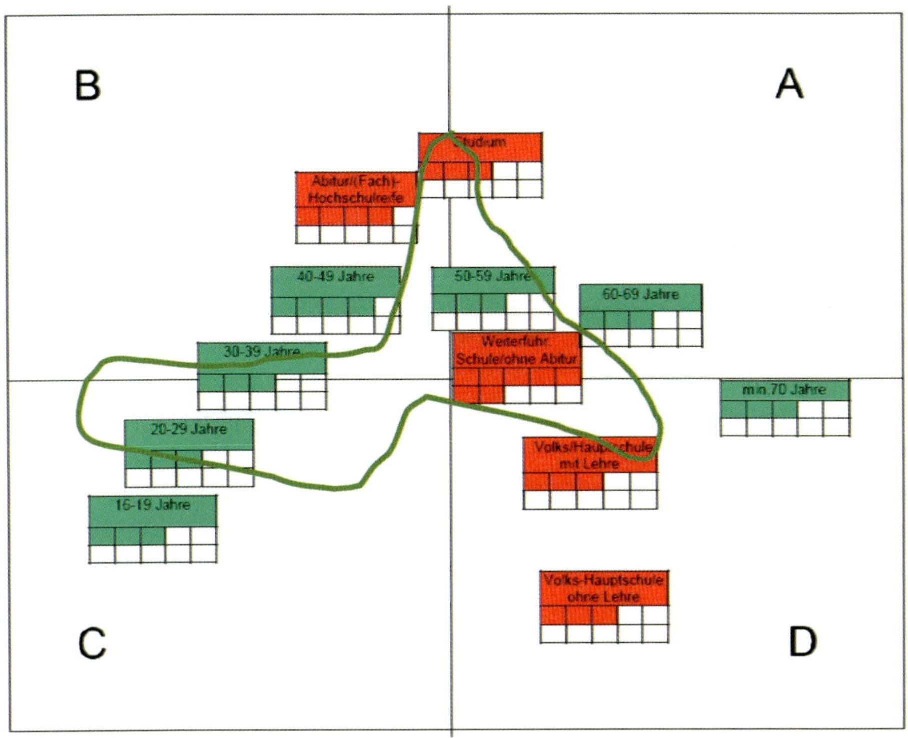
B
A
Studium
Abitur/(Fach)-Hochschulreife
40-49 Jahre
50-59 Jahre
60-69 Jahre
30-39 Jahre
Weiterführ. Schule/ohne Abitur
min.70 Jahre
20-29 Jahre
Volks/Hauptschule mit Lehre
16-19 Jahre
Volks-Hauptschule ohne Lehre
C
D

Diskussion

Nehmen Sie sich Zeit, Ihre Einschätzungen und Ergebnisse im Kirchenvorstand oder Gemeindebeirat zu diskutieren.

Wir empfehlen Ihnen, die nachfolgenden Fragen zu bedenken:

1. Was fällt bei der Altersverteilung in unserer Gemeinde auf?
2. Was fällt bei der (geschätzten) Bildungsverteilung auf?
3. Welche Angebote (Gruppen, Kreise, Gottesdienste) sind in der Kirchengemeinde vorhanden?
4. Von wem werden die kirchlichen Angebote vordringlich angenommen?
5. Was ist in unserer Gemeinde besonders auffällig?
6. Worin unterscheiden wir uns von anderen?
7. Wer fehlt uns, wen hätten wir gern dabei?
8. Wen könnten wir als Ehrenamtliche neu gewinnen? – Wie wollen wir das tun?

Schlussfolgerungen

Es gibt keine Patentrezepte – also auch kein Kochbuch!

Aber vielleicht so etwas wie eine Einkaufsliste …

Der Blick auf die eigene Milieuzugehörigkeit und die in der Kirchengemeinde sichtbaren Milieus könnte zu der Schlussfolgerung führen: Jetzt brauchen wir nur ein Patentrezept – und alles wird gut.
Solche Rezepte gibt es nicht. Jedenfalls nicht so, dass sie für alle Kirchengemeinden passen.

Wie schon ganz am Anfang beschrieben:

- Jede Gemeinde ist anders.
- Das Zusammenspiel der beteiligten Menschen ist unterschiedlich.
- Die Entscheidungsprozesse und Umsetzungsmöglichkeiten differieren.
- Ehrenamtlich und beruflich in der Gemeinde Tätige haben verschiedene Begabungen.

Wenn das stimmt, kann es kein fertiges Kochbuch mit Patentrezepten zur Gewinnung von neuen Milieus im Gemeindeleben geben.

Doch die Zutaten zu einem schmackhaften Menü lassen sich beschreiben.
Es geht um Grundhaltungen und Einstellungen.
Es hat mit Mut und Hoffnung und Lust am Experimentieren zu tun.

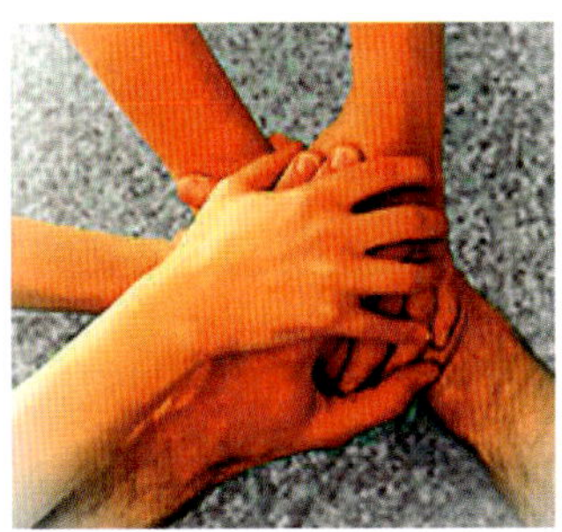

Darum hier ein paar Zutaten:

- Lassen Sie Ihrer **Phantasie** bei der Gestaltung Ihrer Gemeinde freien Lauf. Es muss nicht alles immer bleiben, wie es war.

- Weiten Sie Ihren **Blick** für Menschen, die bisher wie Randfiguren erscheinen. Fragen sie aktiv und direkt nach deren Interessen und Wünschen.

- Stärken Sie Ihre **Sympathie für das Fremde**. Es ist kein Beweis für Kirchendistanz, wenn jemand nur selten im Gottesdienst zu sehen ist. Möglicherweise sind unsere Schwellen hoch, manchmal zu hoch für Menschen, die sich bisher nicht beteiligen.

- **Hören Sie auf die Menschen**, deren soziale und kulturelle Heimat für Sie selbst fremd ist. Auch unter ihnen finden sich wertvolle Begabungen und Talente.

- **Vermeiden Sie** Formen, die „**Milieuabstoßung**" befördern. Zu einseitige und gruppenspezifische Angebote signalisieren: „Du bist hier nicht willkommen!"

- Entwickeln Sie in der Gemeinde eine „**Ermöglichungskultur**". Um engagementwillige Ehrenamtliche zu gewinnen, braucht es Vertrauen in neue Ideen und Möglichkeiten. So lassen sich Denk-Grenzen überschreiten.

- Haben Sie Mut für **das Ungewohnte**. Ab und zu – vielleicht einmal jährlich – etwas ganz und gar Verrücktes und Neues auszuprobieren, fördert die Lust am Mitmachen bei anderen.

- Vermutlich gibt es auch **bei Ihnen im Kirchenvorstand** Einzelne, die nach eigener Selbsteinschätzung mit ihren Vorlieben in Bereichen von kirchlich nicht besetzten Feldern landen. Gerade die **Erwartungen und Erfahrungen** dieser Menschen sind für eine „Blickerweiterung" besonders wertvoll.

Erinnern Sie sich hin und wieder an den großen **Auftrag**, den Jesus seiner Gemeinde gegeben hat: Geht hin in **alle Welt**. Also dürfen wir auch an alle denken. Und im Umkehrschluss: Keiner und keine soll verloren gehen.

Schließlich: Wir eröffnen Wege des Glaubens und tun das in Liebe zu den Menschen und voller Hoffnung auf Gottes guten Geist. (siehe: 1.Kor. 13,13)

Instrumente aus dem Freiwilligen-Management nutzen

In vielen Kirchenkreisen unserer Landeskirche gibt es bereits ausgebildete Freiwilligenmanager/innen. Fragen Sie dort nach, welche Strategien zur Gewinnung neuer Ehrenamtlicher möglich und sinnvoll sind. Einige Impulse und Ideen stellen wir Ihnen hier vor.

Sie wollen Ehrenamtliche gewinnen?
Dann müssen Sie gezielt Menschen ansprechen und für ein Engagement werben! Aber wie?
Indem Sie ein Engagementangebot entwickeln und durch passende Medien, z.B. die direkte Ansprache, eine Anzeige, eine Mailabfrage an den Mann bzw. die Frau bringen! Hierbei sind fünf Voraussetzungen zu erfüllen:

> **A. Entwickeln Sie eine positive Haltung gegenüber dem Engagement von Ehrenamtlichen.**
> **B. Werben Sie gezielt und für eine konkrete Aufgabe.**
> **C. (Er-)Kennen Sie die zu werbende Zielgruppe.**
> **D. Wecken Sie das Interesse von potenziellen Ehrenamtlichen, erkennen Sie deren Motive für ein Engagement.**
> **E. Formulieren Sie ein der Zielgruppe angepasstes, ansprechendes Engagementangebot.**

A. Entwickeln Sie eine positive Haltung gegenüber dem Engagement von Ehrenamtlichen.
Bevor Sie an das Werben von Ehrenamtlichen gehen, sollten Sie sich Gedanken darüber machen, warum Ihre Organisation mit Ehrenamtlichen zusammenarbeiten will. Stellen Sie dies auch im Engagementangebot und in Gesprächen heraus.
Welche Gründe könnte es für eine Zusammenarbeit mit Ehrenamtlichen geben? Sind Sie und ihre Organisation wirklich überzeugt davon, dass Sie mit Ehrenamtlichen zusammenarbeiten wollen?
Stellen Sie Ihre persönliche Liste auf, was Sie an Ehrenamtlichen schätzen, was Sie erwarten und welches Ihre eigenen Motive für eine Einbeziehung von Ehrenamtlichen sind. Ehrenamtliche …

- ☑ bringen Vielfalt aufgrund unterschiedlicher Qualifikationen und Persönlichkeiten
- ☑ bringen neue Ideen mit
- ☑ ermöglichen mehr Angebote
- ☑ bereichern durch Unbefangenheit
- ☑ tragen Energie bzw. Ruhe in die Gemeinde bzw. Einrichtung
- ☑ sind Brücken zum Leben außerhalb der Gemeinde bzw. Einrichtung

- ☑ haben einen unverstellten Blick auf die Dienste und auf die Gemeinde bzw. Einrichtung selbst
- ☑ bieten Lebenserfahrung und Verbindungen zu anderen Nutzern diakonischer Dienste
- ☑ verbreiten das Leitbild und ein gutes Image der Gemeinde bzw. Einrichtung
- ☑ unterstützen und entlasten die Beruflichen

B. Werben Sie gezielt und für eine konkrete Aufgabe.

Werben Sie nicht für ein Engagement im Allgemeinen, sondern für eine spezielle ehrenamtliche Tätigkeit!

Schließlich geht es darum, den richtigen Mann oder die richtige Frau für die geeignete Stelle zu finden.

- ☑ Beschreiben Sie also die möglichen Tätigkeiten so konkret wie es geht.
- ☑ Suchen Sie attraktive Aufgaben, evtl. auch Projekte, die über eine überschaubare Zeit laufen.
- ☑ Formulieren Sie auch kleine, einfache und einfachste Aufgaben.
- ☑ Nennen Sie die nötige Zeit, die „gespendet" werden soll,
- ☑ die Fähigkeiten und Fertigkeiten, die notwendig sind, und
- ☑ beschreiben Sie die Aufgabe möglichst in ihren einzelnen Teilen.

C. (Er-)Kennen Sie die zu werbende Zielgruppe.

Durch eine genaue Betrachtung ihrer bevorzugten Zielgruppe lernen Sie Ihre zukünftigen Ehrenamtlichen kennen.

Wen möchten Sie ansprechen, welches Alter, Geschlecht, welche persönlichen Werte und Vorstellungen sollen die Menschen haben?

Je genauer die Zielgruppe beschrieben werden kann, umso präziser lassen sich bestimmen:

- das Verbreitungsgebiet der Zielgruppe,
- das passende Medium (Flyer, Plakat, Anzeige),
- eine angemessene Sprache im Werbematerial,
- Schlüsselbegriffe für die Werbe-Botschaft.

Der erste Schritt dieser Analyse besteht in der Definition der spezifischen Gruppen von Ehrenamtlichen, die Sie erreichen möchten.

Überlegen Sie, welche Merkmale der (die) Ehrenamtliche gemäß den folgenden Kriterien haben soll, z.B.:

- ☑ Altersgruppe
- ☑ Geschlecht
- ☑ Bildungsniveau

- ☑ Körperliche Anforderungen
- ☑ Persönliche Werte / Ziele
- ☑ Kontaktbedürfnisse, -fähigkeit
- ☑ Menschenbild / Werte
- ☑ Besondere Kenntnisse / Lernbedürfnisse
- ☑ …

Der zweite Schritt besteht darin, zu den gesuchten Zielgruppen passende Werbemedien zu finden.
Hier sind einige Beispiele:
… Gemeindebrief, „Stellenanzeigen", Anzeigen in der Tagespresse, Broschüren, Flyer, Plakate und Poster, Ausstellungen, Briefe mit „P.S." am Briefende, Direkt-Mail / Mailings, Faxanzeigen, E-Mails, Aushänge, Lokal-Radio, Dia-Shows, Videofilme / -clips, Podcasts, Interviews zu aktuellen Entwicklungen, Presse-Informationen zu Veranstaltungen, Events, regelmäßige Kolumne „Freiwillige gesucht!", Schülerzeitungen und andere „informelle" Presse, Schwarze Bretter, Rundschreiben, Freiwilligen-Agenturen und weitere Infrastruktureinrichtungen, Markt der Möglichkeiten, Freiwilligen-Börsen, Freiwilligen-Messe, Flugblatt-Aktionen, begleitet von Infoständen zur Werbung von Ehrenamtlichen, etc. …

D. Wecken Sie das Interesse von potenziellen Ehrenamtlichen (erkennen Sie deren Motive für ein Engagement).

Die nächste Frage, die Sie sich stellen sollten, ist, warum Ehrenamtliche bei Ihnen arbeiten wollen und ob Sie ihre Motive und Erwartungen erfüllen können.
Die Sonderauswertung des 2. Freiwilligensurvey zum Bereich „Kirche und Religion" (2006) hat in dieser Frage Folgendes herausgefunden: In erster Linie handeln Ehrenamtliche aus altruistischen Motiven (etwas für das Gemeinwohl tun, helfen, die Gesellschaft im Kleinen mit gestalten), jedoch auch immer mehr in der Erwartung, dass die Tätigkeit einem/einer selbst Freude bereitet, man mit sympathischen Menschen in Kontakt kommt und für sich selbst etwas dazu gewinnt.
Überprüfen Sie daher, ob Sie die genannten Motive bedienen und damit Ehrenamtliche halten können.

- ☑ Haben Sie Tätigkeiten anzubieten, die Freude bereiten und sinnstiftend sind?
- ☑ Kommen Ehrenamtliche mit anderen Menschen in Kontakt, gibt es genug Zeit und Möglichkeiten, sich auszutauschen?
- ☑ Können sie ihre Kenntnisse und Erfahrungen erweitern (werden sie dabei begleitet)?
- ☑ Gibt es eine angemessene Anerkennungskultur?
- ☑ Können Ehrenamtliche mitbestimmen / Verantwortung übernehmen?

E. Formulieren Sie ein der Zielgruppe angepasstes, ansprechendes Engagementangebot.

Engagementangebote sollten klar im Umfang beschrieben und alle Rahmendaten geklärt sein. (Art und Ort der Aufgabe, Dauer, zeitlicher Aufwand, erforderliche Vorkenntnisse etc.)

Nachwort

Grundlage dieser Handreichung sind die Ergebnisse der telefonischen Repräsentativbefragung der evangelischen Gemeindemitglieder im Gebiet der Evangelisch-lutherischen Landeskirche Hannovers. Diese Untersuchung wurde 2006 vom Sozialwissenschaftlichen Institut der EKD (SI) durchgeführt und im letzten Jahr veröffentlicht unter dem Titel: „Hier ist nicht Jude noch Grieche, hier ist nicht Sklave noch Freier …" Erkundungen der Affinität sozialer Milieus zu Kirche und Religion in der Evangelisch-lutherischen Landeskirche Hannovers.
Darin finden Sie außerdem die Ergebnisse zur Durchführung und Auswertung von kirchlichen Veranstaltungen, die im Rahmen des Gesamtprojekts des SI für unterschiedliche Milieus gestaltet wurden.

Die Resümees zu den Ergebnissen der beiden Untersuchungsteile finden Sie auf den folgenden Seiten.

Es gibt noch weitere Veröffentlichungen, die sich mit Milieus im kirchlichen Raum beschäftigen. Wenn Sie Ihr Wissen in diesem Feld erweitern möchten, können Sie dies unter anderem mit der Lektüre der folgenden Publikationen tun:

Grundlegende Analysen mit Entwicklung von unterschiedlichen Lebensstil- bzw. Milieutypen in der Kirche:

Wolfgang Vögele, Helmut Bremer und Michael Vester (Hrsg.): Soziale Milieus und Kirche. Reihe Religion und Gesellschaft, Bd. 11, Würzburg 2002.

Wolfgang Huber, Johannes Friedrich und Peter Steinacker (Hrsg.): Kirche in der Vielfalt der Lebensbezüge. Die vierte EKD-Erhebung über Kirchenmitgliedschaft, Gütersloh 2006.

Beschreibung von Milieutypen in der Kirche mit vielen Tipps für die Praxis:

Claudia Schulz, Eberhardt Hauschild, Heike Kohler: Milieus praktisch. Analyse und Planungshilfen für Kirche und Gemeinde, Göttingen 2008.

Carsten Wippermann, Isabel de Magalhaes: Zielgruppen Handbuch. Religiöse und Kirchliche Orientierungen in den Sinus-Milieus 2005. Eine qualitative Studie des Instituts Sinus Sociovision zur Unterstützung der publizistischen und pastoralen Arbeit der Katholischen Kirche in Deutschland. Im Auftrag der Medien-Dienstleistung GmbH und der Katholischen Sozialethischen Arbeitsstelle, München und Heidelberg 2005. (Ausleihbar über die Bibliothek des Landeskirchenamtes)

Anhang

Koordinatenlisten für die genauere Selbsteinschätzung

Feld A

	horizontal	vertikal
Blues, Chanson	1,2	3,3
Klassik	2,8	3,6
Oper	5,4	5,4
Operette	6,7	1,2
Musical	1,2	0,6
Politmagazin	1,7	3,4
Nachrichten	0,5	0,6
Kunst/Kultursendungen	4,1	5,1
Lebensstandard: trifft voll und ganz zu	3,1	1,4
religiöse Prinzipien: trifft eher zu	1,5	2,4
religiöse Prinzipien: trifft voll und ganz zu	8,4	0,5
Familientradition: trifft voll und ganz zu	6,7	-1,4
Ausgehen: trifft eher nicht zu	0,0	1,5
etwas los: trifft eher nicht zu	0,8	1,5
Kunst,Galerien: gelegentlich	1,7	6,9
Kunst,Galerien: oft	3,4	11,2
Bücher: oft	0,2	4,0
Überregionale TZ: oft	1,6	1,9

Feld B

	horizontal	vertikal
Jazz	-2,9	6,7
Pop	-4,5	0,6
Rock	-4,5	1,7
Krimis	-1,6	0,1
Lebensstandard: trifft eher zu	-1,2	3,6
Familientradition: trifft eher nicht zu	-5,4	1,0
Familientradtion: trifft eher zu	-0,7	1,3
Lebensgenuss: trifft eher zu	-2,5	2,0
Ausgehen: trifft eher zu	-1,9	2,1
etwas los:trifft eher zu	-1,5	1,2
Kunst,Galerien: selten	-0,7	0,8
ÜberregionaleTZ: gelegentlich	-1,8	5,5
Restaurantausgaben: 30-49 EURO	-1,6	2,4
Restaurantausgaben: mind. 50 EURO	-3,9	5,3

Feld C

	horizontal	vertikal
Techno, House, Lounge	-7,7	-4,2
Spielfilm	-1,3	-2,7
Actionfilme	-7,5	-4,7
Lebensstandard: trifft eher nicht zu	-0,6	-1,6
religiöse Prinzipien: trifft gar nicht zu	-8,3	-6,3
religiöse Prinzipien: trifft eher nicht zu	-4,9	-2,7
Familientradtion: trifft gar nicht zu	-7,0	-7,9
Lebensgenuss: trifft voll und ganz zu	-1,7	-1,5
Ausgehen: trifft voll und ganz zu	-4,1	-4,7
etwas los: trifft voll und ganz zu	-1,5	-4,6
Kunst,Galerien: nie	-1,5	-9,3
Bücher: nie	-3,3	-14,9
Bücher: selten	-0,8	-6,9
Überregionale TZ: selten	-1,0	-0,3
Restaurantausgaben: 20-29 EURO	-0,6	-2,1

Feld D

	horizontal	vertikal
Volksmusik	8,7	-3,2
Schlager	4,6	-4,0
Show, Quiz	4,5	-5,0
Sport	0,1	-1,3
Heimatfilme	11,5	-9,7
Fam./U-Serien	3,9	-7,1
relig.Sendungen	9,7	1,3
Lebensstandard: trifft gar nicht zu	4,8	-10,1
Lebensgenuss: trifft gar nicht zu	11,5	-8,7
Lebensgenuss: trifft eher nicht zu	2,4	-0,3
Ausgehen: trifft gar nicht zu	6,8	-6,3
etwas los: trifft gar nicht zu	6,3	-4,2
Bücher: gelegentlich	0,9	-1,7
Überregionale TZ: nie	0,9	-5,1
Restaurantausgaben: unter 20 EURO	6,3	-6,6

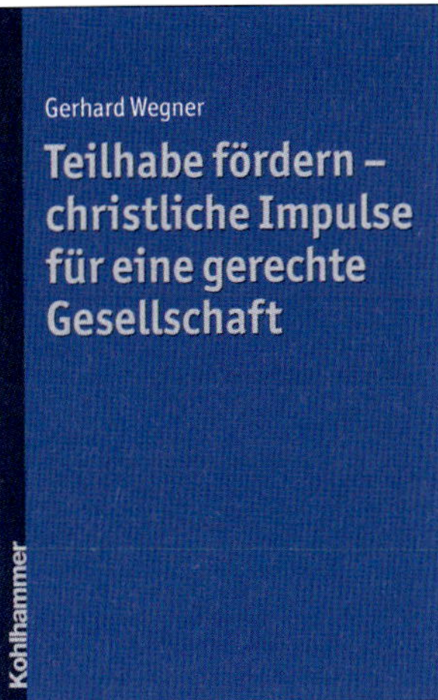

2010. 272 Seiten. Kart.
€ 24,–
ISBN 978-3-17-021310-4

Gerhard Wegner

Teilhabe fördern – christliche Impulse für eine gerechte Gesellschaft

Der Versuch, mit einer Reform der Sozial- und Arbeitslosengesetzgebung ein Modell des fördernden Forderns sozial Schwächerer in die Gesellschaft hineinzutragen, muss als weitgehend gescheitert betrachtet werden. Die positiven Ziele dieser Reform sind weder angemessen umgesetzt, noch in der Gesellschaft als attraktiv vermittelt worden. Deshalb bleibt die insbesondere auch in der EKD-Armutsdenkschrift (2006) im Vordergrund stehende Frage, wer in Zukunft für von Armut bedrohte Menschen in Deutschland überhaupt verantwortlich sein kann und die Förderung von Teilhabe entschlossen vorantreibt, ganz oben auf der Tagesordnung. An dieser Stelle setzen die christlich-theologischen Überlegungen an, indem sie sich auf die Rolle des Einzelnen in der Gesellschaft konzentrieren und sie ausgehend vom klassisch protestantischen Gedanken der Berufung des Menschen durch Gott in den Blick nehmen.

W. Kohlhammer GmbH · 70549 Stuttgart
Tel. 0711/7863 - 7280 · Fax 0711/7863 - 8430

Kohlhammer

Kohlhammer

2011. 742 Seiten. Kart.
€ 44,80
ISBN 978-3-17-021237-4

Johannes Eurich/Florian Barth/Klaus Baumann/Gerhard Wegner (Hrsg.)

Kirchen aktiv gegen Armut und Ausgrenzung

Theologische Grundlagen und praktische Ansätze für Diakonie und Gemeinde

Die prekäre Lebenslage vieler Menschen in Deutschland zeigt: Längst nicht jede und jeder kann am gesellschaftlichen Leben wirklich teilhaben. Verfestigungen von Armutsstrukturen, erhöhtes Armutsrisiko und soziale Ausgrenzungsprozesse prägen das Leben in unserem Land mit. Welchen nachhaltig wirkenden Beitrag können die Kirchen hier leisten? Welche theologischen Impulse und Optionen können sie dafür nutzen? Welche Konsequenzen ergeben sich für das Wirken der Gemeinden, für Diakonie und Caritas?

Zu diesen gesellschaftlich brisanten wie theologisch herausfordernden Fragen wollen die Autorinnen und Autoren fundiert Stellung nehmen, kompetent orientieren und Perspektiven für diakonisches Handeln in Gemeinden und Verbänden aufzeigen.

W. Kohlhammer GmbH · 70549 Stuttgart
Tel. 0711/7863 - 7280 · Fax 0711/7863 - 8430